アイエルツ
IELTS
ブリティッシュ・カウンシル
公認問題集

ブリティッシュ・カウンシル 著　旺文社 編

旺文社

©2014 British Council

IELTS Essential Guide 2014.7
British Council and Beijing Language and Culture University Press
ISBN978-7-8619-3900-0

はじめに

本書はIELTS（アイエルツ）の共同運営を行っているブリティッシュ・カウンシル著の *IELTS ESSENTIAL GUIDE* を日本市場に向けて翻訳・改編したものです。アカデミック・モジュールに特化しており、リスニング、リーディング、ライティング、スピーキングの4技能の対策をするための豊富な練習問題と模擬試験1回分を収録しています。

日本初のブリティッシュ・カウンシル公認の問題集である本書には、以下の特長があります。

・本番形式の解答用紙

・IELTSに関する公式情報とアドバイス

・模擬試験のWritingとSpeakingにはバンドスコア7.0相当の解答例

また、すべての問題・解答に対訳とスクリプトがついています。

IELTSは世界で年間250万人以上の受験者数を誇ります。日本では2010年からの5年間で受験者数が約3倍に伸び、2014年度には3万人を超えました。英語圏の大学、大学院への留学に必要な英語力評価テストとしての役割のみならず、近年では日本における大学入試の外部英語検定試験、国家公務員採用総合職試験などにも活用範囲が広がっています。

IELTSの目標バンドスコアを獲得するためには、普段の英語学習に加えてIELTSに特化した対策が必要となります。IELTSの指導にも携わっているブリティッシュ・カウンシルの本書をご活用いただき、皆様のIELTS受験における成功と目標スコア獲得のお役に立つことを願っています。

2015年9月　　　　　　　　　　　　　　　　　　　　　　　　　　　　　　編者

もくじ

はじめに 3
本書の使い方 6
ダウンロード音声について 8

IELTS Information

IELTSとは 10
試験内容 11
バンドスコア 14
申し込み方法 16
●コラム　イギリス英語とアメリカ英語の違い 18
その他の情報 20

完全対策　LISTENING（SECTION1～4）

概要 22
SECTION 1 対策（実践問題） 25
SECTION 2 対策（実践問題） 30
SECTION 3 対策（実践問題） 35
SECTION 4 対策（実践問題） 40

完全対策　READING（PASSAGE1～3）

概要 46
問題形式（Task type）ごとの対策 50
●コラム　IELTS学習アドバイス 75

完全対策　WRITING（TASK1、TASK2）

概要 ………………………………………………………………… **78**
TASK1対策（実践問題） …………………………………… **81**
TASK2対策（実践問題） …………………………………… **96**

完全対策　SPEAKING（PART1〜3）

概要 ………………………………………………………………… **116**
PART1対策（実践問題） …………………………………… **119**
PART2対策（実践問題） …………………………………… **129**
PART3対策（実践問題） …………………………………… **139**
●コラム　IELTS学習アドバイス ……………………… **147**

模擬試験

模擬試験（LISTENING, READING, WRITING, SPEAKING） ……… **150**
●コラム　IELTS学習アドバイス ……………………… **171**

※解答用紙は巻末にあります。

翻訳・執筆協力● British Council，David Parry(British Council)，塚本亮 (ジーエルアカデミア)，Adrian Pinnington
編集協力●斉藤敦，内宮慶一，金子典子，鹿島由紀子，久島智津子
本文デザイン●尾引美代
装丁デザイン●牧野剛士
録音●有限会社　スタジオユニバーサル
ナレーション● Emma Howard，Marcus Pittman，Rumiko Varnes，Guy Perryman，Bonnie Waycott

本書の使い方

本書はIELTSを初めて受験される方々から、スコアアップを目指される方々を対象としており、アカデミック・モジュールに特化しています。

- **本冊** 4技能の完全対策＋模擬試験1回分
- **別冊** 4技能の完全対策と模擬試験1回分の解答・解説
  - リスニングとスピーキングのスクリプトと対訳
  - リーディングパッセージの対訳
  - ライティングとスピーキングの解答例と対訳
  - （※模擬試験にはバンドスコア7.0相当の解答例付）

IELTS Information

- （試験内容） IELTSとはどのような試験なのか、モジュールの違いから試験内容の詳細までを説明しています。
- （バンドスコア） IELTSのバンドスコア評価、日本人の平均バンドスコア、他の英語能力試験とのスコア比較を掲載しています。
- （申し込み方法） 受験料、受験地、試験実施日、申し込み方法、試験当日の持ち物・注意点、結果などを説明しています。

完全対策　LISTENING・READING

- （Task type） リスニングには7種類、リーディングには12種類のTask typeがあります。各Task typeを理解することによって、様々な問題タイプに対応できるようになります。
- （Activity） 実際に問題を解きながら、Task typeで学んだ事を身に付けることができます。
- （実践問題） SECTION1～4それぞれの最後に出題されます。各セクションのまとめとして本番形式の問題を解きます。（LISTENINGのみ）

完全対策　WRITING・SPEAKING

WRITINGではTASK1、TASK2それぞれ6つのステップを追って解答を作成する力を養います。
SPEAKINGではPART1、PART2、PART3それぞれの形式と対策を学ぶことができます。

（実践問題）WRITINGでは各TASKの後で、SPEAKINGでは各PARTの後でまとめとして本番形式の問題を解きます。

模擬試験

本番と同じ形式の問題を1回分収録しています。解答解説のみならず、予想バンドスコア換算表もあるので、現時点での自分のバンドスコア目安を把握できます。

IELTS対策に便利な特長

● 音声無料ダウンロード

完全対策リスニングの練習問題＋実践問題、完全対策スピーキングの実践問題、模擬試験のリスニングとスピーキングの音声を収録したファイルをダウンロードすることができます。（詳しくはp.8へ）

● 解答用紙

本冊に3枚6ページの解答用紙が2つ折りになって綴じこまれています。
1枚目…リスニング（表面）、リーディング（裏面）
2枚目…ライティングタスク1（表裏面）
3枚目…ライティングタスク2（表裏面）
全て本番と同じ形式になっています。模擬試験1回分を解く際に、ご使用ください。

● コラム

IELTSを受験する上で知っておいたほうが良い、イギリス英語とアメリカ英語の違いやIELTS受験者からの学習アドバイスをコラムで紹介しています。

ダウンロード音声について

完全対策と模擬試験のリスニング、スピーキングの音声は全て無料でダウンロードできます。

音声（MP3ファイル）

🎧01～🎧17	完全対策リスニングの練習問題＋実践問題
🎧18～🎧23	完全対策スピーキングの実践問題＋回答例
🎧24～🎧27	模擬試験リスニングの問題
🎧28～🎧33	模擬試験スピーキングの問題＋回答例

ダウンロード方法

1 パソコンからインターネットで専用サイトにアクセス

（※検索エンジンの「検索」欄は不可。またスマートフォンからはダウンロードできません。）

下記のサイトにアクセスします。

http://www.obunsha.co.jp/service/ieltsbc/

※旺文社のホームページからもアクセスできます。トップページにある「おすすめコンテンツ」内の「特典ダウンロード」をクリックして、「IELTSブリティッシュ・カウンシル公認問題集」をお選びください。

2 パスワードを入力

画面の指示に従い、下記のパスワードを入力して「ログイン」ボタンをクリックしてください。

パスワード：**bcjmkas**（※すべて半角アルファベット小文字）

3 ファイルを選択して、ダウンロード

各ファイルの「ダウンロード」ボタンをクリックしてダウンロードしてください。

（※詳細は実際のサイト上の説明をご参照ください。）

4 音声ファイルを解凍して、オーディオプレーヤーで再生

音声ファイルはZIP形式にまとめられた形でダウンロードされます。解凍後、デジタルオーディオプレーヤーなどでご活用ください。

（※デジタルオーディオプレーヤーへの音声ファイルの転送方法は、各製品の取扱説明書やヘルプをご参照ください。）

<注意>
・音声はMP3ファイル形式となっています。音声の再生にはMP3を再生できる機器などが別途必要です。
・ご使用機器、音声再生ソフト等に関する技術的なご質問は、ハードメーカーもしくはソフトメーカーにお願いいたします。
・本サービスは予告なく終了される事があります。

IELTS Information

IELTSとは ………………………………………… 10
試験内容 …………………………………………… 11
バンドスコア ……………………………………… 14
申し込み方法 ……………………………………… 16
●コラム　イギリス英語とアメリカ英語の違い … 18
その他の情報 ……………………………………… 20

IELTS Information

▶ IELTSとは

IELTS（アイエルツ）はInternational English Language Testing Systemの略で、英語力を証明するための試験です。英語圏の大学、大学院留学を目指している方向けのアカデミック・モジュールと、イギリス、カナダ、オーストラリアなどへの海外移住申請を希望する方向けのジェネラル・トレーニング・モジュールの2つのタイプがあります。4技能を筆記試験（ライティング、リーディング、リスニング）と面接試験（スピーキング）でバランスよく測定します。所要時間は約3時間、受験料は1回25,380円(税込)です。試験日まで有効なパスポートがあれば受験が可能で、推奨年齢は16歳以上です。

日本では全国主要都市（東京・横浜／川崎・大阪・名古屋・福岡・京都・仙台・札幌・金沢・長野／松本・静岡・神戸・広島・岡山・熊本）に試験会場が設けられており、年間最大48回の受験日が設定されています。（会場により設定受験日は異なります）。

IELTSの運営団体はケンブリッジ大学英語検定機構、ブリティッシュ・カウンシル、IDP:IELTSオーストラリアの3団体です。日本では2010年4月より、公益財団法人日本英語検定協会とブリティッシュ・カウンシルが共同で運営を行っています。

世界140以上の国と地域、そして約11,000の高等教育機関、政府機関、国際機関や企業がIELTSを採用しており、年間300万人以上が受験しています。日本では、日本英語検定協会とブリティッシュ・カウンシルとの共同運営開始以来、受験者数が伸びており、入試で採用する日本国内の大学、団体受験を行う教育機関や団体も全国で増加しています。

IELTS Informationはすべて2022年6月現在の情報です。今後、更新される場合もありますので、IELTSの最新情報は、ブリティッシュ・カウンシルおよび公益財団法人 日本英語検定協会のウェブサイトでご確認ください。
https://www.britishcouncil.jp/exam/ielts
https://www.eiken.or.jp/ielts/

▶ 試験内容

IELTSにはアカデミック・モジュールとジェネラル・トレーニング・モジュールの2種類があります。

> **アカデミック・モジュール**
> 受験生の英語力が、英語で授業を行う大学や大学院に入学できるレベルに達しているかどうかを評価する試験。
> ※留学希望者はこちらのモジュールです。

> **ジェネラル・トレーニング・モジュール**
> 英語圏で学業以外の研修を考えている人や、イギリス、カナダ、オーストラリア、ニュージーランドへの移住申請を行う人を対象とした試験。

どちらのモジュールも4技能（ライティング、リーディング、リスニング、スピーキング）をテストします。このうちリスニングとスピーキングは共通の問題ですが、ライティングとリーディングはモジュールによって問題が異なります。

IELTSペーパー版は以下の流れで実施されます。

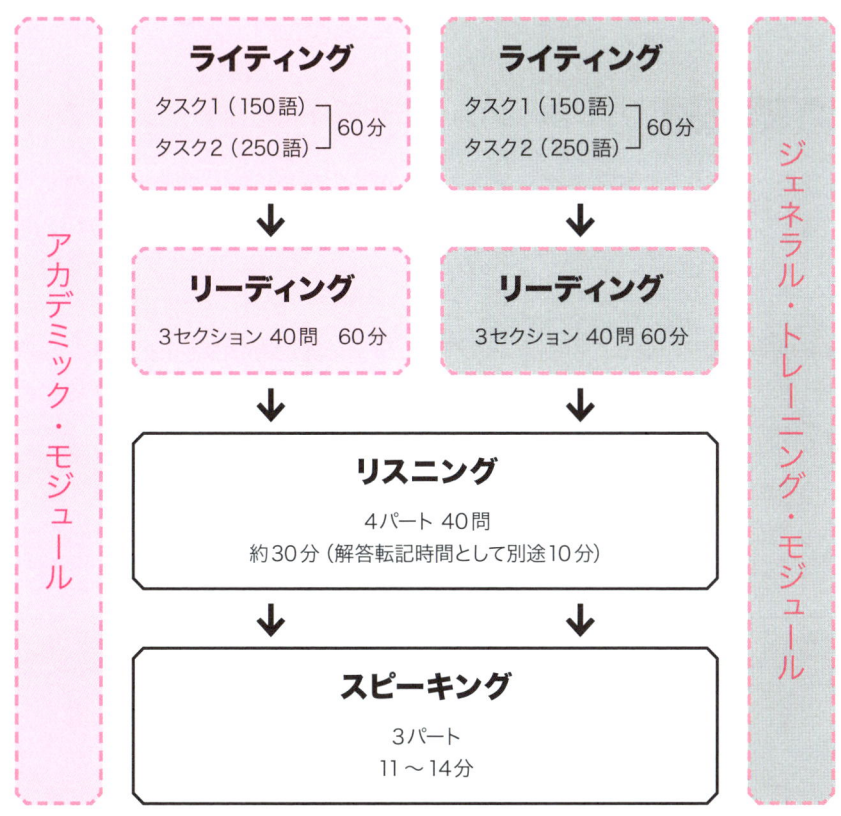

IELTS Information

ライティング　🕐 **60分　2題（タスク1、タスク2）** ※アカデミック・モジュール

罫線の入った解答用紙に手書きで書き込む形式で、2種類のタスクで構成されています。

> タスク1（最低150語）：グラフや図表などの視覚的な情報が与えられ、それらを分析し、自分の言葉で説明します。
>
> タスク2（最低250語）：与えられたトピックについて、自分の意見や主張を論理的に述べます。

タスク2の配点はタスク1の2倍です。以下の項目で採点されます。
1. タスクの達成・応答　　2. 論理的一貫性とまとまり
3. 語彙の豊富さと適切さ　　4. 文法の幅広さと正確さ

タスク1、2ともに、指定された語数に達しないと減点されます。スペルミス、文法ミス、読み取れない文字も減点対象となります。

リーディング　🕐 **60分　40問（パッセージ1～3）** ※アカデミック・モジュール

選択肢問題、質問文に対する答えを記述するもの、文章や図表完成問題、出題文や図表に見出しをつけるなどの問題に答えます。問題数は、パッセージ1と2は13問ずつ、パッセージ3は14問です。3つのパッセージの総語数は約2,150語〜2,750語で、本、雑誌、新聞や専門誌などから出題されます。パッセージは後半になるほど難易度が高くなり、少なくとも1つのパッセージは論理的な内容を扱います。しかし、どのパッセージも一般向けに書かれており、専門的な知識を必要とするものではありません。

正答1問につき1点（40点満点）
リスニング同様の項目が減点対象となります。また、リスニングと違い、解答を解答用紙に転記する時間は設けられていないので気を付けましょう。

リスニング　🕐 約30分＋10分（転記時間）　40問（パート1〜4）

会話やモノローグを聞きながら、様々なタイプ（選択問題、記述式問題）の問題に答えます。音声は一度しか聞く事ができませんが、メモを取ることはできます。また、音声には様々なアクセント（イギリス、アメリカ、オーストラリア、カナダ、ニュージーランド等）の英語が出てきます。設問を先に読むための時間が与えられ、その後に問題の音声が流れます。問題は後半になるにつれて難易度が高くなります。解答に語数制限が設けられている問題もあり、スペルミスは不正解になります。

> パート1：日常生活における複数の人物による会話（話者2人以上）
> パート2：日常生活におけるモノローグ（話者1人）
> パート3：教育の現場における複数の人物間の会話（話者2人以上）
> パート4：学術的なテーマに関するモノローグ（話者1人）

正答1問につき1点（40点満点）
スペルミス、文法ミス、語数制限を超えた解答、読み取れない文字は減点対象となるので要注意です。

スピーキング　🕐 約11分〜14分　パート1〜3

試験官と1対1のインタビュー形式で、3つのパートで構成されています。会話は全て録音されます。

> パート1（4分〜5分）：インタビュー
> 受験者の簡単な自己紹介、受験者の家族、出身地、仕事、勉強、趣味、日常生活などが問われます。
>
> パート2（3分〜4分）：スピーチ
> トピックと話すべきポイントが書かれた「Topic Card」とメモを取るための紙と鉛筆を渡され、1分間の準備時間を与えられます。その後、1〜2分間のスピーチを行い、続いて試験官から同じトピックについて1〜2つほど質問されます。
>
> パート3（4分〜5分）：ディスカッション
> パート2で話した内容に関する社会的なトピックについて、試験官とディスカッションを行います。

パート1〜3をまとめて、以下の項目で採点されます。
1. 話の流暢さと論理的一貫性　　2. 語彙の豊富さと適切さ
3. 文法の幅広さと正確さ　　　　4. 発音

IELTS Information

▶ バンドスコア

テストの結果は1.0（初心者レベル）から9.0（ネイティブレベル）までの0.5刻みのバンドスコアで表示され、合格・不合格はありません。成績証明書にはリスニング、リーディング、ライティング、スピーキングそれぞれのバンドスコアと、4技能のスコアを単純平均した総合評価としてのオーバーオール・バンドスコアが示されます。

● IELTS　バンドスコア

9	Expert user エキスパートユーザー	英語を自由自在に使いこなす能力を有する。適切、正確、流暢、完全な理解力もある。
8	Very good user 非常に優秀なユーザー	不正確さや不適切さがみられるが、英語を自由自在に使いこなす能力を有している。慣れない状況下では誤解が生ずる可能性もある。込み入った議論にも対応できる。
7	Good user 優秀なユーザー	不正確さや不適切さがみられ、また状況によっては誤解が生ずる可能性もあるが、英語を使いこなす能力を有する。複雑な言葉遣いにも概ね対応でき、詳細な論理を理解できる。
6	Competent user 有能なユーザー	不正確さ、不適切さ、誤解も見られるが、概ね効果的に英語を使いこなす能力を有する。特に、慣れた状況下では、かなり複雑な言葉遣いの使用と理解ができる。
5	Modest user 中程度のユーザー	不完全だが英語を使う能力を有しており、ほとんどの状況でおおまかな意味を把握することができる。ただし、間違いを犯すことも多い。自身の専門分野では、基本的なコミュニケーションを取ることが可能。
4	Limited user 限定的なユーザー	慣れた状況においてのみ、基本的能力を発揮できる。理解力、表現力の問題が頻繁にみられる。複雑な言葉遣いはできない。
3	Extremely Limited user 非常に限定的なユーザー	非常に慣れた状況において、一般的な意味のみを伝え、理解することができる。コミュニケーションの断絶が頻発する。
2	Intermittent user 散発的ユーザー	慣れた状況下で、その場の必要性に対処するため、極めて基本的な情報を片言で伝える以外、現実的なコミュニケーションを取ることは不可能。英語の会話や文章を理解することは困難である。
1	Non user 非ユーザー	単語の羅列のみで、基本的に英語を使用する能力を有していない。

● 日本人の平均バンドスコア　※2019年　アカデミック・モジュール

リスニング	リーディング	ライティング	スピーキング	オーバーオール
5.9	6.1	5.5	5.5	5.8

●他の英語能力試験とのスコア比較

IELTS、TOEFL iBT、英検のスコア比較をCEFR(※)を基準に以下の表にまとめました。

IELTS	TOEFL iBT	英検	CEFR
8.5 – 9.0	—	—	C2 聞いたり読んだりした、ほぼ全てのものを容易に理解することができる。いろいろな話し言葉や書き言葉から得た情報をまとめ、根拠も論点も一貫した方法で再構築できる。自然に、流暢かつ正確に自己表現ができる。
7.0 – 8.0	95 – 120	1級	C1 いろいろな種類の高度な内容のかなり長い文章を理解して、含意を把握できる。言葉を探しているという印象を与えずに、流暢に、また自然に自己表現ができる。社会生活を営むため、また学問上や職業上の目的で、言葉を柔軟かつ効果的に用いることができる。複雑な話題について明確で、しっかりとした構成の、詳細な文章を作ることができる。
5.5 – 6.5	72 – 94	準1級	B2 自分の専門分野の技術的な議論も含めて、抽象的な話題でも具体的な話題でも、複雑な文章の主要な内容を理解できる。母語話者とはお互いに緊張しないで普通にやり取りができるくらい流暢かつ自然である。幅広い話題について、明確で詳細な文章を作ることができる。
4.0 – 5.0	42 – 71	2級	B1 仕事、学校、娯楽などで普段出会うような身近な話題について、標準的な話し方であれば、主要な点を理解できる。その言葉が話されている地域にいるときに起こりそうな、たいていの事態に対処することができる。身近な話題や個人的に関心のある話題について、筋の通った簡単な文章を作ることができる。
		準2級	A2 ごく基本的な個人情報や家族情報、買い物、地元の地理、仕事など、直接的関係がある領域に関しては、文やよく使われる表現が理解できる。簡単で日常的な範囲なら、身近で日常の事柄について、単純で直接的な情報交換に応じることができる。
		3級以下	A1 具体的な欲求を満足させるための、よく使われる日常的表現と基本的な言い回しは理解し、用いることができる。自分や他人を紹介することができ、住んでいるところや、誰と知り合いであるか、持ち物などの個人的情報について、質問をしたり、答えたりすることができる。もし、相手がゆっくり、はっきりと話して、助けが得られるならば、簡単なやり取りをすることができる。

(※) CEFRはCommon European Framework of Reference for Languages（ヨーロッパ言語共通参照枠）の略で、欧州評議会で2001年に公開された枠組みです。外国語学習者のレベルを示す尺度として用いられています。

IELTS Information

▶ 申し込み方法

IELTSのどのモジュールを受験するのか明確にしましょう。
- Academic Module、General Training Module → p.16
- IELTS for UKVI → p.172

> どのモジュールを受験するにも、16歳以上であることが推奨され、申し込み時から試験日まで有効なパスポートが必要です。他の身分証明書（運転免許証など）では受験できません。

※以下の情報は、公益財団法人 日本英語検定協会実施のものです。

受 験 料 25,380円（税込）

受 験 地 全国主要都市　※会場は試験実施日によって異なる場合があります。
東京、横浜／川崎、大阪、名古屋、福岡、京都、仙台、札幌、金沢、長野／松本、静岡、神戸、広島、岡山、熊本

試験実施日 年間最大48回　※会場によって設定受験日が異なります。

申し込みについて

申し込みの締め切りは、公開会場（個人受験）の場合、筆記試験の5日前の正午までです。申込期間中に定員に達した場合は、その時点で締め切りとなるのでご注意ください。申し込みは、インターネットから行ってください。

■ **インターネット**：下記のリンクから、手順を追って申し込んでください。
　URL：https://www.eiken.or.jp/ielts/

東京・横浜／川崎・札幌・仙台・金沢・長野／松本・静岡・名古屋会場

IELTS公式東京テストセンター
〒162-8055
東京都新宿区横寺町55
Email：jp500ielts@eiken.or.jp
TEL：03-3266-6852
FAX：03-3266-6145

大阪・京都・神戸・広島・岡山・福岡・熊本会場

IELTS公式大阪テストセンター
〒530-0002
大阪市北区曽根崎新地1-3-16 京富ビル4F
Email：jp512ielts@eiken.or.jp
TEL：06-6455-6286
FAX：06-6455-6287

試験当日の持ち物　※会場によって規定が異なる場合があります。

- 受験申込時に使用したパスポート（有効期限内）
- パスポートのカラーコピー（有効期限内）
- 黒鉛筆（シャープペンシル、キャップ不可）
- カバーをはずした消しゴム
- 無色透明なボトルに入った水（ラベルやカバーは不可、水以外の飲み物は不可）

試験当日の注意点

- 貴重品（財布、腕時計、電子機器など）は荷物置き場に置く。
  ※不必要な貴重品は試験会場に持っていかないようにする。
- 試験実施部屋には、掛け時計、鉛筆削り機、ティッシュペーパーが用意されている。
- 試験問題と解答用紙の持ち出しは不可。

試験当日のタイムスケジュール（目安）

8:00 ～	受験者集合・受付開始	
8:55 ～	説明開始	
9:00 ～ 10:00	ライティング	ライティング、リーディング、リスニングは同じ日の午前中に受験。
10:10 ～ 11:10	リーディング	
11:20 ～ 12:00	リスニング	
12:10	一時解散	
13:00 ～ 18:00	スピーキング（指定された時間に随時集合。面接時間は約11分～14分）	スピーキングは筆記試験と同日、または前後一週間以内に実施されます。

会場によって当日の流れは変わります。インターネットで申し込みする際に取得する、マイページ内の受験確認書でご確認ください。

※2019年4月13日より、筆記試験科目順序が変更されました。
※IELTSコンピューター版では筆記試験科目の順序、開始時間等が異なります。

結果

IELTS公式の成績証明書（Test Report Form）には、総合評価としてのオーバーオール・バンドスコアと各技能それぞれのバンドスコアがテスト結果として表示されます。IELTSのテスト結果は、通常、筆記試験13日後の13：00からマイページで確認できます。また、同日夕刻に、公的に使用できる成績証明書が郵送発送されます。

※電話やEメールでの結果の通知はありません。

IELTS Information

 イギリス英語とアメリカ英語の違い

1 文法

イギリス英語とアメリカ英語には多くの違いがありますが、ほとんどは、イギリス人とアメリカ人の意思の疎通が困難になるほどの大きな違いではありません。ですが、一方の国で文法的に正しいと見なされる表現が、他方では誤りと見なされる場合もあります。already, just, yet などの語を用いた現在完了形と過去形がその例です。イギリス英語では現在完了形を用いなければなりませんが、アメリカ英語では現在完了形と過去形のどちらを用いても構いません。

🇬🇧 I've already seen that film, so let's watch a different one.
🇺🇸 I already saw that movie, so let's watch a different one.

government, company, police などの集合名詞の用法にも違いがあります。この場合、イギリス英語では集合名詞は単数扱いまたは複数扱いになりますが、アメリカ英語では常に単数扱いになります。

🇬🇧 The government have announced their intention to reform the tax law.
🇺🇸 The government has announced its intention to reform the tax law.

イギリス英語とアメリカ英語で前置詞の用法が異なる場合も数多くあります。例えば、イギリス人は at the weekend と言いますが、アメリカ人は普通 on the weekend と言います。こうした違いが誤解を招くことはありませんが、他方の用法に慣れた人には少し奇妙に聞こえます。

🇬🇧 I'll go and write to him about it.
🇺🇸 I'll go write him about it.

2 語彙と表現

イギリス英語とアメリカ英語では、多くの日常的な語彙と表現が異なります。最も注意が必要なのは、同じ語がイギリスとアメリカで違う意味を持つようになっている場合です。例えば、pants という語をイギリス人は「（下着の）パンツ」の意味で使いますが、アメリカ人は「ズボン」の意味で使います。この違いは多くの誤解を生むことがあります。別の例を挙げると、wash up という句はイギリス英語では「食器を洗う」という意味ですが、アメリカ英語では「顔と手を洗う」という意味になります。もう1つの典型的な例は smart です。この語はイギリスでは「きちんとした身なりの、ぱりっとした身なりの」という意味ですが、アメリカでは「頭のいい」を意味します。

🇬🇧 He looks so smart. I expect he is going for a job interview.
🇺🇸 He looks so smart. I expect he is a university professor.

アメリカとイギリスの語彙の一般的な違いは、多くが19世紀末から20世紀半ばの間に生じました。これは、近代的な輸送機関が発達していた時期に当たります。ですから、自動車や鉄道輸送の語彙に関しては多くの違いが見受けられます。イギリス人が petrol と言うところをアメリカ人は gas あるいは gasoline と言い、イギリス人が railway carriage と言うところをアメリカ人は railroad car

と言います。現代では、テレビやインターネットなどの情報伝達手段のおかげで、両国のほとんどの人がこうした語彙の違いを知っていますから、意思の疎通に問題が生じることはめったにありません。

🇬🇧 My car ran out of petrol so I had to use the railway to get there.
🇺🇸 My car ran out of gas so I had to use the railroad to get there.

3 つづり

イギリス英語とアメリカ英語の一見して明らかな違いの1つは、両国で用いられているつづりです。つづりの違いの多くは、単純に要約することができます。イギリス英語の語尾 -our は、アメリカ英語ではしばしば -or になります。例えば colour は color になります。また、recognise のようにイギリス英語で語尾が -ise の語は、アメリカ英語では普通語尾が -ize になります。もう1つの典型的なつづりの違いは、例えば（英）travelling と（米）traveling のように、-ing 形に見られます。こうしたつづりの違いは学んで覚える必要がありますが、もちろん理解に支障をきたすことはほとんどありません。

🇬🇧 When travelling, it is important to be able to recognise the colours of flags.
🇺🇸 When traveling, it is important to be able to recognize the colors of flags.

4 句読点

イギリス英語とアメリカ英語には、句読点のわずかな違いが幾つかあります。どちらの国でも句読点のルールの適用はかなり緩やかなので、教科書に書かれているルールに合わない句読点の例がしばしば見受けられます。これは特にコンマに当てはまります。コンマは、アメリカ英語の方でよく用いられる傾向があります。明らかな違いの1つは、列挙する場合に用いるコンマです。イギリス英語では、列挙したものの最後の2つの間にある and の前には決してコンマを置きませんが、アメリカ英語ではよくコンマを置きます。

🇬🇧 I bought some oranges, apples and lemons.
🇺🇸 I bought some oranges, apples, and lemons.

もう1つの違いは、引用符の使い方です。アメリカ英語では、発言や引用には常に " " を用いますが、引用符の中に別の発言や引用が出てくるときは ' ' を用います。一方イギリス英語では、' ' を用いる人も " " を用いる人もいます。大事なのは、1つの文書の中で一貫した使い方をすることです。他の違いは、コンマやピリオドがイギリス式の書き方では普通引用符の外に置かれ、アメリカ式の書き方では常に引用符の中に置かれることです。

🇬🇧 'I asked her her name', the policemen said, 'and she replied, "Diana" '.
🇺🇸 "I asked her her name," the policeman said, "and she replied, 'Diana.' "

※IELTS ではイギリス英語をはじめとする様々な英語が使われます。解答する際にはイギリス英語、アメリカ英語のどちらでも可となっています。

IELTS Information

▶ IELTSコンピューター版

　PC上で受験できるIELTSコンピューター版という方式もあります。
・ライティング、リーディング、リスニングはPC上で受験します。スピーキングは、紙と鉛筆で受験するIELTSと同じく、試験官との1対1の対面またはリモートによる面接形式で行われます。
・試験の内容、採点基準、試験時間は、紙と鉛筆で受験するIELTSとまったく同じです。
・タイピングなどPC操作に慣れている人にとっては受験しやすく、また、成績証明書が試験後3～5日で発行されるというメリットがあります。
・詳細は、公益財団法人 日本英語検定協会またはブリティッシュ・カウンシルの公式サイト等をご覧ください。
　https://www.eiken.or.jp/ielts/cdielts/
　https://www.britishcouncil.jp/exam/ielts

完全対策
LISTENING

概要	22
SECTION 1 対策	25
実践問題	28
SECTION 2 対策	30
実践問題	33
SECTION 3 対策	35
実践問題	38
SECTION 4 対策	40
実践問題	43

※2020年1月11日より，以下の点が変更になりました。本書では変更前の形式を扱っていますが，内容への影響はありません。
・Sectionという名称がPartに変わりました。
・Part 1にあったExampleが削除されました。

概 要

リスニングテストとは？

出題形式

リスニングテストは4つのセクションで構成され、10問ずつ、全部で40問が出題されます。セクション1と2は日常的、社会的な内容、3と4はアカデミックな場面での教育的な内容です。形式は、1と3が2人以上の複数話者の会話、2と4が1人の話者のモノローグです。各セクションでは、次ページの問題形式から1種類もしくは2種類以上が出題されます。出題順に難易度が高くなります。

音声

- ナレーションは、イギリス、アメリカ、オーストラリア、ニュージーランドなどさまざまな音声で流れます。
- 音声は1度しか放送されません。
- 放送中に、質問を先読みするプレヴューの時間(20-50秒)が与えられます。
- 質問は、放送で流れる順番で出題されます。

テストの流れ　約30分＋10分(転記時間)　40問

時　間	内容・出題例	放　送
セクション1 6-8分	話者2人以上 〈10問〉 **日常的・社会的な内容** ・友人同士の会話 ・電話による問い合わせ ・店員との会話など	例題の放送 ▼ プレヴュー(20-30秒) ▼ 英文の放送(前半5問) ▼ プレヴュー(20-30秒) ▼ 英文の放送(後半5問) ▼ 解答の確認(30秒)
セクション2 6-8分	話者1人 〈10問〉 **日常的・社会的な内容** ・ラジオ放送 ・旅行ガイドの説明 ・録音されたメッセージなど	プレヴュー(20-30秒) ▼ 英文の放送(前半5問) ▼ プレヴュー(20-30秒) ▼ 英文の放送(後半5問) ▼ 解答の確認(30秒)
セクション3 6-8分	話者2人以上 〈10問〉 **学術的・教育的な内容** ・学生同士のディスカッション ・個別指導など	プレヴュー(20-30秒) ▼ 英文の放送(前半5問) ▼ プレヴュー(20-30秒) ▼ 英文の放送(後半5問) ▼ 解答の確認(30秒)
セクション4 6-8分	話者1人 〈10問〉 **学術的・教育的な内容** ・講師による講義 ・講演など	プレヴュー(40-50秒) ▼ 英文の放送(10問) ▼ 解答の確認(30秒)
転記(10分)	解答を解答用紙に書き写す時間	

評価基準

リスニングでは、問題の配点は、各1点×40問で40点満点です。

減点対象になるもの

- **スペルミス**
  - 例 1文字でも違っていたら誤りと見なされる
- **文法ミス**
  - 例 複数名詞であるべきものを単数名詞で書く
- **指定された語数を守らない**
  - 例 指示文で2語以内とあるのに、3語で書く
  - ※ハイフンでつないだ単語は1語と数える
- **読みにくい文字**
  - 例 読み取れない、はっきりしない文字で書く

減点対象にならないもの

- **大文字と小文字はどちらも可**
  - 例 rain, RAIN, Rainなど、どのように書いてもよい
- **句読点の用い方は任意**
  - 例 5.30 pm / 5:30 p.m., online / on-lineなどはいずれも可
- **イギリス英語・アメリカ英語どちらも可**
  - 例 centre / center, organise / organizeなど、英米いずれの方式を用いてもよい

問題形式

各セクションでは、以下の中から1種類もしくは2種類以上の問題形式(Task type)が出題されます。

1 用紙完成問題(Form Completion)

例 *Complete the form below.* （次の用紙を完成させなさい）
*Write **ONE WORD ONLY** for each answer.* （それぞれ1語で答えを書きなさい）

2 制限内の語数で答える問題(Short-Answer Questions)

例 *Answer the questions below.* （次の質問に答えなさい）
*Write **NO MORE THAN TWO WORDS AND/OR A NUMBER** for each answer.*
（それぞれ2語以内か数字1つ、あるいはその両方で答えを書きなさい）

3 マッチング問題(Matching Information)

例 *Choose **THREE** answers from the box and write the correct letter, **A-D**, next to questions 1-3.*
（囲みの中から3つ答えを選び、問題1-3の解答欄にA-Dのうち正しい文字を書きなさい）

4 多項選択問題(Multiple Choice)

例 *Choose the correct letter, **A**, **B** or **C**.* （A, B, Cから正しい文字を選んで書きなさい）

5 図表完成問題(Plan, Map, Diagram Labelling)

例 *Label the plan below.* （次の図面を完成させなさい）
*Write the correct letter, **A-J**, next to questions 21-24.*
（問題21-24の解答欄にA-Jのうち正しい文字を書きなさい）

6 文完成問題(Sentence Completion)

例 *Complete the sentences below.* （次の文を完成させなさい）
*Write **NO MORE THAN THREE WORDS** for each answer.* （それぞれ3語以内で答えを書きなさい）

7 メモ・表・フローチャート・要約完成問題(Notes, Table, Flow-Chart, Summary Completion)

例 *Complete the summary below.* （次の要約を完成させなさい）
*Write **NO MORE THAN TWO WORDS** for each answer.*
（それぞれ2語以内で答えを書きなさい）

攻略法

攻略法★1　問題を先読みしてポイントを押さえましょう
問題や選択肢を読みながら音声を聞くと、集中力を保ちにくくなります。事前に聞き取るべきポイントに焦点を絞っておくと予測しながら聞けるので、リスニング力もアップします。音声を聞く前の時間で問題と選択肢に目を通し、キーワードと思われる語句に印を付けておきましょう。IELTSでは、問題冊子に書き込みをすることが許可されています。

攻略法★2　空所の前後に注目しましょう
空所補充問題であれば、空所の前後にヒントがあることが多いと言えます。しかしそれらの語句は音声ではそのまま使われることはほとんどなく、言い換えられている可能性が高いので、どんな言葉に置き換えられる可能性があるかも少し考えてから、音声を聞いてみましょう。

攻略法★3　品詞などを把握し、選択肢を絞り込みましょう
空所補充問題では、空所の前後から、どのような語句が適切であるかを絞り込むことができます。特に、単数名詞か複数名詞か、可算名詞か不可算名詞か、品詞は何かを絞り込んでおくことで、聞き取るべき語句を限定することができます。例えば、muchの後ろが空所で、空所に名詞が入ると判断できれば、その名詞は不可算名詞であることが分かります。

攻略法★4　聞こえた単語に飛び付かないよう注意
特に多項選択問題において、選択肢に入っている単語や語句がそっくりそのまま音声から聞こえたとしても、すぐに正解と決め付けないようにしましょう。キーワードとなる表現は言い換えられている可能性が高いので、単語だけで判断してしまうのではなく、落ち着いて文の意味を捉えるようにしましょう。

攻略法★5　リスニング中は完璧な答えを書く必要はありません
試験時間中は、問題冊子に答えのメモを書き込むようにしましょう。たとえスペルが思い出せなくても、解答転記時間に見直しができるので、カタカナや曖昧なスペルでも構いません。完璧な答えを書く必要はなく、とにかく書いておくことが大切です。放送終了後の解答転記時間（10分）を活用して完璧な答えを書けばよいことを理解しましょう。

攻略法★6　聞き逃しても、気持ちを切り替えましょう
満点を目指す以外は、全てを完璧に答えなければいけないわけではありません。聞き逃したとしても、それを引きずるのではなく、気持ちを切り替えて次の問題に臨むことが大切です。

攻略法★7　10分の解答転記時間を最大限に生かしましょう
解答転記時間には、スペルミスがないか、sが抜け落ちていないか、（空所補充問題ならば）文法上適切な品詞であるかなどを確認しましょう。IELTSでは2、3問の差が0.5点の差を生むので、この時間を使って1つでもケアレスミスなどを減らすようにしましょう。

では、次ページからリスニングテストで出題される問題形式（Task type）を学習しましょう。本書では、セクション1でTask type 1, 2、セクション2でTask type 3, 4、セクション3でTask type 5, 6、セクション4でTask type 7を扱っています。ただし、実際の試験では、各セクションにつき、どれか1つもしくは2種類以上の問題形式で出題されます。

SECTION 1 対策

概要

- セクション1は、日常的、社会的なトピック（例：友人や店員との会話、チケット予約、電話による問い合わせ、依頼など）を扱います。
- 話者が2人の会話形式、またはインタビュー（面接）や電話での会話などで構成されています。
- 細かい点に注意して聞くことが重要です（名前、数字、目的、場所など）。
- 質問に目を通す時間も設けられています。

Task type 1　用紙完成問題（Form Completion）

- 用紙の空所を埋める問題です。
- 解答に使用できる語数や数字の数が指示されます。
- 指示された語数を超えた場合は、誤りと見なされます。
- 音声に出てくる語を使用しましょう。
- 人物や場所は、読み上げられるスペルを確実に聞き取りましょう。
- 日付、時間、寸法などの具体的な情報にも注意しましょう。

（例）**Complete the form below.**　（次の用紙を完成させなさい）

●解答の表記について

1. 数字
数字はさまざまな形で登場します（番地、電話番号、値段、日付、回数、寸法など）。パスポート、自動車登録番号、電気製品のシリアル番号のように、数字と文字の組み合わせの場合もあります。

2. 電話番号
0はohまたはzeroと発音されます。

3. 日付
日付の表記法は2種類あります。イギリス式とアメリカ式いずれも使用可能です。
　the thirtieth of November = 30(th) November, November 30(th)

4. 単位
pound, dollar, euroなどを記号で書けるようにしましょう。nine pounds fifty ⇒ £ 9.50, five euros forty-five ⇒ € 5.45, two dollars twenty ⇒ $ 2.20と書きます。
単位の省略形も使用可能です。
　　50 kilogrammes（英）= 50 kilograms（米）= 50 kg
　　100 metres（英）= 100 meters（米）= 100 m
　　42 kilometres（英）= 42 kilometers（米）= 42 km

Activity 1

1.1 *Listen and repeat the letters of the alphabet.* 🎧 01

1.2 *Listen and write down the groups of letters you hear.* 🎧 02

1 ....

2 ....

3 ....

4 ....

1.3 *Listen and fill in the gaps with the words that are spelt out on the recording.* 🎧 03

1 Name: Suzanne ....

2 Address: 139 ....

3 Town: ....

4 Company: .... Publishing House

5 Website: www. .... .com

1.4 *Listen and fill in the gaps with the numbers you hear.* 🎧 04

1 Date of departure: ....

2 Room number: ....

3 Price per night: ....

4 Breakfast: .... per day

5 Storage for case: .... in weight

6 Late check-out time: ....

7 Parking: Car registration No.: ....

Task type 2 制限内の語数で答える問題 (Short-Answer Questions)

- 音声に出てくる語 (文字や数字) を使用して答える問題です。解答に使用できる語や数字の数が制限されているので、指示文を注意して読みましょう。
- 1つの質問で2つか3つの解答が求められる場合もあります。
- 具体的な事実や情報に注意して聞きましょう。
- 音声を聞く前に、必ず質問を確認しておきます。質問の疑問詞 (who, where, what colour, what time など) を見て答えを予測できると、正解を耳にしたときに、それが正解だと気付きやすくなります。

(例) Write **NO MORE THAN TWO WORDS AND/OR A NUMBER** for each answer.
(それぞれ2語以内か数字1つ、あるいはその両方で答えを書きなさい)

Activity 2

Listen and answer the questions below. Write **NO MORE THAN THREE WORDS AND/OR A NUMBER** for each answer. 🎧 05

1 What colour is the car?
2 What time did the owner park the car?
3 Where was the owner when the car was stolen?

SECTION 1 実践問題

以下はリスニング・セクション1のサンプルです。用紙完成問題と、制限内の語数で答える問題を練習します。実際のテストでは、他の問題形式が出題される場合もあります。

> **TIPS**
> - 放送の最初に流れるセクションの状況設定をよく聞き、与えられた時間で前半のセットの質問を確認します。そうすれば、答えを聞き逃す可能性が減ります。セクション1のみ冒頭で例題が流れます。
> - 音声についていくことが大切です。答えを聞き逃しても、止まってはいけません。次の質問に進み、後から、聞き逃した答えを推測しましょう。
> - セクション1の放送は前半と後半に分かれています。セクション1の途中に、後半のセットの質問を確認する時間があります。
> - 各セクションの最後には、解答を見直す時間（30秒）が設けられています。スペルを確認したり、単語の最終確認をしたり、答えを推測したりするなどして、この時間をうまく使ってください（実践問題の音声には、この時間は含まれていません）。正答数によってバンドスコアが決まるため、誤答によるペナルティーの減点はありません。

SECTION 1   Questions 1-10   06

Questions 1-6

Complete the form below.

Write **NO MORE THAN TWO WORDS AND/OR A NUMBER** for each answer.

EASTSIDE LIBRARY APPLICATION FORM for *VISITOR'S MEMBERSHIP*	
Example Purpose of visit:	*Answer* exchange
Family name:	Sunderland
First name:	**1** ....
Nationality:	**2** ....
Address:	**3** .... Road, Winton
Proof of address:	**4** ....
Telephone number:	0405 492 451
Date of proposed departure:	**5** ....
Passport number:	**6** ....

Questions 7-10

Answer the questions below.

Write **NO MORE THAN TWO WORDS AND/OR A NUMBER** for each answer.

7   How many items may a visitor member borrow at one time?

   ....

8   How long is the loan period for a 'hot book'?

   ....

9   How much is the deposit to borrow a laptop to use in the library?

   ....

10 Name **ONE** method of renewing items on loan.

   ....

SECTION 2 対策

概要
- セクション2は、日常的、社会的な内容を扱います。
- ラジオ放送、旅行ガイドの説明、録音されたメッセージなど、1人の話者によるモノローグ形式で構成されています。
- 事実情報に注意して聞き、関連する適切な情報を選んで質問に解答します。

Task type 3　マッチング問題(Matching Information)
- 囲みの中の選択肢から答えを選ぶ問題です(A, B, Cなどと表示されています)。
- 質問には数字が振られ、リスト(人、場所、出来事、物などの名前)になっています。その横に、答えの文字(A, B, Cなど)を記入します。
- 音声を聞く前に与えられた時間で、選択肢と質問を先に見ておきます。
- 囲みの中の選択肢の順番は、音声とは順不同です。
- 質問は、放送で流れる順番で出題されます。
- それぞれの質問に対して、1つの答えを選んでください(問題よりも選択肢の数が多い場合もあります)。
- 同義語や、意味が似ている単語やフレーズに注意して聞きましょう。問題文と同じ単語は音声にはあまり出てきません。

> 例) Choose **THREE** answers from the box and write the correct letter, **A-D**, next to questions 1-3.
> (囲みの中から3つ答えを選び、問題1-3の解答欄にA-Dのうち正しい文字を書きなさい)

Activity 3

Study the questions (1-3) and think of other ways in which these ideas can be expressed. Then listen and complete the exercise. 🎧07

Which team will carry out each of the following tasks?

Choose **THREE** answers from the box and write the correct letter, **A-D**, next to questions 1-3.

Teams
A　black caps
B　blue caps
C　green caps
D　red caps

1 collecting entrance tickets ....

2 acting as messengers ....

3 working in the kitchen ....

Task type 4 多項選択問題（Multiple Choice）

- 音声に関する問題文に対して、複数ある選択肢から最も適切なものを幾つか選ぶ問題です。
- 多項選択問題はさまざまな形式で出題されます。例えば、質問に対して3つの選択肢が与えられている形式や、文の前半が質問になっていて、文の後半に来るべきものを3つの選択肢から選ぶ形式などがあります。
- たくさんの選択肢の中から、2つ以上の答えを選ぶ場合もあります（5つの選択肢から2つ選ぶなど）。
- 質問から、幾つの答えが求められているかを確認しましょう。
- 多項選択問題では、特定のポイントを細かく理解しているか、あるいは主要なポイントを総合的に理解しているかが試されます。
- 問題文中のキーワードに下線を引きましょう。ただし、音声では同義語で表現されているかもしれないので注意が必要です。また、反意語や、sick = not well のように、否定の語を伴って元の語と同じような意味になる言い回しにも気を付けましょう。
- 質問は、放送で流れる順番で出題されます。選択肢は順不同です。

例 *Choose the correct letter, **A**, **B** or **C**.* （A, B, Cから正しい文字を選んで書きなさい）

Activity 4

4.1 *Take a moment to think of paraphrases for the underlined words and phrases in the questions below. Then, listen.* 🎧 08

1 You should see the doctor if

   A   you have a constant headache.

   B   you have a sick stomach.

   C   you have a cold.

2 Why is Jason feeling stressed?

   A   He has money troubles.

   B   He is overworked.

   C   He is afraid of losing his job.

3 and 4   Which **TWO** things is Janice worried about?

    A finding a part-time job

    B having enough money

    C keeping up with her studies

    D moving away from home

    E talking to male students

4.2 *Did you recognise the equivalent expressions? Look at the underlined phrases in the tapescripts.*

4.3 *Now listen again and answer the questions.*

1 ....
2 ....
3 ....
4 ....

SECTION 2 実践問題

以下はリスニング・セクション2のサンプルです。マッチング問題と多項選択問題を練習します。実際のテストでは、他の問題形式が出題される場合もあります。

> **TIPS**
> ・音声を聞く前に与えられる時間で質問を先読みし、キーワードに下線を引き、考えられる同義語を推測してみましょう。
> ・セクション2では、セクション1同様、音声の途中で、後半のセットの質問に備える時間が与えられます。

SECTION 2　　Questions 11-20　　

Questions 11-16

Which advantage is mentioned for each of the following holidays?

Choose **SIX** answers from the box and write the correct letter, **A-H**, next to questions 11-16.

Advantages

A　a range of prices to choose from
B　explore inaccessible places
C　go at your own pace
D　high-quality meals provided
E　no backpack to carry
F　not physically demanding
G　withdraw at any point
H　follow rough tracks

11　freedom walking　..

12　guided walking　..

13　road cycling　..

14　sea kayaking　..

15　sailing　..

16　luxury cruising　..

Questions 17 and 18

*Choose the correct letter, **A**, **B** or **C**.*

17 Walking holidays with a guide are currently offered

    A all over New Zealand.
    B only in the South Island.
    C in the South Island and Stewart Island.

18 On rest days, when is entertainment provided?

    A when guests request it
    B every night
    C most nights

Questions 19 and 20

*Choose **TWO** letters, **A-E**.*

Which of the following does a self-catering unit contain?

    A a dishwasher

    B a fireplace

    C an electric stove

    D electric blankets

    E a refrigerator

SECTION 3 対策

概要

- セクション3は、アカデミックな場面を扱います。
- 学生のディスカッションや個別指導など、2人の話者の会話形式で構成されますが、最大4人いる場合もあります。よって、話者の立場や考え方をよく見極めなければなりません。
- 声のトーンなどから事実と意見を区別し、それらがどのように関連するかを注意して聞きます。

Task type 5　図表完成問題（Plan, Map, Diagram Labelling）

- 音声に関連した図表を完成させる問題です（設備の図、建物の図面、町の地図など）。
- 場所や物の説明を理解し、図表と関連付け、空間的な関係や方向を表す言葉を聞き取ります。
- 説明を聞きながら、鉛筆でルートや建物などをたどりましょう。
- 何を解答欄に記入すればよいのか（語なのか、A, B, Cなどの文字なのか）、問題文を丁寧に読みましょう。
- 図表上の文字（A, B, Cなど）の順番は音声とは異なりますが、質問に出てくる場所の順番は音声と同じです。

例) *Label the plan below.*　（次の図面を完成させなさい）

Activity 5

5.1 *Look at the map below and complete the dialogue with the following phrases, and then listen to the dialogue to check your answers.*　🎧 10

car park	roundabout *(x 2)*
go past	traffic lights
junction	go straight on
turn left *(x 2)*	take the second exit
turn right *(x 2)*	take the first on the left
keep going	take the second on the right

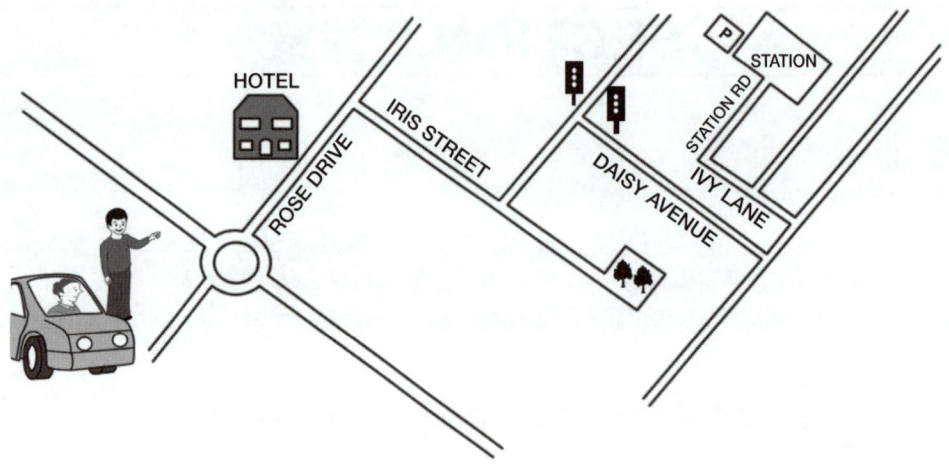

A: Could you tell me the way to the station, please?

B: **1** _____ until you come to the **2** _____ . At the **3** _____ **4** _____ into Rose Drive. **5** _____ the hotel on your left and **6** _____ into Iris Street. Then **7** _____ and **8** _____ as far as the **9** _____ . Then **10** _____ into Daisy Avenue. At the next **11** _____ **12** _____ . Then **13** _____ again into Ivy Lane and **14** _____ . This is Station Road and the station is right at the end. You'll see the **15** _____ adjacent to it.

5.2 *Look at the map below. Listen to the questions and write down your answers.* 🎧 11

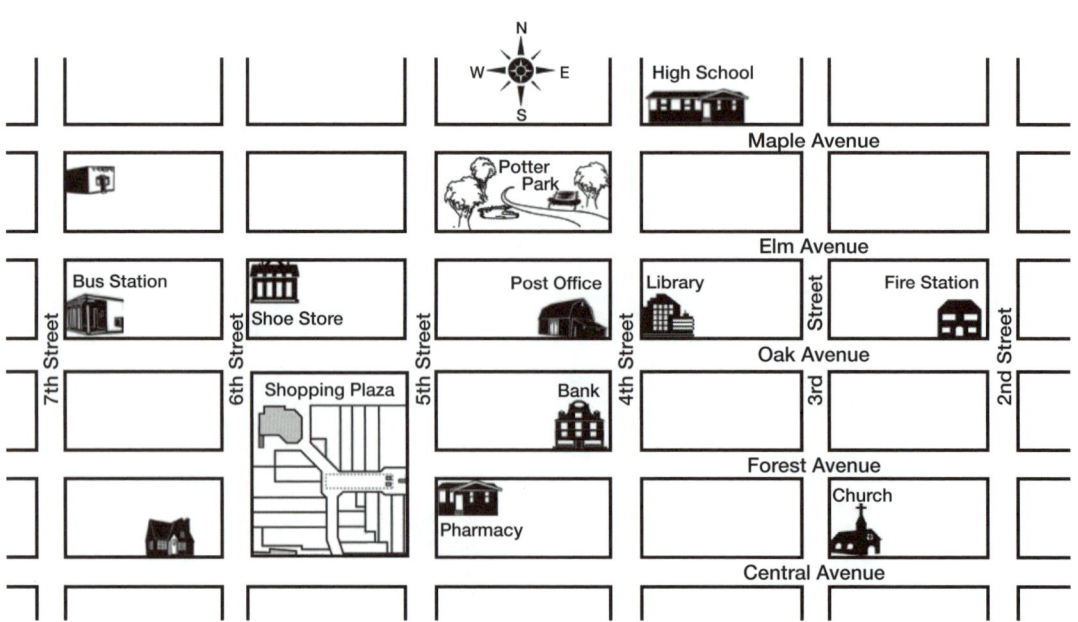

1	6 ....
2	7 ....
3	8 ....
4	9 ....
5	10 ....

Task type 6　文完成問題（Sentence Completion）

- 音声に関する文の空所を、音声に出てくる語句を使用して埋める問題です。
- 音声内の重要な情報を要約した文を幾つか読みます。
- 指示文に語数制限の指定があります。1語・2語・3語か数字1つ、あるいはその両方です。
- 重要な情報を特定し、原因と結果などの関係を理解しましょう。
- 完成した文は文法的に正しくなければなりません。これは、正解かどうかを判断する目安にもなります。

> 例 *Complete the sentences below.* （次の文を完成させなさい）

Activity 6

*Complete the sentences below. Write **ONE WORD ONLY** for each answer.*　🎧 12

1　Ivan wants to know if Maria is finding her .... more difficult.

2　Maria says that, because she knows the vocabulary now, the .... is not so heavy.

3　Ivan correctly assumes that the .... is much the same as what she studied before.

SECTION 3 実践問題

以下はリスニング・セクション3のサンプルです。図表完成問題と文完成問題を練習します。実際のテストでは、他の問題形式が出題される場合もあります。

SECTION 3	***Questions 21-30***	🎧 13

Questions 21-24

Label the plan below.

Write the correct letter, **A-J**, next to questions 21-24.

THE PUBLIC LIBRARY

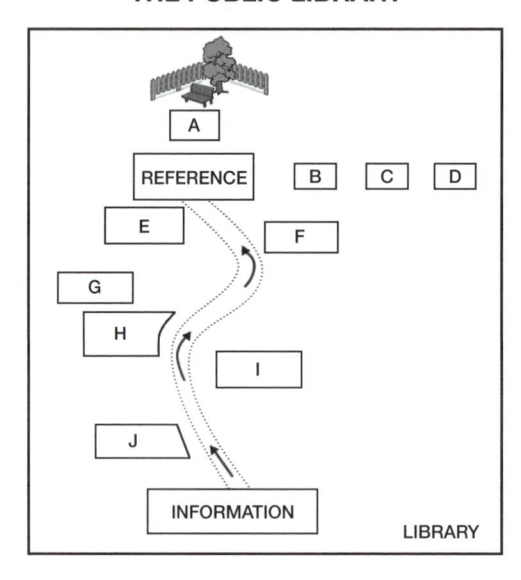

21 Multimedia room ....

22 Junior fiction ....

23 Journals & Magazines ....

24 Café ....

Questions 25-27

Label the diagram below.

Choose **THREE** answers from the box and write the correct letter, **A-E**, next to questions 25-27.

A anchorage
B catwalks
C chain-link fence
D deck
E main span

The Mackinac Suspension Bridge

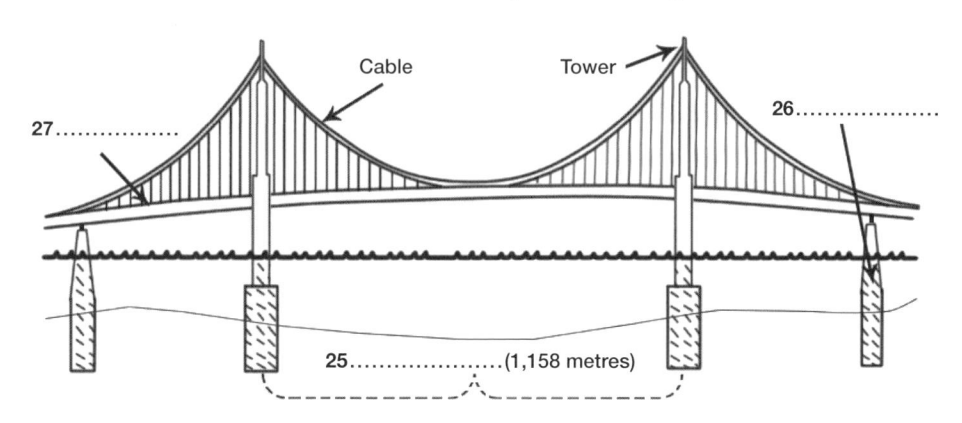

27 ....
26 ....
25 ....(1,158 metres)

Questions 28-30

Complete the sentences below.

Write **NO MORE THAN THREE WORDS** for each answer.

28 Zoe suggests they should not include too many .... in their presentation.

29 Gary says the design of suspension bridges since 1940 makes allowances for wind, ... and weight.

30 Zoe explains that the Mackinac Bridge could move considerably but this would only occur in ....

39

SECTION 4 対策

> **概要**

- セクション4は、1人の話者による学術的な場面での講義や発表、講演などを扱います。途中に中断はないので、全ての質問（31-40）を先読みしなければなりません。セクション1～3とは違うので注意しましょう。
- 意見がどのように組み立てられているかを理解し、中心となる意見と、単なる例や裏付け情報を区別しなければなりません。
- 話者の立場や考え方を見極めつつ、聞いていきましょう。
- 問題は次第に難しくなるので、このセクションが一番難しいと考えられます。音声に付いていくようにしましょう（下のサインポストを参照）。答えを聞き逃しても慌てず、答えを推測して次の質問に進みましょう。

◉サインポスト

セクション4のような長いモノローグを聞くときには、「サインポスト」を意識しながら聞くようにしましょう。「サインポスト」は言葉の標識で、話がどのように展開して、組み立てられているかを理解する手掛かりとなります。

1. トピックや新しい局面を導入する
I'd like to start by ...　私は～から始めようと思います。／Let's move on to discuss ...　次に～について考察しましょう。

2. 情報を追加したり、トピックを発展させたりする
Another noticeable feature is ...　他に目立つ特徴は～です。／Last but not least ...　最後に1つ付け加えるなら～

3. 例を挙げる
Take, for instance, ...　例えば～／Amongst these peculiar characters, one was ...　これらの珍しい特徴のうち、1つは～

4. 原因を述べる
For this reason ...　こういった理由で～／The root of the problem would seem to be ...　問題の根本は～であるように思われます。

5. 結果を述べる
As a consequence ...　その結果～／One interesting result of this was ...　これの興味深い結果の1つは～

6. 結論を述べたり、差し戻したりする
So far we've covered ...　これまで～についてお話ししました。／Let me wrap up today's lecture by saying ...　～ということで今日の講義を終わりにしたいと思います。

Task type 7　メモ・表・フローチャート・要約完成問題
(Notes, Table, Flow-Chart, Summary Completion)

- 音声の一部または全部を要約したものの空所を埋める問題です。
- 要約は、音声の主要な意見や事実が中心になっています。
- メモ (notes) では情報が要約され、各項目がどのように関連するかがレイアウトされます (セクション1の用紙完成問題に似ています)。
- 表 (table) は、明確なカテゴリーに分類される情報を要約するために使われます。
- フローチャート (flow-chart) は段階的な過程を表し、過程の流れは矢印で示されています。
- 要約 (summary) は完結した文で書かれているので、その文に文法的に合う答えでなければなりません。文法的に合わなければ、その答えは誤りです。
- 解答はリストから選択するか、空所に合う語を音声から特定します。語数制限を確認し、音声で使われている語を変えてはいけません。

例　*Complete the summary below.*　(次の要約を完成させなさい)

Activity 7　表完成問題 (Table Completion)

*Complete the table below. Write **ONE WORD ONLY** for each answer.*　🎧 14

URBAN vs SUBURBAN LIVING		
	Advantages	**Disadvantages**
Urban	・Action — clubs, cafés, etc. ・**1** _____ ・Arts & culture — museums, etc. ・Close to work	・Noise ・More **2** _____ and pollution ・Price of housing
Suburban	・Peace & quiet ・Greener environment ・Better for children ・Homes larger with more **3** _____ — back yard, etc.	・Cost of **4** _____ ・Time lost in daily commute

TIPS

指示文を読んで空所の語数制限を確認しましょう。また、質問番号を順に確認しておきましょう。大きな表だと見失いがちです。

↓

表題を読みましょう。話の大まかなテーマが分かります。

↓

縦の欄の見出しを読みましょう。

↓

横の欄を見て、空所を埋めるにはどんな種類の情報が必要か、与えられている情報を利用して考えましょう。

Activity 8 — フローチャート完成問題 (Flow-Chart Completion)

Complete the flow-chart below. Write **NO MORE THAN TWO WORDS** for each answer. 🎧 15

THE PROCESS OF BUYING A HOME

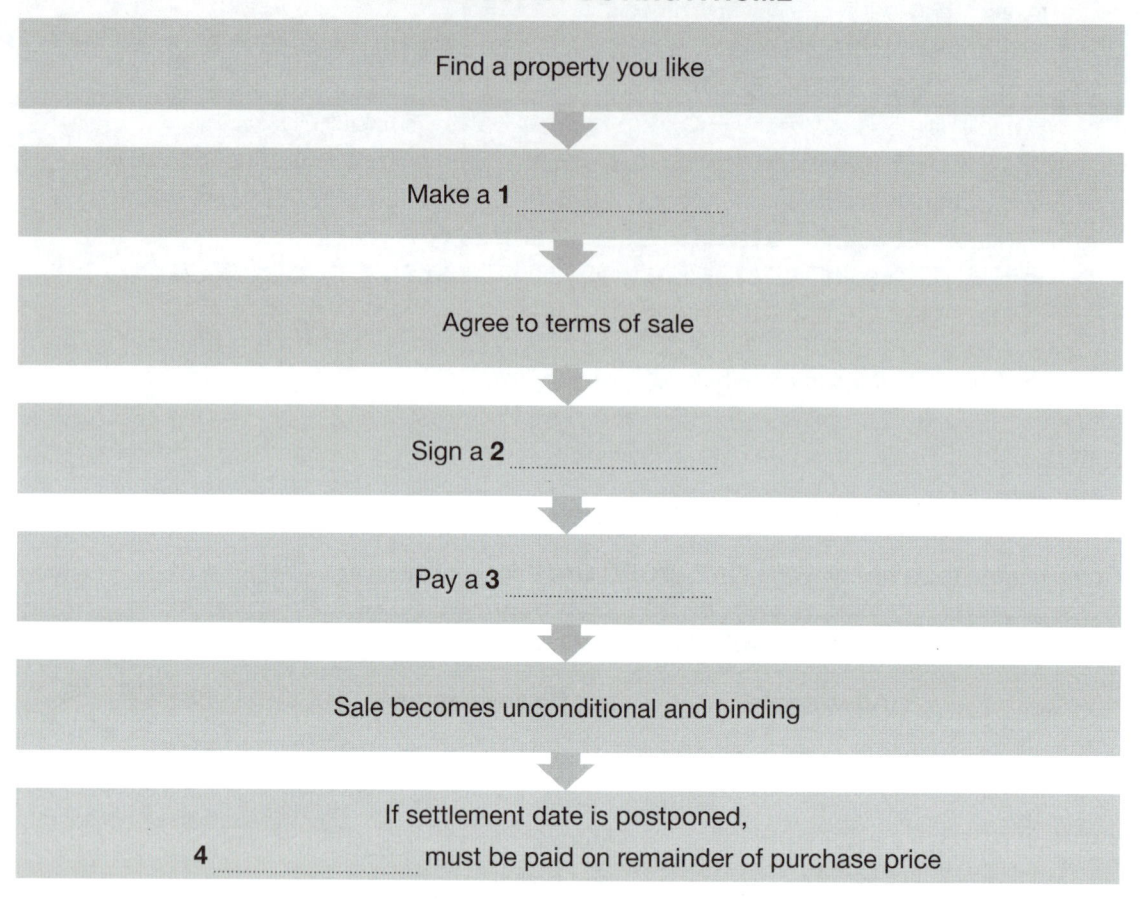

Find a property you like
⬇
Make a **1** _____
⬇
Agree to terms of sale
⬇
Sign a **2** _____
⬇
Pay a **3** _____
⬇
Sale becomes unconditional and binding
⬇
If settlement date is postponed, **4** _____ must be paid on remainder of purchase price

Activity 9 — 要約完成問題 (Summary Completion)

Look at the summary below. Before you listen, try to predict the answers. Write your predictions in the gaps in pencil. 🎧 16

Write **ONE WORD ONLY** for each answer.

The Red Cross

The Red Cross is an **1** _____ that helps the needy. During wartime it delivers aid to **2** _____ but it is also active in peacetime bringing **3** _____ relief to survivors of accidents and **4** _____ of all kinds. **5** _____ attention is given to the injured; food and water is delivered; and **6** _____ is provided for the homeless.

Now listen and check your answers.

SECTION 4 実践問題

以下はリスニング・セクション4のサンプルです。図表完成問題と文完成問題を練習します。実際のテストでは、他の問題形式が出題される場合もあります。

SECTION 4　　Questions 31-40　　🎧 17

Questions 31-33

Complete the notes below. Write **NO MORE THAN ONE WORD** for each answer.

Effects of introduced species on the New Zealand environment:

- NZ as part of Gondwanaland — ancient species of flora
- After separation — more species of flora arrived
- Vegetation untouched until humans came, then damaged by **31** .... and introduced animals and plants

Human arrivals:

1st.　Polynesians, brought one kind of **32** .... and rat
2nd.　Captain Cook, European sealers & whalers, brought rats and **33** ....
3rd.　European settlers, brought most introduced species (some from Australia)

Questions 34-37

Complete the table below.

Write **NO MORE THAN TWO WORDS** for each answer.

REASON	INTRODUCED MAMMAL
Utility	possum; **34** ....; goat; pig; Pacific rat
Sport	hare; wallaby; Himalayan tahr; chamois; **35** ....
Escapees	feral sheep; feral **36** ....; feral horse; feral cat
Biological control	**37** ....; ferret; stoat; weasel
Stowaway	black rat

Questions 38-40

Complete the summary below.

Write **NO MORE THAN TWO WORDS** for each answer.

Economic impact and methods of control

The introduction of animals into the New Zealand environment has important **38** .... and financial consequences. Rabbits affect sheep farming; deer damage forests and possums have wide-ranging effects, not only on vegetation but on the **39** .... because they spread disease. These 'pests' do have some economic benefits for the fur and meat trade, tourism, and the export of health products. Feral farm animals could be useful for **40** .... but many herds have already been eradicated.

完全対策
READING

概要 ………………………………………………………… 46
問題形式（Task type）ごとの対策 ………………… 50

概　要

リーディングテストとは？

出題形式

リーディングテストは3つのパッセージで構成され、最初の2つのパッセージでは13問ずつ、最後のパッセージでは14問、全部で40問が出題されます。パッセージは一般向けに書かれた専門誌、本、雑誌、新聞に基づき作成されています。また、リスニングテストとは異なり、答えを転記する時間は設けられていないので、解答用紙に直接記入するようにしましょう。パッセージ順に難易度が高くなります。

テストの流れ　60分　40問

時　間	質問数	内容・出題例
パッセージ1 20分（目安）	13問 (Questions 1-13)	本、雑誌、新聞から引用されたパッセージで、専門知識を問うものではありません。
パッセージ2 20分（目安）	13問 (Questions 14-26)	
パッセージ3 20分（目安）	14問 (Questions 27-40)	

評価基準

リーディングでは、問題の配点は、各1点×40問で40点満点です。

減点対象になるもの

- ■スペルミス
  - 例 1文字でも違っていたら誤りと見なされる
- ■文法ミス
  - 例 複数名詞であるべきものを単数名詞で書く
- ■指定された語数を守らない
  - 例 指示文で2語以内とあるのに、3語で書く
  - ※ハイフンでつないだ単語は1語と数える
- ■読みにくい文字
  - 例 読み取れない、はっきりとしない文字で書く

減点対象にならないもの

- ■大文字と小文字はどちらも可
  - 例 rain, RAIN, Rain など、どのように書いてもよい
- ■句読点の用い方は任意
  - 例 5.30 pm / 5:30 p.m., online / on-line などはいずれも可
- ■イギリス英語・アメリカ英語どちらも可
  - 例 centre / center, organise / organize など、英米いずれの方式を用いてもよい

問題形式

各パッセージでは、以下の中から1種類もしくは2種類以上の問題形式（Task type）が出題されます。

1 制限内の語数で答える問題（Short-Answer Questions）

例 *Answer the questions below.* （次の質問に答えなさい）

Choose **ONE WORD ONLY** from the passage for each answer.
（それぞれパッセージから1語を選んで書きなさい）

2 情報を特定する問題（Identifying Information）

例 *Do the following statements agree with the information given in Reading Passage 1?*
（次の記述はリーディング・パッセージ1で与えられている情報と合致するか）

In boxes 31-33 on your answer sheet, write

TRUE	*if the statement agrees with the information*
FALSE	*if the statement contradicts the information*
NOT GIVEN	*if there is no information on this*

（解答用紙の解答欄31-33に
　記述が情報と合致するなら　　TRUE
　記述が情報と矛盾するなら　　FALSE
　これに関する情報がないなら　NOT GIVEN
と書きなさい）

3 文完成問題（Sentence Completion）

例 *Complete the sentences below.* （下の文を完成させなさい）

Choose **NO MORE THAN TWO WORDS** from the passage for each answer.
（それぞれパッセージから2語以内を選んで書きなさい）

4 メモ・表・フローチャート完成問題（Notes, Table, Flow-Chart Completion）

例 *Complete the table below.* （次の表を完成させなさい）

Choose **NO MORE THAN TWO WORDS** from the passage for each answer.
（それぞれパッセージから2語以内を選んで書きなさい）

5 図表完成問題（Diagram Label Completion）

例 *Label the diagram below.* （下の図表を完成させなさい）

Choose **NO MORE THAN TWO WORDS** from the passage for each answer.
（それぞれパッセージから2語以内を選んで書きなさい）

6 特徴マッチング問題（Matching Features）

例 *Classify the following statements as referring to*

　A a census
　B a sample survey
　C administrative data

（以下の記述が次のどれを指しているか分類しなさい
　A 国勢調査
　B 標本調査
　C 行政データ）

7 情報マッチング問題（Matching Information）

例 *Reading Passage 1 has seven paragraphs, **A-G**.*
（リーディング・パッセージ1にはAからGまで7つのパラグラフがある）
Which paragraph contains the following information?

(どのパラグラフが以下の情報を含んでいるか)
Write the correct letter, **A-G**, in boxes 1-5 on your answer sheet.
(A-Gから正しい文字を選んで解答用紙の解答欄1-5に書きなさい)

8　多項選択問題(Multiple Choice)
(例) Choose **TWO** letters, **A-E** .　(A-Eから2つの文字を選んで書きなさい)

9　文末マッチング問題(Matching Sentence Endings)
(例) Choose the correct letter, **A, B, C** or **D**.　(A, B, C, Dから正しい文字を選んで書きなさい)
Write the correct letter in boxes 14-17 on your answer sheet.
(正しい文字を解答用紙の解答欄14-17に書きなさい)

10　見出しマッチング問題(Matching Headings)
(例) Reading Passage 3 has five paragraphs, **A-E**.
(リーディング・パッセージ3にはA-Eの5つのパラグラフがある)
Choose the correct heading for paragraphs **A-E** from the list of headings below.
(パラグラフA-Eに対する正しい見出しを下の見出しリストから選んで書きなさい)

11　筆者の見解/主張を特定する問題(Identifying Writer's Views/Claims)
(例) Do the following statements agree with the views of the writer in Reading Passage 3?
(下の記述はリーディング・パッセージ3での筆者の見解と合致するか)
In boxes 32-37 on your answer sheet, write
　　YES　　　　　if the statement agrees with the views of the writer
　　NO　　　　　if the statement contradicts the views of the writer
　　NOT GIVEN　if it is impossible to say what the writer thinks about this
(解答用紙の解答欄32-37に
　　記述が筆者の見解と合致するなら　YES
　　記述が筆者の見解と相違するなら　NO
　　この点に関して筆者がどう考えているか判断できなければ　NOT GIVEN
と書きなさい)

12　要約完成問題(Summary Completion)
(例) Complete the summary below.　(次の要約を完成させなさい)
Choose **NO MORE THAN THREE WORDS** from the passage for each answer.
(それぞれ本文から3語以内を選びなさい)

攻略法

攻略法★1　問題に取り組む前に、全体を把握しましょう
試験が始まったら、まず全体に目を通しましょう。パッセージのトピックによって、好きな分野や得意な分野があれば、できそうだと感じたパッセージから取り掛かってもよいでしょう。できそうなものからどんどん解答していくことで、試験中の集中力もやる気も高まりやすくなります。

攻略法★2　問題を分類しましょう
リーディングの問題は、全体やパラグラフの主旨を理解しなければ解けない問題、特定の箇所を見つけさえすれば解ける問題の2パターンに大きく分けることができます。後者の場合は、パッセージ全体の意味を理解していなくても解答できますし、スキャニングのスキルを使って取り組めば、時間の節約につながります。

攻略法★3　読むことではなく、解答することに集中しましょう

20分で13から14の問題に解答しなければいけないので、パッセージをじっくり読む時間はありません。質問1つにかける時間は1分～1分半を目安と考えましょう。問題を把握して、問題に答えるために何をすべきかを常に考えましょう。パッセージを読んで理解することが試験の目的ではないことを常に意識しておきましょう。

攻略法★4　固有名詞や数詞などのヒントを活用しましょう

問題文からキーワードを見つけましょう。特に固有名詞や数詞（数字や年など）など、言い換えが難しいものはパッセージの中でも見つけやすく、ヒントに活用すればスムーズに解答を導くことができます。

攻略法★5　キーワードの言い換えに注意しましょう

問題文から特定したヒントとなるようなキーワードは、ほとんどの場合パッセージでは違う表現に言い換えられています。キーワードと全く同じ言葉を探すより、類義語など、意味が近い語句を探すことに集中しましょう。

攻略法★6　トピックセンテンスを見つけてパラグラフを把握しましょう

見出しマッチング問題などでは、パラグラフの主旨を把握する力が試されます。1つのパラグラフには、そのパラグラフの顔となるトピックセンテンスがあります。各パラグラフのトピックセンテンスを見つけることに慣れておけば、スムーズに解答できるようになります。

攻略法★7　全ての単語を理解する必要はありません

全ての単語を把握する必要はありません。パッセージの中には、専門用語などの難しい単語が登場することがありますが、それらの意味を理解しなくても問題は解けるようになっています。

スキミング

スキミングとは、パッセージの大意をつかむために素早く全体を読む方法で、スピードが重要になります。タイトルと、あればサブタイトルを読み、パラグラフからパラグラフへと主旨を探しながら拾い読みします。その際は、文の意味を担う内容語（名詞と動詞）に注目します。文の主節だけを見るようにし、関係詞節や副詞節は無視します。関係詞節と副詞節は、主旨に情報や詳細を追加しているだけです。また、見慣れない語彙を見ても、止まって考えてはいけません。

スキャニング

スキャニングとは、全ての語句を読むのではなく、必要な事実や詳細を探して素早く目を動かすことを言います。全ての語句を理解する必要はありません。質問に答えるための情報が見つかれば十分です。wh-タイプの質問の答えは、多くの場合数字や固有名詞なので、比較的容易に見つけられるはずです。まず質問を読むことで、何を探さなければならないかを把握しましょう（キーワードが数字なのか、場所なのか、名前なのか、など）。

問題形式(Task type)ごとの対策

Task type 1　制限内の語数で答える問題(Short-Answer Questions)

- パッセージに出てくる語(文字や数字)を使用して答える問題です。解答に使用できる語や数字の数が制限されているので、指示文を注意して読みましょう。
- 制限語数を超える数の語や数字を書いた場合は、得点になりません。
- 数字は算用数字で書いても文字で書いても構いません(200でもtwo hundredでもOKです)。算用数字で書いた方がスペルミスを避けられます。
- ハイフンでつながった語(mother-in-lawなど)は1語と見なされます。
- 質問の順番は、パッセージに書かれている情報の順番と同じです。

(例) Answer the questions below.
Choose **ONE WORD ONLY** from the passage for each answer.

Activity 1　制限内の語数で答える問題

Early Morning Blaze

Four firemen suffered minor burns early this morning after the local fire brigade answered a call-out to a menswear store. The alarm went off at 2.40 a.m. but the fire was not brought under control for several hours. The flames were finally extinguished at 5.15 a.m. The injuries occurred when the roof collapsed trapping several firefighters inside the building. The fire chief said the fire originated in the kitchenette at the back of the store. The cause of the fire is still under investigation but an initial examination of the scene suggests defective wiring might be at fault.

Questions 1-6

Answer the questions below.

Choose **NO MORE THAN THREE WORDS AND/OR A NUMBER** from the passage for each answer.

Write your answers in boxes 1-6 on your answer sheet.

1　How many firefighters were injured?　　*Four firemen*

2　Where did the fire occur?　　*menswear store*

3　When was the fire put out?　　*2.40 a.m.*

4　How did the men get hurt?　　*the roof collapsed*

5　In which room did the fire start?　　*The kitchenette*

6 What is thought to be the cause of the fire? *defective wiring*

> **Task type 2** 情報を特定する問題（Identifying Information）
> - 問題文がパッセージの内容に合致するか否かを答える問題です。TRUE, FALSE, NOT GIVEN のいずれかで解答します。
>   意味が合致する場合＝TRUE
>   意味が相違する場合＝FALSE
>   パッセージからは合致も相違も判断できない場合＝NOT GIVEN
> - 質問の順番は、パッセージに書かれている情報の順番と同じです。
> - スペルミスが誤りと見なされるというルールはTRUE, FALSE, NOT GIVENの表記にも適用されるので注意しましょう。
>
> 例 *Do the following statements agree with the information given in the text?*
> *In boxes 31-33 on your answer sheet, write*
> | | |
> |---|---|
> | **TRUE** | *if the statement agrees with the information* |
> | **FALSE** | *if the statement contradicts the information* |
> | **NOT GIVEN** | *if there is no information on this* |

Activity 2　情報を特定する問題①

Read the following extract and answer the questions below.

Procrastination

People often joke about procrastination saying things like 'Why do today what you can put off till tomorrow?' Generally speaking, it is no laughing matter. Occasionally procrastination can have a positive outcome. For example, a problem may solve itself over time or the meeting you haven't prepared for is cancelled. And some people do work faster and more efficiently under time pressure. Most often, though, procrastination turns out to be a serious problem costing big businesses millions of dollars every year.

Surveys have shown that the average worker procrastinates an estimated 20% of the time which amounts to chronic behaviour and it is found in just about every occupation and profession. Doctors, too, are known for it.

[An inability to say no] often leads to procrastination. Even executives find it difficult to refuse additional work when they are already overworked. When their superior, or subordinate, makes a request, executives rarely take the trouble to explain that dealing with this particular issue means something else has to be let go.

Do the following statements agree with the information given in the passage?

Write

TRUE if the statement agrees with the information
FALSE if the statement contradicts the information
NOT GIVEN if there is no information on this

1. Some people work better at the last minute. *TRUE*
2. Procrastination is usually harmless. *FALSE*
3. Large corporations lose millions of dollars annually because of procrastination. *NOT GIVEN*
4. Doctors procrastinate more than other people. *FALSE*
5. Executives who have trouble saying no to their boss do not have trouble saying no to an assistant. *NOT GIVEN*

Activity 3 情報を特定する問題②

Bullying in the Workplace

When workmates use offensive or intimidating behaviour to humiliate other workers, it is a form of abuse. Bullies are frequently insecure people with low self-esteem (although it may not be obvious). Their targets are usually competent, honest and independent people who get on well with their colleagues — often the very characteristics which bullies feel they lack. Bullies are often most concerned with gaining power and exerting dominance over people by causing fear and distress.

The individual on the receiving end of this behaviour may experience stress, anxiety, excessive worry, loss of concentration, and irritability as a result. The company may suffer, too, by way of a decrease in productivity and morale and higher rates of absenteeism. In some cases, the person being bullied quits his or her job resulting in a high turnover of personnel.

If you believe you are being bullied by someone at work, keep a record of each incident, including dates, and bring it to the attention of your employer, trade union representative, or health and safety officer. If you think you were singled out for abuse because of discrimination against your gender, age, religious beliefs, race or a disability, you could lay a complaint with the Human Rights Commission.

Questions 1-6

Do the following statements agree with the information given in the passage?

In boxes 1-6 on your answer sheet, write

TRUE if the statement agrees with the information

FALSE if the statement contradicts the information
NOT GIVEN if there is no information on this

1. Bullies seldom lack confidence in themselves. — FALSE
2. Bullies generally focus their unwanted attention on capable, decent individuals. — TRUE
3. Bullies usually feel powerful when they frighten and upset others. — TRUE
4. The target of a bully may suffer from insomnia or disrupted sleep. — NOT GIVEN
5. Bullying in the workplace always has a negative effect on the organisation. — NOT GIVEN
6. The Human Rights Commission is obliged to act if you were targeted because of discrimination. — TRUE

Task type 3　文完成問題 (Sentence Completion)

- パッセージに関する文の空所を、パッセージに出てくる語句を使用して埋める問題です。
- 問題文のキーワードに下線を引き、パッセージをスキャニングして同義語のある該当箇所を探しましょう。
- 空所にはどのような語句が適切かを考えましょう（名詞、分詞、形容詞など、品詞はとても重要な手掛かりとなります）。
- 完成した文は文法的に正しくなければなりません。これは、正解かどうかを判断する目安にもなります。

> 例 *Complete the sentences below.*
> *Choose **NO MORE THAN TWO WORDS** from the passage for each answer.*

Task type 4　メモ・表・フローチャート完成問題 (Notes, Table, Flow-Chart Completion)

- メモ、表、フローチャートの空所をパッセージから抜き出した語句で埋める問題です（解答に使用できる語や数字の数が指示されます）。
- 選択肢のリストから答えを選ぶ場合もあります（選択肢の数は空所の数よりも必ず多くなっています）。
- 質問の順番は、必ずしもパッセージの流れと同じ順番ではありません。

> 例 *Complete the table below.*
> *Choose **NO MORE THAN TWO WORDS** from the passage for each answer.*

> **TIPS** 与えられた情報を活用しよう
> タイトルを利用して、パッセージの正しい該当箇所を特定しましょう。表の場合、縦の欄の見出しを使えば、探す情報の範囲を狭められます。空所がない部分を利用すれば解答が見つけやすくなり、制限語数でどのように答えればよいかが分かります。

Activity 4　表完成問題

Read the following extract and fill in the gaps in the table below.

The four longest rivers in the world are located in four different continents. That at least is undisputed. However, while most scientists agree on the order, it is difficult to accurately measure the length of such enormous rivers and there is also sometimes disagreement on where a river actually starts and finishes. The Nile, beginning at Lake Victoria, is Africa's longest river, negotiating its 6,650-kilometre journey to the Mediterranean Sea through the land which has been used continuously for over 6,000 years.

The Amazon in South America is the largest but not the longest river, starting high in the Peruvian Andes and flowing for much of its 6,400-kilometre length parallel to and not far from the Equator, eventually emptying into the Atlantic Ocean.

The Yangtze, with its source in the Kunlun Mountains of Tibet, is China's most important internal waterway and travels 6,300 kilometres to the Yellow Sea.

The fourth longest river of the world is the Mississippi-Missouri, the source of which was not discovered until 1832 when it was traced to Lake Itasca in Minnesota. It deposits rich silt in the delta where it ends its 6,275-kilometre journey and flows into the Gulf of Mexico.

Complete the table below.

Choose **NO MORE THAN TWO WORDS** from the passage for each answer.

Top Four Longest Rivers in the World				
River	**Length in kilometres**	**Continent**	**Source**	**End**
Nile	1 _6,650_	Africa	2 _Lake Victoria_	Mediterranean Sea
3 _Amazon_	6,400	South America	Peruvian Andes	4 _Atlantic Ocean_
5 _Yangtze_	6,300	Asia	Kunlun Mountains	6 _Yellow Sea_
Mississippi-Missouri	7 _6,275_	North America	8 _Lake Itasca_	Gulf of Mexico

Task type 5　図表完成問題（Diagram Label Completion）

- パッセージに関連した図表について、パッセージから抜き出した語句で図表を完成させる問題です（解答に使用できる語や数字の数が指示されます）。
- パッセージの詳細内容を理解し、図表に示された情報と関連させます。
- 質問の順番は、必ずしもパッセージの流れと同じ順番ではありません。

> 例　Label the diagram below.
> Choose **NO MORE THAN TWO WORDS** from the passage for each answer.

Activity 5　文完成問題、フローチャート完成問題、図表完成問題

Questions 1-13

Read the passage below and answer Questions 1-13.

WRITER'S BLOCK

You have to finish that report for the boss, write an essay or article, or you work in the information economy — the deadline for the current project is looming but you find yourself mindlessly staring at a blank page on the screen and the words just won't come.

Writer's block is not an uncommon experience. The root cause is anxiety. There are many reasons for the writer to feel anxious. Perfectionism is one of them — the writer is too judgemental, viewing her work as inferior in some way. The project itself may be fundamentally misconceived or the writer lacks the experience or ability to complete it. Perhaps the pressure of a tight deadline is paralysing. There are other anxiety-provoking life stresses and deep-seated issues: serious illness, depression, a relationship break-up, not to mention financial difficulties. Sometimes distractions are too great or the writer simply runs out of inspiration.

There are various ways of overcoming the block. Exercise gets the blood moving through the body and brain: a visit to the gym, a walk around the block, a few yoga poses and some deep breathing all help to clear the head, induce relaxation and get the creative juices flowing. The body and brain need to be nourished with healthy food and pure water. Junk food is unlikely to increase mental output. Obviously, distractions have to be completely eliminated — phones turned off, the Internet disconnected, the desk or workspace uncluttered — because good writing needs focus and undivided attention.

Consider also that the subconscious mind is continually problem-solving even while a person is sleeping so writing for twenty minutes prior to bedtime and thinking about the difficult bits before falling asleep might just induce the subconscious to resolve the issue overnight, the writer waking up with a fresh perspective in the morning. The best time for writing is early in the morning; tackle the most complex task first, and the easier stuff should just flow.

A tired writer will accomplish less and is more likely to suffer from a block — a good eight-hour sleep at night is optimal but not always achievable. In this case, the best and most successful remedy is the caffeine nap. Researchers at Loughborough University in the U.K. found that a cup of coffee followed by a fifteen-minute nap is an effective way to re-boot the brain. The recommendation is to imbibe the coffee swiftly and then stretch out immediately and snooze for no more than a quarter of an hour. By the end of this period, the caffeine has had time to take effect and the subject wakes up feeling refreshed and is usually able to resume work without delay. The micro-sleep or power nap, combined with the stimulatory effect of the caffeine, although it sounds paradoxical, is apparently an effective antidote to fatigue.

The effects of a caffeine nap are much more powerful if the coffee is good. A semi-automatic pump espresso machine makes an excellent brew and it is easy to operate. The machine is turned on at the on/off switch at the bottom and, with the portafilter securely in place, allowed to heat for at least 20 minutes. The temperature light on the control panel at the top will indicate when the machine is ready. Then, pre-ground beans are measured into the portafilter, levelled off, and pressure is applied with a tamper to create an even seal. The pump is started by pressing the pump button, the square button in the middle of the control panel and the water flows through the coffee grinds into the cup. When there is enough espresso in the cup, the pump is shut off by pressing the button again. The portafilter is then removed and the used grinds are banged out. It should be rinsed well and dried before being placed back under the grouphead ready for the next shot.

Questions 1-5

Complete the sentences below.

Choose **NO MORE THAN TWO WORDS** *from the passage for each answer.*

Write your answers in boxes 1-5 on your answer sheet.

1 Some writers judge their writing too harshly, thinking it is _inferior_ .
2 The writing task could be at fault if it has been _misconceived_ .
3 Writers may suffer from complete inaction if there is not enough time to meet a _exercise_ .
4 All possible forms of disturbance should be _flow_ .
5 The _caffeine_ may sort out a problem when the writer is asleep.

Questions 6-9

Complete the flow-chart below.

Choose **NO MORE THAN TWO WORDS OR A NUMBER** *from the passage for each answer.*

Write your answers in boxes 6-9 on your answer sheet.

How the Caffeine Nap Works to Ward Off Fatigue

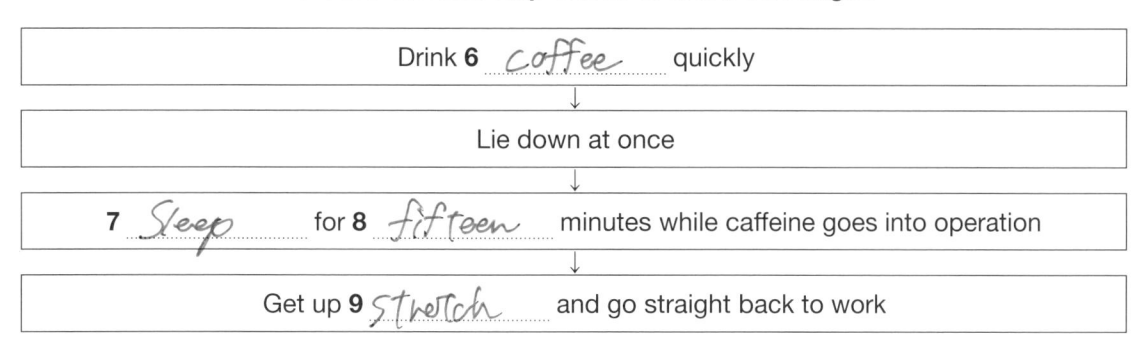

Drink **6** _coffee_ quickly
↓
Lie down at once
↓
7 _Sleep_ for **8** _fifteen_ minutes while caffeine goes into operation
↓
Get up **9** _stretch_ and go straight back to work

Questions 10-13

Label the diagram below.

*Choose **NO MORE THAN TWO WORDS** from the passage for each answer.*

Write your answers in boxes 10-13 on your answer sheet.

Semi-Automatic Pump Espresso Machine

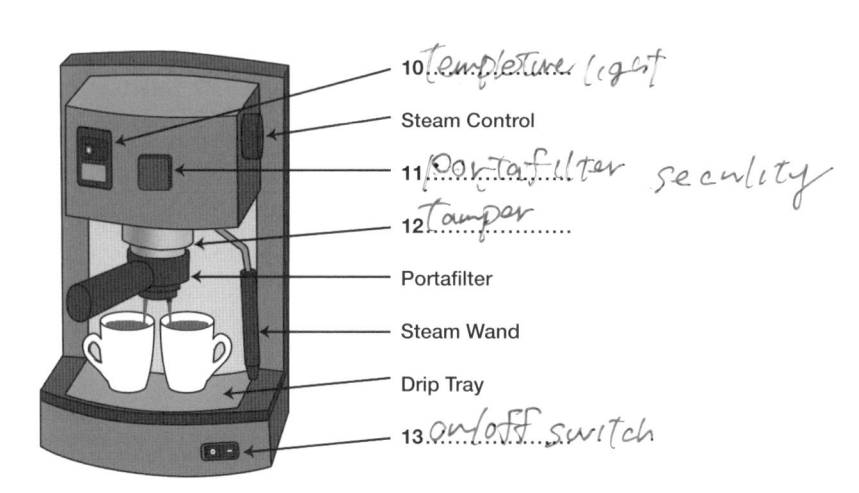

10. _temperature light_
- Steam Control
11. _Portafilter security_
12. _Tamper_
- Portafilter
- Steam Wand
- Drip Tray
13. _on/off switch_

Task type 6　特徴マッチング問題（Matching Features）

- パッセージの内容について書かれた文に合致する選択肢を選ぶ問題です。
- 記述と選択肢を組み合わせます。
- 使わない選択肢や複数回使う選択肢があります（指示文を注意深く読みましょう）。
- 質問の順番は、パッセージに書かれている情報の順番と同じではありません。

> 例 *Classify the following statements as referring to*
>
>   **A**　a census
>   **B**　a sample survey
>   **C**　administrative data

Activity 6　特徴マッチング問題

Read the extract below and answer the questions.

There are three main kinds of surveys that can be used for collecting data. A census collects information about every unit in a population. The advantage of this method is that the sampling variance is zero because it is calculated using data from the whole population. It also enables detailed information about sub-groups to be gathered. However, it is generally very expensive to carry out a census and it is a protracted procedure with information having to be gained from every member of the target group. A sample survey is not as expensive to conduct because data are collected from only part of the total population. Results are obtained more quickly — because fewer units are contacted, there is less information to be processed. The sampling variance is non-zero — the data may not be as precise coming from just a sample instead of the whole group. A further disadvantage is that the sample may not be large enough to produce information about small sub-groups. The third type of survey consists of administrative data which may be collected as a result of the day-to-day operations of an organisation. The government, for example, will have files on births, deaths, marriages, car registrations and the like. In this type of survey the sampling variance is zero and the information is collected on an on-going basis which allows for trend analysis. It also eliminates the need to design a survey or census saving time and work and there is no additional burden on the respondents because the data have already been collected. There is, however, a certain lack of flexibility as the material gathered is limited to essential administrative information and the data are limited to that part of the population on whom the records are kept.

Classify the following statements as referring to

  A　a census
  B　a sample survey
  C　administrative data

Write the correct letter, ***A****,* ***B****, or* ***C****, next to Questions 1-5 below.*

NB *You may use any letter more than once.*

1 It does not require subjects to answer questions for the purpose of the survey.

2 It obtains information that may not be entirely exact or accurate.

3 It collects data about each individual in a group.

4 It makes it possible to track changes over time.

5 It is a costly and lengthy practice.

> **TIPS** 読むスピードの鍵とは？
>
> 制限時間内に長いパッセージを読んで全ての問題を解くには、文章を読むスピードが大切です。スピードの鍵は、正しいリーディングスキルを使うことです。次の状況を考えてみましょう。同じリーディングスキルを使うでしょうか。
> ・面白い記事はないかと雑誌や新聞に目を通す。
> ・特定の事実を知るために記事を読む。
> この2つでは、同じスキルは使いません。1つ目で使うのはスキミングスキル、2つ目ではスキャニングスキルです（スキミングとスキャニングについてはp.49を参照）。このどちらかで、一語一句を読む必要はあるでしょうか。ありません。必要な鍵となる情報を拾うために、目を素早く動かしてテキストを見ることが大切です。その情報は、テキストやパラグラフが全体として何を言っているのかということかもしれないし、物の値段のような具体的事柄かもしれません。もちろん、時には詳しく読んだり綿密に読んだりする必要もありますが、できるなら、答えがあると見当をつけた特定のパラグラフやその一部に限りたいものです。

Task type 7　情報マッチング問題（Matching Information）

- 内容が示す機能（例：定義、理由、比較、説明、例など）についての問題文が、それぞれどの（アルファベットが付いた）パラグラフ／セクションに記述されているかを選ぶ問題です。
- 全てのパラグラフ／セクションから情報を見つける必要がないこともあります。
- パラグラフ／セクションに2つ以上の情報があることもあります。その場合、解答に同じアルファベットを2回以上使用してもよいと指示されます。
- 質問の順番は、パッセージに書かれている情報の順番と同じではありません。

> 例 Reading Passage 1 has seven paragraphs, **A-G**.
> Which paragraph contains the following information?
> *Write the correct letter, **A-G**, in boxes 1-5 on your answer sheet.*

Activity 7 　文の機能を把握する練習問題

この問題形式では、書き手がどのような意図である特定の表現を使っているのかを見定めることが必要です。それらの表現は、比較したり、理由や原因を述べたり、例を挙げたり、対比したり、定義したり、結果を述べたりする機能を持っています。次の1〜12の文について、どの部分が以下の6つのうちどの機能を持っているかを選び、該当する部分に下線を引きましょう。

| 比較 | 理由／原因 | 例 | 対比 | 定義 | 結果 |

Example: A sample survey is <u>not as expensive</u> to conduct … = 　対比

1. This technique is much more effective than earlier methods of … = ＿＿＿＿
2. Although the population is rising, the birth rate is declining … = ＿＿＿＿
3. The increase in population is mainly due to immigration … = ＿＿＿＿
4. Birds like the kiwi are flightless … = ＿＿＿＿
5. This feature has led to their decline … = ＿＿＿＿
6. The decline in numbers can be attributed to predation by dogs … = ＿＿＿＿
7. Predators such as stoats and rats are unmanageable … = ＿＿＿＿
8. This has contributed to the loss of many native species of … = ＿＿＿＿
9. Biomedical engineering is the application of engineering principles and techniques to the medical field … = ＿＿＿＿
10. In spite of their efforts to save the stranded whales, … = ＿＿＿＿
11. Deforestation refers to the cutting and clearing of rainforest … = ＿＿＿＿
12. As a direct consequence of changes in microclimates … = ＿＿＿＿

Activity 8 　情報マッチング問題、特徴マッチング問題

Questions 1-10 are based on the passage below.

Happiness is …

According to *Merriam-Webster's Online Dictionary*, the definition of happiness is:

— *A state of well-being and contentment*

— *A pleasurable or satisfying experience*

A 'Happiness' today is investigated as a psychological phenomenon. However, for the Greek philosopher Aristotle (384-322 BC) it had a much broader significance. His theory of *eudaimonia*, 'well-being' or 'happiness', meant living well, enjoying many different aspects of a flourishing life: good health and physical well-being, material prosperity, thriving familial and friendship ties, fulfilment of intellectual and moral needs as well as living in a just and well-ordered society.

B A lot of our current assumptions about happiness have been confirmed by recent studies. Robust romantic relationships, good health, being well-off and enjoyment of a spiritual dimension to life all generate happiness. Our expectations are that positive outcomes in life will make us far happier and negative ones far unhappier than they really do. Harvard psychologist Dan Gilbert explains that over the last two million years human brains have grown and gained a new structure — the pre-frontal cortex. This allows us to simulate experiences but we tend to imagine the outcome of one scenario (for example, passing an exam) as being radically different from another (failing the exam) in terms of impact. Gilbert says, however, the difference is less significant than what we envisage because of our innate ability to synthesise happiness.

C Gilbert claims there are two kinds of happiness: 'Natural happiness is what we get when we get what we wanted, and synthetic happiness is what we make when we don't get what we wanted.' Gilbert maintains that synthetic happiness is just as real and enduring as natural happiness. They might have different origins but they feel the same. He likens the production of synthetic happiness to a psychological immune system — a system of mainly unconscious cognitive processes that facilitate a modification of our view of the world so that we feel better about the situation we find ourselves in. We have the ability to manufacture happiness.

D This inherent coping mechanism minimises our disappointment and allows us to experience happiness even when we do not achieve our desires but Timothy Pychyl (Carleton University, Canada) warns that, when this happens, we minimise the 'perceived distance between our actual self and ideal self'. This 'cognitive dissonance' is an important source of incentive in our lives. For instance, think of an athlete who receives a bronze medal when she expected gold. If happiness is synthesised, she is content but where is the stimulus to improve? Pychyl believes we must learn to recognise synthetic happiness and use the tension caused by the divergence between actual and ideal self to change our behaviour; in the case of the athlete, this discrepancy would provide the impetus for harder training.

E According to Gilbert, if we get what we want, natural happiness ensues. If we don't get what we want, our psychological immune system is activated and synthetic happiness kicks in. However, when we have the liberty to choose from many options, we tend to agonise over squandered opportunities denying ourselves synthetic happiness. He believes synthetic happiness ensues only when people have no alternative.

F However, as Barry Schwartz points out, 'we take choice as the critical sign that we have freedom and autonomy'. Although it may seem counterintuitive, an explosion of choice leads not to heightened feelings of liberation but to paralysis instead. Even if we overcome the paralysis, with proliferation of possibility there is an escalation of expectations and consumers experience regret because they imagine the alternatives might have been better.

G H. A. Simon classified consumers into 'satisficers', who settle for 'good enough', and 'maximisers', who want the best. It is the maximiser's pursuit of perfection amidst an overwhelming array of options that leads to constant dissatisfaction and disappointment. Why? Because they made the choice and therefore they are responsible. Where there is no choice, we tend to blame outside factors. The satisficer's strategy seems practical and sensible but, with more choice, comes more pressure to maximise, making life more difficult and stressful. For many the freedom to choose is no freedom at all.

Questions 1-5

The passage has seven paragraphs, **A-G**.

Which paragraph contains the following information?

Write the correct letter, **A-G**, in boxes 1-5 on your answer sheet.

1 the result of always looking for excellence

2 the distinction between synthetic and natural happiness

3 causes of happiness today

4 a definition of an ancient concept of happiness

5 an example of how synthesised happiness results in lack of motivation

Questions 6-10

Look at the following statements (Questions 6-10) and the list of researchers below.

Match each statement with the correct researcher, **A-D**.

Write the correct letter, **A-D**, in boxes 6-10 on your answer sheet.

NB You may use any letter more than once.

6 People can use the conflict between how they really are and how they would like to be to improve performance.

7 People think the power of choice proves they are independent and free.

8   People who seek perfection blame themselves if the outcome is not perfect.

9   Synthetic happiness lasts for the same length of time as natural happiness.

10   Too much choice results in a failure to take action.

List of Researchers
A   Gilbert
B   Pychyl
C   Schwartz
D   Simon

Task type 8　多項選択問題（Multiple Choice）

- パッセージに関する問題文に対して、複数ある選択肢から最も適切なものを幾つか選ぶ問題です。
- 4つの選択肢（A, B, C, D）から最適な答えを1つ、または5つの選択肢（A-E）から答えを2つ、または7つの選択肢（A-G）から答えを3つ選びます。
- 正しい選択肢は、パッセージに書かれているのと同じ内容を意味する文を完成させたり、質問に答えたりします。
- 質問の順番は、パッセージに書かれている情報の順番と同じです。
- 意味を組み合わせるためには、同義語や言い換えを把握しなければなりません（次ページのTIPS「答えの探し方」を参照）。

（例）*Choose **TWO** letters, **A-E** .*

Task type 9　文末マッチング問題（Matching Sentence Endings）

- パッセージの主旨について書かれた文の前半が与えられ、文を完成させるために選択肢から最適なものを選ぶ問題です。
- 質問よりも多くの選択肢が与えられます。
- 意味を組み合わせるためには、同義語や言い換えを把握しなければなりません。

（例）*Choose the correct letter, **A**, **B**, **C** or **D**.*
Write the correct letter in boxes 14-17 on your answer sheet.

> **TIPS 答えの探し方（意味の組み合わせ）**
> - 質問や文の前半のキーワードやキーフレーズに下線を引きます。
> - スキャニングし、パッセージからそのキーワード（または同じ意味を持つもの）を見つけます。
> - 前後の文を含めて、そのキーワードの周辺を集中的に読みます。キーフレーズはひとまとまりではなく、ばらばらに離れているかもしれません（その間にある質問に関係ない内容もスキミングしなくてはなりません）。
> - 質問にある情報の順序は、パッセージに書かれている情報の順序とは異なる場合があるので要注意です。
> - 完全に一致する語が見つかることもあります。
> - 似たようなパターンの表現が見つかることもあります（動詞、形容詞、副詞などだけが違う場合。*indigenous* frog → *native* frog など）。
> - 見た目はかなり違うのに、同じ意味を持つフレーズや文が見つかることもあります。
> - 知らない語の意味は、文脈から推測できるかもしれません（Activity 11 を参照）。

どのような書き換えの技法が使われているかに注意して、次の２つの文を比較してください。

1 New Zealand's indigenous frogs have changed very little in 70 million years.
→ *Over the last 70 million years the native frogs of New Zealand have not changed much.*

2 They are small, nocturnal, and difficult to see as they camouflage themselves well.
→ *They are tiny creatures that are active at night and disguise themselves well.*

3 These native frogs are rare, essentially silent and confined to undisturbed native bush.
→ *It is unlikely that you would ever encounter or hear one of these native frogs.*

4 Three species live in shady, moist woodland areas but one is semi-aquatic, living on stream edges.
→ *Although one species lives near water, the other three inhabit damp, dark forested regions.*

1 ニュージーランド原産のカエルは7千万年間ほとんど変化していない。
→過去7千万年間、ニュージーランドの固有種のカエルはあまり変化していない。

2 それらは小さく夜行性で、うまく擬態するので見えにくい。
→それらは夜に活動する小さな生物で、うまく変装する。

> **TIPS** camouflage が分からなくても、difficult to see「見えにくい」だから「変装する；隠れる」といった意味だろうと文脈から推測できます。

3 これらの固有種のカエルは希少で、基本的に鳴かず、生息場所は手付かずの自然のままの茂みに限られている。
→これらの固有種のカエルの1匹でも、遭遇したり鳴き声を聞いたりすることはありそうもない。

4 3つの種は日の当たらない湿った森林地帯に生息しているが、1種は半水生で、川べりに生息している。
→1種は川の近くに生息しているが、他の3種はじめじめした暗い森林地域にすんでいる。

> **TIPS** living on stream edges「川べりに生息している」という文脈から semi-aquatic の意味を推測できます。

Activity 9　文末マッチング問題、多項選択問題

Questions 1-9 are based on the passage below.

The science behind charisma

It has long been known that a small group of people in every society possess a special personality trait that allows them to captivate an audience, inspire devotion among others and lead their communities with an almost effortless flair. Today we call this special ability 'charisma'. Although easily sensed by others, it has long proved difficult to arrive at an exact definition of the term, largely due to the array of diverse criteria encompassed within our understanding of it.

Despite this obstacle, some scholars have turned their attention to the subject and attempted to discover exactly how charisma works and what its fundamental components are. In conducting these investigations they have discovered that the stereotypes of smooth-talking Hollywood film stars and politicians which circulate among the general populace are only partially true, and ultimately fail to penetrate to the core of what really makes charismatic people tick.

Psychology professor Ronald Riggio has broken the key elements of charisma down into three key traits: expressivity, control, and sensitivity, and in his opinion the third of these is often underplayed. 'In the late 1970s, I thought a charismatic person was a bubbly, effervescent type that lit up a room,' Riggio notes, adding that he now believes sensitivity is crucial, as it assists the charismatic person in navigating a range of social functions with a measure of tact and understanding. Although sometimes requiring a person to step back from the heart of a social setting and shy away from conflict, in the long run this sensitivity fosters long-standing emotional bonds.

This authentic emotional engagement underpins charisma in its truest sense, and explains why there are limits to the extent to which charisma can be affected for the purpose of deceiving others. Those with an obviously self-interested agenda — salespeople and marketers are among the numerous examples frequently cited — may effortlessly adopt the more instrumental components of charisma, such as increased amounts of eye contact and an open body stance, but due to a lack of genuine interest tend to present themselves as smarmy and unappealing.

There is of course, much more to charisma than an earnest intent. Research has shown that charismatic people are natural mimics, easily switching their postures and mannerisms to those of their audience. They tend to speak in a fluid manner, with few gaps or hesitations, and tend to move conversations along at a relatively lively pace. Another find that piqued the curiosity of researchers is that revealing vulnerability can actually enhance charisma by adding a more human touch to the speaker's persona. Too much, however, and the effect is extinguished, as an overarching authority must remain intact. Finally, even when they are the object of attention, charismatic figures generally steer the topic of discussion away from their own lives and accentuate shared passions instead.

As research begins to unpick these elements of charisma, the vital role of charismatic people in society becomes apparent. Far from being automatically vain and power-hungry, they foster social cohesion in their communities and encourage a strong sense of self-esteem among individuals they encounter. Without people doing this work, conflicts both large and small might erupt with a far greater frequency.

This is not to say that charisma has no dark side, however. It is undoubtedly a high-octane personality trait, and as such taxes the social stamina of those who possess it. A highly successful lawyer, for example, may get her way in court, but struggle to keep her friendships alive outside work. Likewise, a political leader who can inspire thousands at a rally may find his marriage unravelling as a result of his need to 'switch off' when he returns home.

Then there are those situations where one charismatic leader has stirred others to action, but for ends that were ultimately calamitous for all involved. This is perhaps where the most valuable contribution of the studies and experiments on charisma is to be made. By developing an awareness of how we can be manipulated into following another person's wishes, it is possible these studies will encourage us to think more critically about our decisions and in doing so avoid the mistakes of the past.

Questions 1-4

*Choose the correct letter, **A**, **B**, **C** or **D**.*

Write the correct letter in boxes 1-4 on your answer sheet.

    1   Charisma is difficult to describe because it

        A   only exists among a few people in society.
        B   combines many different qualities.
        C   has only recently begun to be studied.
        D   is not easily recognised by most people.

2 Researchers have discovered that

    A popular ideas about the nature of charisma are incomplete.
    B people with power and fame tend to be the most charismatic.
    C charisma is not as mysterious as many people believe it to be.
    D not all actors and politicians have charisma.

3 Riggio believes that sensitivity

    A improves relationships for brief periods of time.
    B is not as important as other aspects of charisma.
    C allows people to become the centre of attention.
    D helps people to interact appropriately with others.

4 Charisma is difficult to fake because

    A the physical aspects of charisma are hard to learn.
    B too many people are attempting to learn how to use it.
    C it is based on the communication of real feelings.
    D vendors and marketers are too selfish.

Questions 5 and 6

*Choose **TWO** letters, **A-E**.*

Write the correct letters in boxes 5 and 6 on your answer sheet.

Which **TWO** of the following five statements are true of charismatic people?

    A They focus conversations on themselves.

    B They copy other people's behaviour.

    C They speak slowly with frequent pauses.

    D They emphasise differences between people.

    E They show some personal weakness.

Questions 7-9

*Complete each sentence with the correct ending, **A-E**, below.*

*Write the correct letter, **A-E**, in boxes 7-9 on your answer sheet.*

    7 Charismatic people are needed because their way of acting …………………

    8 Being charismatic can be difficult because it …………………

9 Research on charisma is useful because it ....

- A leads to poor decision making that can harm social well-being.
- B keeps people together and makes them feel good about themselves.
- C could help people to realise how they are being influenced.
- D contributes to the development of charisma in others.
- E is not possible to sustain across all relationships in a person's life.

Task type 10　見出しマッチング問題（Matching Headings）

- パラグラフ／セクションの主旨やテーマを表すリストの見出し（i, ii, iiiなど）とパラグラフ（A, B, Cなど）を組み合わせて選ぶ問題です。
- 必要数以上の見出しが選択肢にあるので、全ての見出しを使用することはありません。
- それぞれの見出しは1度だけ使用できます。

> 例 Reading Passage 3 has five paragraphs, **A-E**.
> Choose the correct heading for paragraphs **A-E** from the list of headings below.

TIPS　答えの探し方（意味の組み合わせ）
この問題形式では、パラグラフやセクションの主旨を見つけ出し、主旨と補足的要素を見分けることが非常に重要です。
- 主旨とは、筆者がそのパラグラフで伝えたい包括的な事実や考えです。
- 主旨はパラグラフの考え全てを含むものであり、十分に一般的でなければなりません。
- 主旨を述べるトピックセンテンスを探しましょう。
- パラグラフの第1文がトピックセンテンスであることが多いですが、そうではないこともあります。具体的な詳細や補足的な情報から始めて主旨へとつなげていく書き方もあり、トピックセンテンスがパラグラフの最後や中間に来ることもあります。
- 明確なトピックセンテンスがない場合もあります。主旨は暗示されているだけなので、主旨の手掛かりがないか注意深く読まなければなりません。

Activity 10　主旨を把握する練習問題

以下のパラグラフの主旨は何か、それぞれi-iiiから考えてみましょう。

A　It is important to protect all species of animal wildlife. In areas where mountain lions and coyotes have disappeared, herds of deer have grown too large for the available food supply. As a result of this, many deer die of starvation. By allowing seemingly harmful animals to continue their existence, a better balance of nature can be maintained.

....

i　Coyotes are extinct.

    ii   Nature's balance is best.

    iii   Food shortages cause animal starvation.

B   Iron is the most common metal in today's society. It is used in the construction industry, vehicle manufacturing, machinery, cookware, weapons and tools, to name a few. Think of the surgeon's scalpel, the steel beams in a skyscraper, or even the wire in your spiral notebook. You can find iron, or a form of it, wherever you may be. Iron is not only a very strong material, it also has the ability to be magnetised. Iron in magnets is used in computers, televisions, electric guitars and even toys. Its many uses make iron a valuable commodity.

    i   Iron is very plentiful.

    ii   Iron is a useful metal.

    iii   Steel beams are made of iron.

C   In cold weather, people can dress more warmly, stay indoors and turn up the heating. Wild animals, however, must find other ways to survive. Some migrate to warmer climates; others hibernate until the coming of spring. Still others grow thicker coats of fur in the winter. Animals seem well equipped to survive even under conditions of extreme cold.

    i   Animals suffer from the cold.

    ii   Humans stay inside more in wintertime.

    iii   Animals survive winter differently from humans.

Task type 11 筆者の見解／主張を特定する問題 (Identifying Writer's Views/Claims)

- 問題文が、パッセージで述べられている筆者の見解や主張と合致するか否かを答える問題です。
- 筆者の意見や考えを把握します。
- 解答用紙にYES, NO, NOT GIVENのいずれかで答えを記入します。
- 質問の順番は、パッセージに書かれている情報の順番と同じです。

（例）Do the following statements agree with the views of the writer in Reading Passage 3?

In boxes 32-37 on your answer sheet, write

    YES   if the statement agrees with the views of the writer
    NO   if the statement contradicts the views of the writer
    NOT GIVEN   if it is impossible to say what the writer thinks about this

> **TIPS** YES/NO/NOT GIVEN問題の取り組み方
> ・問題文のキーワードに下線を引きます。
> ・スキャニングをしてパッセージから関連する箇所を見つけます(キーワードの言い換えを探すようにしてください)。
> ・質問の記述が筆者の言っていることに一致するならYES
> ・質問の記述が筆者の見解と食い違っていたり、反対の立場を主張したりしているならNO
> ・質問の見解や主張がパッセージからはYESともNOとも判断できないならNOT GIVEN
> ・知らない語彙は文脈を手掛かりに推測しましょう。

Activity 11　文脈を手掛かりに意味を判断する練習問題

次の文で、イタリックで書かれた文脈を利用し、太字で書かれた語の意味を推測してください。

1　The weather this spring has been quite **erratic**. *It's hot and still one day and cold and windy the next.* _____

2　Imprisonment as a punishment is not working as rates of **recidivism** continue to rise. Most *criminals fall back into crime* soon after they have served their sentence and been released.
_____

3　Everyone *liked* the new apprentice; he was a very **affable** person. _____

次はイタリック文字の助けなしに例題に挑戦しましょう。

4　When we breathe, we draw oxygen into our lungs and it **permeates** our entire body.
_____

5　The spinal cord is the main **conduit** for nerve messages to the brain.
_____

6　If notice of cancellation is given prior to the course starting, fees are refunded in full. However, after commencement date there is no **reimbursement** of fees.
_____

Task type 12　要約完成問題(Summary Completion)

- パッセージについて書かれた要約文の空所を埋める問題で、解答はパッセージの語句を使用するか、リストから選ぶ形があります。
- パッセージのパラグラフ/セクションの詳細や主旨を把握します。
- パッセージから語を抜き出すときは、語数制限に関する指示を確認してください。
- 質問の順番は、パッセージに書かれている情報の順番と同じとは限りません。

例) *Complete the summary below.*
*Choose **NO MORE THAN THREE WORDS** from the passage for each answer.*

TIPS　要約完成問題の取り組み方
- 要約は複数の文の組み合わせから成るので、答えは文脈に合うだけでなく、文法的にも正しいものでなければなりません。
- 上の点を念頭に置けば、空所に当てはまる語の種類を予測することができます(単数名詞、複数名詞、動詞、形容詞、副詞など)。
- 要約に見出しがある場合は、見出しを手掛かりにパッセージから該当箇所を探します。
- 次に、同義語や言い換えを探します。パッセージと全く同じ語が要約で使われていることはあまりありません。

Activity 12　見出しマッチング問題、筆者の見解/主張を特定する問題、要約完成問題

READING PASSAGE 1

You should spend about 20 minutes on Questions 1-14, which are based on Reading Passage 1 on the following pages.

'The first bestseller'

A　*The Sorrows of Young Werther* was the first major literary work of German writer Johann Wolfgang von Goethe. It is written in the epistolary form and depicts the deep infatuation of a temperamental young artist for a woman already engaged to another man. Neither the format of the story nor its general narrative arc was especially groundbreaking at the time; epistolary novels had long since reached their zenith in popularity and the notion of a destructive, unrequited love had been explored since around 5 BC, when the Roman poet Ovid counselled young men on how to overcome such desire through his poem *Remedia Amoris* (The Cure for Love). *The Sorrows of Young Werther* nonetheless revolutionised the genre and set a number of new standards, most notable of which being the author's willingness to forgo the broad social fabrics of family and community, and to focus almost exclusively on an individual and his thoughts about himself.

B　At the time of the novel's publication, the notion of an 'instant bestseller' was foreign to European society. Most titles emerged from well-regarded authors and were quietly circulated amongst small groups of *literati* before gradually progressing to a wider readership. All this changed with the publication of *The Sorrows of Young Werther*. Although Goethe was virtually unknown at the time of publication — a twenty-four year old with few literary achievements to his name — his novel experienced a meteoric rise to fame and turned him into a literary superstar almost overnight. *Werther* bypassed the traditional gatekeepers and went straight to the target readership — young, sensitive men who would associate themselves with the character of the title's name. As a result of this, some literary historians consider the novel to be the first mass-market bestseller.

C The impact of *Werther* went beyond rapid rise in readership, however. Young men were not content merely to read the novel and discuss it feverishly in salons and other gathering places. Many began to emulate the protagonist Werther by imitating his style of dress, his willingness to pontificate at length on his emotions and — most concerning for the authorities of the day — the character's tendency toward self-destructive expressions of his despair. This phenomenon, termed *Werther-Fieber* (Werther Fever), sparked the observation, backed up by subsequent studies, that human behaviour can be 'contagious' in a similar way to bodily-transmitted diseases.

D Although a sudden literary and popular sensation, *Werther* was no passing fad, either. Goethe's dramatic and overwrought style, embracing the psychological extremes and restless introspection of his lead character, strongly influenced the *Sturm und Drang* movement in Germany, which emerged as a rebellion against prior artistic dictates of serenity, order and reason. The impact of this transformation has been longstanding, and can still be witnessed across a range of literary and social media today: the profusion of confessional song writing, the exaggerated drama of celebrity journalism, and the prolific self-reflection and sharing of emotions propagated by online social networks all owe much to the early example that *Werther* set out.

E In spite of its success, however, Goethe never fully embraced the widespread acclaim and attention he received for publishing *The Sorrows of Young Werther* for a number of reasons. At the time of publication the author openly confessed to the autobiographical nature of the novel, which was inspired by his ardent love for a young woman named Charlotte Buff, and he later regretted having made this youthful infatuation publicly known. Goethe also became frustrated by the extent to which, throughout his career, many in Europe identified him solely with *Werther*, despite the substantial body of literary work he subsequently produced, along with his many other contributions to science and politics. In his later years Goethe saw himself as a serious scholar and classicist, dabbling in fields as diverse as botany and even anatomical studies. Among the general public, however, he remained firmly pegged to *Werther* and his story of passionate young love.

Questions 1-5

Reading Passage 1 has five paragraphs, **A-E**.

*Choose the correct heading for paragraphs **A-E** from the list of headings below.*

*Write the correct number, **i-viii**, in boxes 1-5 on your answer sheet.*

List of Headings

i	Long-term effects on cultural expression
ii	Celebrity status achieved very quickly
iii	*Werther* based on author's own life experience
iv	A mix of old and new story-telling elements
v	Goethe resents long-term association with *Werther*
vi	*Werther* still loved by modern-day readers
vii	*Werther* seen as an innovative love story
viii	Fanatical response of youthful male readers

1 Paragraph **A** ....
2 Paragraph **B** ....
3 Paragraph **C** ....
4 Paragraph **D** ....
5 Paragraph **E** ....

Questions 6-11

Do the following statements agree with the views of the writer in Reading Passage 1?

In boxes 6-11 on your answer sheet, write

YES   *if the statement agrees with the views of the writer*
NO   *if the statement contradicts the views of the writer*
NOT GIVEN   *if it is impossible to say what the writer thinks about this*

6   *The Sorrows of Young Werther* started the trend for epistolary novels.

7   The novel explores human relationships on a large scale.

8   The general public were not familiar with Goethe before he wrote the novel.

9   *Werther* did not receive positive reviews.

10 Some readers attempted to copy aspects of the main character's personality.

11 *Werther* is still a very popular novel today.

Questions 12-14

Complete the summary below.

Choose **NO MORE THAN THREE WORDS** from the passage for each answer.

Write your answers in boxes 12-14 on your answer sheet.

Impact of *Werther's* popularity on society and the author

The Sorrows of Young Werther transformed creative style of the time and was seen as a revolt against the previous artistic fashion of calmness, **12** .... and .... Its influence can still be seen today. Although the novel was hugely successful, its author would have preferred to have been recognised as an academic and **13** .... However, he will always be remembered by ordinary people for his tale of **14** ....

IELTS学習アドバイス

Hikaru Takahashi
22歳　女性

オーバーオール：6.5
リスニング：6.0
リーディング：6.5
ライティング：6.5
スピーキング：6.0

Listening　あらかじめ問題に印刷されている内容を、アナウンスが始まる前にざっと目を通す。これからどんな会話がなされるか、「予測」を立てることで、確実に点数が取れるようになります。ただ、キーワードが来た！と単純に反応していると、「あ、間違えた」と言い直された時に対処できないので、注意が必要です。こちらも、アナウンスが始まる前のごくわずかな時間に、選択肢中のキーワードを把握しておくことが重要です。私は対策として、20秒とか時間を決めて、選択肢からキーワードを抽出する訓練もしました。

Reading　対策には過去問を使用すべき。予想問題は、少し易しめに作られていることがあるので、点数が取れて出来た気になってしまいがちです。同じ問題を数回解くときは、どうしてこの答えになるか、要は解答のプロセスを意識して取り組むようにしました。

Writing　アカデミックで"plagiarism"は決してしてはならないことですが、良い文章から、良い表現を「もらい」、自分のものにすることは、IELTSのみならず、今後留学生活でエッセーを書く際などに役立ちます。私自身、大学で論文を読む機会がたくさんあったので、良い表現があったら、キーワード集にまとめておくように心がけました。単に図表を描写するだけではなく、「提示された情報から何が言えるか」を明確にすることもお忘れなく。

Speaking　単語を覚えたり、文法を勉強したり、インプットの勉強も大切ですが、アウトプットも同程度行わなければなりません。英語を話す友人がいればベターですが、いなくても、鏡使って自分に話しかければいいのです！ボイスレコーダーに録音して、何を言ったか文章に起こしてみると、弱点が分かったりします。笑顔で元気よく(笑)。TOEFLとは違って、試験官は自分と同じく人間。点数とらなきゃ！と緊張しまくって、一生懸命暗記して、披露するのでは全く意味がありません。私は留学したいんだ！だからIELTSのスコア必要なんだ！とやる気に満ち溢れている方が、印象もいいですよね。

Listening　人名のスペリングや数字などは、IELTSで典型的に出題されるので、慣れておくこと。リスニングを行って、(出題部分ではなくとも)聞き取れなかった部分は必ずスクリプトと照らし合わせる事。スクリプトのない教材を用いることはお勧めできない。

Reading　問題が解けなかった場合、どこを読み間違えたのか(あるいは英文としては読み間違えはなかったが読解力が不足していたのか)、必ず確認すること。私は、いったんおおまかに全文を読んでから、質問と照らし合わせながら再度、最初から読んで解いていた。

Writing　数値が高い(低い)、上昇(下降)傾向にある、急激に(ゆっくりと)など、頻繁に用いる単語は、難易度の高い単語も含めて複数記憶すること。意見を述べる場合には、反対意見にも言及しつつ、反対意見が説得力を欠くことを示したい。

Speaking　問題集などを用いて、想定問答を考えておくとよい。短すぎる文を用いての返答もよくないが、長くなりすぎて関係代名詞節の対応などが混乱するのも問題である。

K.F.
22歳　男性

オーバーオール：8.0
リスニング：8.5
リーディング：9.0
ライティング：7.5
スピーキング：7.0

75

IELTS学習アドバイス

T.O. 22歳 女性

オーバーオール：6.0
リスニング：6.0
リーディング：7.0
ライティング：5.5
スピーキング：5.5

Listening Section1は、情報を正確にとらえて書ける事が大事なので、様々な問題を解いてみて慣れること。自分が聞き逃しがちな音や、大文字で書く固有名詞など基本を押さえること。Section4は、内容や流れについていけなくなっても焦らず、答えになりそうなワードを聞き取った順にメモし、見直しの時間に穴埋めに当てはめるだけでも正解の可能性は上がる。

Reading すべての情報を理解するのが目的ではなく、「答えになりそうな内容を掴む」ことが重要なので、問題文に先に目を通し、関連する内容を詮索しながら読むと目星がつきやすい。ひとつのパッセージにつき20分弱の制限を守って練習する。科学など専門的な文章が主だが、専門用語をそれほど知っていなくても理解できる。人物名、出来事やキーワード、年代、などに意識を払って内容のくくりを見つけると解きやすい。

Writing Task1は、グラフの読み取りなどは、書いた事が無いと書けない。しかし、説明に必要な単語は限られているので、違うタイプの問題を解いてみて、それの使い方がわかればしめたもの。Task2は、隙間時間にアイディアをつくる練習をする。傾向と対策ばかりに頼らず、何が来ても焦らないように、自分のアイディアを短時間で出しやすくすること。正解がある訳ではないので、自分が考えた事を論理的に説明が出来るよう練習する。

Speaking Part2は、自分がたくさん喋れそうな内容に持っていく事。テーマは与えられるが柔軟なので、自分で話しにくい内容は選ばないように。Part3は、普段、頭の中で言うひとりごとを英語にする。一度も英語で考えた事が無い表現を試験で出すのはなかなか難しい。日常にふと考える内容に意識を向けて練習をする。

Asuka Okutani 20歳 女性

オーバーオール：6.5
リスニング：6.5
リーディング：6.0
ライティング：6.0
スピーキング：7.0

Listening 耳をイギリス英語に慣らす為、BBCのテレビ番組を見るようにした。また問題集付属のCDを繰り返し聞くよう心掛けた。空欄補充問題に対応できるように、基本的なことだが英単語のスペルを間違いなく書けるように再確認した。

Reading 文章の長さに対応できる速読力をつける為、問題を解く際には必ずタイマーを用いた。問題集の解いた問題を何度も音読し、問題が解けるイメージを頭に焼き付けた。

Writing 問題集の模範解答の中にある、使えそうな言い回し・定型句をすべて暗記し、本番でどのようなテーマの問題が出ても、応用して書けるようにした。Task2は、一般的によく議論されるトピックが問われるので、様々なトピックに対する自分なりの考えを頭の中でまとめることを、通学中の空き時間等に取り組んだ。

Speaking ネイティブの友人とできるだけ会話するように心掛けた。英語で論理的に話す練習をした。

完全対策
WRITING

概要 ……………………………………… 78

TASK1 対策
1 タスク1とは？ ………………………… 81
2 エッセイの構成を知る ………………… 83
3 エッセイを書く前の準備 ……………… 84
4 エッセイを書く ………………………… 86
5 見直しをする …………………………… 88
6 より良いスコアを取るために ………… 89
実践問題① - ⑤ ………………………… 91

TASK2 対策
1 タスク2とは？ ………………………… 96
2 エッセイの構成を知る ………………… 98
3 エッセイを書く前の準備 ……………… 101
4 エッセイを書く ………………………… 103
5 見直しをする …………………………… 109
6 より良いスコアを取るために ………… 109
実践問題① - ② ………………………… 113

概 要

ライティングテストとは？

出題形式

ライティングテストには2つのタスク（タスク1、タスク2）があります。テスト時間は60分で、タスク1では150語以上のエッセイ、タスク2では250語以上のエッセイを書きます。タスク1では、グラフや図表の情報を説明します。タスク2では、与えられたトピックに対して、客観的事実に基づき自分の意見や主張を論理的に展開することが求められます。ライティングテストでは、罫線の入った解答用紙に手書きで書き込みます。

テストの流れ 　60分

時　　間	内　　容
タスク1 （150語以上のエッセイ） 20分（目安）	・グラフや図表などの視覚的な情報が与えられ、それを文字で説明します。 ・自分の意見や感想を述べるのではなく、グラフや図表を見ていない人にそのイメージを伝えることが重要です。 ・与えられた情報の全てを説明するのではなく、重要な情報を選択し、体系立てて説明することが求められます。
タスク2 （250語以上のエッセイ） 40分（目安）	・与えられたトピックについて、自分の意見や考えを述べることが求められます。 ・トピックを正しく理解し、英文エッセイの構成を使いながら、論理的に意見をまとめます。 ・あるトピックのメリットとデメリットを論じる、ある主張に対して賛成か反対かを論じる、あるテーマの原因と解決策を論じるなどが、タスク2で頻繁に扱われる問題のスタイルです。

※タスク2はタスク1の2倍のスコアが配点されます。例えば、タスク1のスコアが5.0で、タスク2が7.0なら、(5.0＋7.0＋7.0)÷3＝6.3333となり、0.5点刻みで四捨五入すると、6.5が最終的なライティング全体のバンドスコアとして付与されます。

評価基準

タスク1とタスク2はそれぞれ、4つの基準に基づいて採点されます。

1 Task Achievement〈タスクの達成〉(タスク1)

タスクの要求をどの程度カバーできているか、グラフや図表の情報を正確に読み取り、的確にまとめ、説明できているかが問われます。

Task Response〈タスクへの応答〉(タスク2)

タスクの内容にどの程度取り組めているか、トピックに関する立場を明確に示し、論理的で明確な議論ができているかが問われます。

2 Coherence and Cohesion〈論理的一貫性とまとまり〉

文章の論理の一貫性とまとまりが問われます。エッセイ全体、そして各パラグラフが論理的に一貫した構成で書かれているか、文と文をつなぐ表現がスムーズで読みやすくまとまっているかが問われます。

3 Lexical Resource〈語彙の豊富さと適切さ〉

同じ語彙の反復ではなく、豊富な語彙を使うことができているか、それは文脈上適切であるかが問われます。コロケーションを理解していることも重要です。スペルミスがないか見直すことも必要です。

4 Grammatical Range and Accuracy〈文法の幅広さと正確さ〉

幅広い文法が正確に使われているかが問われます。無理に複雑な文法を使うことが求められているのではなく、語彙と同じく、文脈上適切な形でさまざまな文法が使われていることが重要です。

※これら4つの採点基準はいずれも、1から9まで0.5点刻みで採点され、その平均が最終スコアとなります。それぞれの採点基準の比重は4分の1ずつです。例えば、タスク1で〈タスクの達成〉が6.0、〈論理的一貫性とまとまり〉が7.0、〈語彙の豊富さと適切さ〉が7.0、〈文法の幅広さと正確さ〉が6.0の場合、タスク1の最終バンドスコアは (6.0＋7.0＋7.0＋6.0)÷4＝6.5となります。

※これらの計算方法は旺文社独自の調査に基づいたものです。

攻略法

攻略法★1　得意な方から取り掛かりましょう

タスク1、タスク2のどちらから始めても構いません。得意だと感じる方から取り組むことで、テストを優位に進めましょう。配点がタスク1の2倍のタスク2から取り掛かることも1つの策です。

攻略法★2　タスクを正しく理解しましょう

問題をよく読まずに意味を取り違えたり、指示を守らなかったりする受験者は少なくありません。試験時間が限られているからと焦ってはいけません。しっかりと腰を据えて、まずはタスクを正しく理解しましょう。

攻略法★3　計画を立ててから書きましょう

タスクを読んで、いきなり書き始めるのは得策ではありません。事前準備の時間を取って問題の重要な情報を読み取り、どのように展開していくかを考えましょう。どんな構成で、どのようにエッセイを組み立てるかを、まず計画しましょう。書く前に考えを整理することで、論点がずれたり、まとまりのないエッセイになったりすることを防げます。

攻略法★4　1行当たりの語数を決めておきましょう

普段から1行10語などと決めておくとよいでしょう。そうすることで、何行書けば最低語数を満たせるかが簡単に分かるようになり、落ち着いて試験に向き合えます。また、日ごろから、本番に備えて手書きで書く練習をしておきましょう。

攻略法★5　英語の試験であって、アイデアの試験ではありません

難しく考えたり難解なことを述べたりしても、評価に直結しません。意見や考えが素晴らしいかどうかが採点されるわけではなく、いかに論理的に、良い表現力で意見や主張を伝えられるかが試されます。難しく考えるよりも、伝えたいことをシンプルに表現する方が重要です。

攻略法★6　文は長短織り交ぜてリズムをつけましょう

英語力に自信があると、つい長い文だけでエッセイを構成しがちです。文は長ければいいというものではありません。意図することを読み手に明確に伝えることが最も重要です。短い文と長い文をうまく使い分けながら、考えを伝えるようにしましょう。

攻略法★7　さまざまな方法で主張をサポートしましょう

タスク2では意見や主張を述べますが、それらには裏付けが必要です。具体的な例、データや発言の引用、対比などを使いながらサポートしましょう。

攻略法★8　まとまりで消去する場合は、消しゴムを使わない

単語や語句でなく、文をまとまりで消したい場合は、消しゴムを使わずに取り消し線を引けば、その文は消去されたものと見なされます。特にライティングでは時間をいかに効率よく使うかがポイントの1つなので、消しゴムで消す時間も節約したいものです。また、途中に文を挿入したい場合は、文のまとまりをはっきりと囲って、矢印などで挿入箇所を明示すれば問題ありません。

攻略法★9　ケアレスミスを減らしましょう

三人称単数現在のsや冠詞の書き漏れ、主語と動詞の不一致、動詞の時制の誤りなどの単純なミスがないか、よく見直しましょう。急いで書いたためにaとuが判別できなかったり、単純なスペルミスなどで読めないと判断されたりすると、減点につながります。

攻略法★10　避けた方がよい表現は使わない

アカデミックな英語の試験なので、カジュアルな表現は避けましょう。客観性が求められるエッセイでは、一人称のIを多用したり、個人的な感情を表現したりすることは不適切です。また、and so onやetc.などの曖昧な表現は避け、don'tやhe'sなどの短縮形はdo notやhe is / he hasと分けて書くようにしましょう。

TASK 1対策

1 タスク1とは？

問題形式

タスク1では、説明文と指示文が最初に示され、その下にグラフや図表が掲載されています。最初の❶説明文(The graph below shows ...)にはグラフや図表が何のデータなのかが書かれており、❷指示文(Summarise ....)は「主な特徴を選んで説明することで情報を要約し、関連がある箇所を比較しなさい」となっています。説明文と❸グラフや図表から情報を読み取り、その主な傾向などをレポート形式のエッセイとしてまとめることが求められます。

〈タスク1問題例〉

You should spend about 20 minutes on this task.

❶ ***The graph below shows the usage of four different types of transport in Metropolis from 1985 to 2010.***

❷ ***Summarise the information by selecting and reporting the main features, and make comparisons where relevant.***

Write at least 150 words.

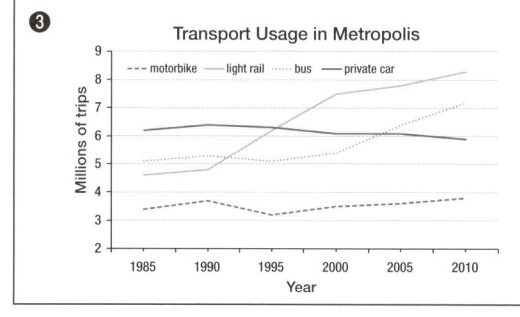

❸ [Transport Usage in Metropolis グラフ: motorbike, light rail, bus, private car の1985年から2010年の推移。縦軸 Millions of trips (2〜9)、横軸 Year]

説明文と指示文の訳

下のグラフは、1985年から2010年までの、メトロポリスでの4つの異なる交通手段の利用状況を表しています。主な特徴を選んで説明することで情報を要約し、関連がある箇所を比較しなさい。

図表パターン

出題されるグラフや図表には、以下のようにさまざまな種類があります。1種類だけの場合もあれば、2種類以上の組み合わせ(「円グラフ＋表」など)の場合もあります。

1 line graphs(折れ線グラフ)

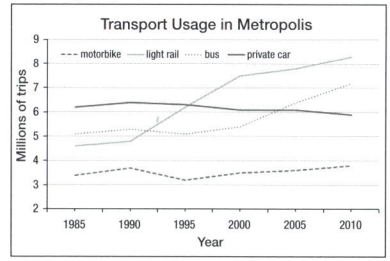

時間的な変化や推移を表すときに用いられます。どんな傾向(上昇か下降かなど)を示しているかを理解し、特徴的な変化や増減を説明することが求められます。適切な時制を使うよう注意しましょう。

2　pie charts（円グラフ）

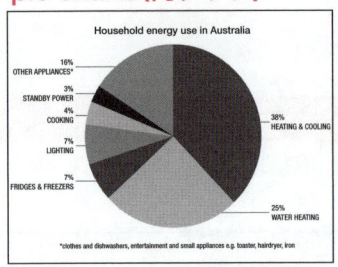

構成比（割合）の比較が容易なのが円グラフです。それぞれのカテゴリーが占める割合を比較することが求められます。

3　bar charts（棒グラフ）

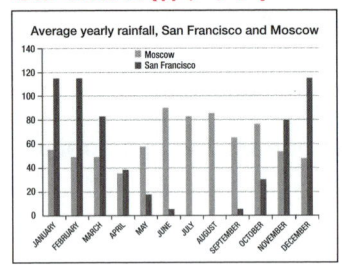

数値の高低の差を比較しやすいのが特徴です。高低の比較に焦点を当てながら説明することが求められます。

4　tables（表）

Amount of electricity used in a typical Australian home

Number of people in the house	Electricity used: kilowatt-hours (kWh) per year
1	5,000 — 6,500
2	6,000 — 8,000
3	7,500 — 10,000
6 or more	12,000 — 16,000

数値の時間的変化や構成を対比するもの、情報を一覧にまとめたものなど、さまざまな種類があります。行や列を確認して、変化または比較のどちらを書くべきかを考えます。

5　diagrams or maps（図解や地図）

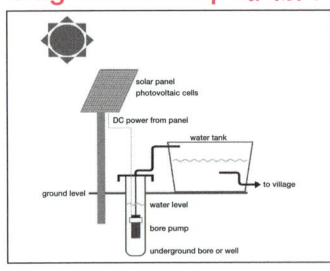

工程を表す図や地図の変化について出題されます。図に描かれている情報は、基本的に全て説明することが必要です。単純な流れだけでなく、位置情報や形状などについて説明を加えることで表現力を発揮しましょう。

時間配分

タスク1には20分を当てます。問題を理解し、書く準備をするための時間を必ず取りましょう。**「事前準備」⇒「書く」⇒「見直し」**という流れ全体で20分です。

以下が時間配分の目安です。

① **事前準備**（約3分） ....「3　エッセイを書く前の準備」
グラフや図表を分析し、パラグラフ数やアウトラインなどの構成を決めます。

② **エッセイを書く**（約15分） ....「4　エッセイを書く」
事前準備で考えた計画に基づいてエッセイを書きます。

③ **見直し**（約2分） ....「5　見直しをする」
エッセイ全体に問題はないか、最終確認をします。

2　エッセイの構成を知る

エッセイの構成要素

タスク1のエッセイは、「トピック紹介」、「全体の要約」、「詳細情報」の3つの要素が必ず含まれるように構成します。以下のようなパラグラフを作成します。パラグラフごとに文頭をインデントするか、または各パラグラフの間を1行空けるようにしましょう。

●イントロダクション：トピック紹介と全体の要約のパラグラフ
- トピック紹介：トピック（グラフや図表が何を表しているか）を説明する文をイントロダクションの冒頭に書きます。タスクの説明文の大意を変えずに、自分の言葉で言い換えます。
- 全体の要約：グラフや図表の全体的傾向を1文か2文に短くまとめたものです。具体的な数字などよりも、抽象的な表現を用い、読み手にグラフや図表のイメージを伝えることが重要です。

●ボディー：詳細情報のパラグラフ
グラフや図表の詳細な情報を、重要なポイントに絞って説明します。グラフや図表の種類や数、項目カテゴリーの数などによって、パラグラフの分け方やパラグラフ数の決め方は変わります。例えば、3つの円グラフが出題されている場合は、それぞれに1つのパラグラフを当て、ボディーを3つにすると明確な構成になります。

●コンクルージョン：結論のパラグラフ（＊必須ではない）
必須ではありませんが、最後に情報をまとめた方がより明確なエッセイになる場合は、全体の要約を最後に置きます。あるいは、イントロダクションの要約とは異なる視点から全体的傾向を記述した要約をコンクルージョンとすることもできます。

※語数の目安
- イントロダクション：トピック紹介に 約20語、全体の要約に約30語で50語程度が目安です。
- ボディー：120語程度で書くことをイメージします。パラグラフを2つ作る場合はそれぞれ60語程度、3つ作る場合は40語程度を書けばいいことになります。

タスク1の基本的なパラグラフ構成は以下のようになります（ボディーが3つのこともあります）。

パターン1	パターン2	パターン3
イントロ：トピック紹介＋要約	イントロ：トピック紹介	イントロ：トピック紹介＋要約1
ボディー1：詳細情報	ボディー1：詳細情報	ボディー1：詳細情報
ボディー2：詳細情報	ボディー2：詳細情報	ボディー2：詳細情報
	コンクルージョン：要約	コンクルージョン：要約2

パターン1のタイプのエッセイを見てみましょう。タスク1問題例（p.81）の解答例です。

〈タスク1問題例の解答例〉

イントロダクション：トピック紹介＋全体の要約

The line chart illustrates changes in four methods of travel in Metropolis from 1985 to 2010, measured in five-yearly intervals. In general, there was an increase in travel over the period. The use of public transport markedly increased, while private car usage declined slightly.

> **トピック紹介**：折れ線グラフのトピックの説明
>
> **全体の要約**：全体の移動量や大きな変化の傾向について

ボディー1：詳細情報

Light rail and bus usage was approximately the same in 1985, at around 5 million trips, but in 1990 light rail saw a dramatic increase to reach approximately 7.8 million trips by 2000. By 2010, this was the most popular form of transport at just over 8 million trips. Usage of buses remained steady as trains grew in popularity, but in 2000, this also started to grow to a high of just over 7 million trips in 2010.

> **詳細情報**（公共交通機関）：路面電車とバス利用についてのグラフの変化の特徴

ボディー2：詳細情報

In 1985, private cars were the most popular form of transport in Metropolis, at just over 6 million trips. However, there was a small but steady decline in car usage to just under 6 million in 2010. Motorbike usage fluctuated, but overall, there was a small increase from about 3.5 million trips in 1985 to just under 4 million in 2010.

（183 words）

> **詳細情報**（自家輸送）：自家用車とバイクの利用についてのグラフの変化の特徴

タスク1問題例の解答例の訳

この折れ線グラフは、1985年から2010年まで、5年間隔で測定されたメトロポリスにおける4つの移動方法の変化を図示しています。全般的に、この期間の間に移動の増加が見られました。公共交通機関の利用は著しく増加しましたが、一方自家用車の利用はやや減少しました。

路面電車とバスの利用は、1985年には500万回前後でほぼ同じでしたが、1990年に路面電車が急増し、2000年にはほぼ780万回に達しました。2010年には路面電車は800万回強で、最も普及している交通手段となりました。電車が普及する間バスの利用は安定を保っていましたが、2000年にバスも増加し始め、2010年には700万回強となり過去最高を記録しました。

1985年には、自家用車は600万回強で、メトロポリスにおける最も普及した交通手段でした。しかし、自動車の利用はわずかながら着実に減少し、2010年には600万回弱となりました。バイクの利用には変動がありましたが、全体的には、1985年の約350万回からやや増加し、2010年には400万回弱となりました。

3 エッセイを書く前の準備

事前準備の時間に行うのは、出題された**(1) トピックの理解と分析**、そしてエッセイの**(2) アウトラインを決める**ことです。(1)を約1分、(2)を約2分で進められるようにしておきましょう。

(1) トピックの理解と分析（約1分）
・説明文とグラフや図表からトピックを理解します。
・グラフの横軸、縦軸、単位などを確認します。
・どのような時制で書くのが適切かを考えます。

(2) アウトラインを決める（約2分）
・幾つのパラグラフで構成するかを決めます。
・各パラグラフに何を書くかを簡単に書き出しましょう。

では、次の問題を実際に解いてみましょう。上に挙げた手順で問題を見ていきます。

You have about 20 minutes to complete this task.

The graph below shows average yearly rainfall in Moscow and San Francisco, measured in millimetres.

Summarise the information by selecting and reporting the main features, and make comparisons where relevant.

Write at least 150 words.

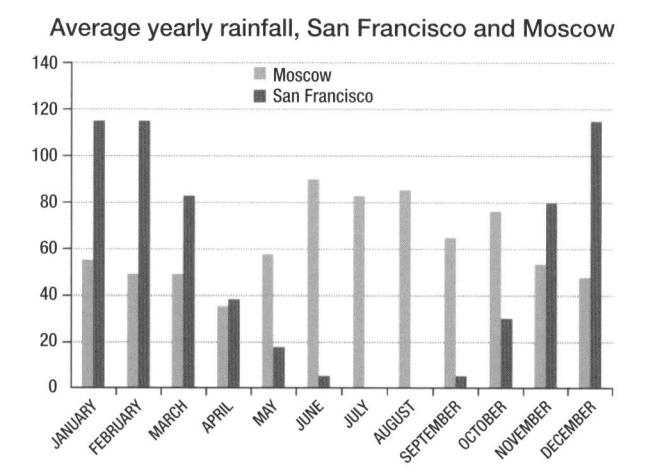

Average yearly rainfall, San Francisco and Moscow

説明文と指示文の訳

下のグラフは、ミリメートルで測定されたモスクワとサンフランシスコの年間平均降水量を表しています。
主な特徴を選んで説明することで情報を要約し、関連がある箇所を比較しなさい。

(1) トピックの理解と分析

・**グラフは何を示していますか？**
⇒説明文とグラフから、「モスクワとサンフランシスコの年間平均降水量」を示していると分かります。

・**横軸は何を示していますか？**
⇒1月から12月まで、12の項目があります。

・**縦軸は何ですか？**
⇒数値を表しています。説明文に書かれているように、単位はミリメートル(millimetres, mm)です。データを説明するときは、数字だけでなく、単位も一緒に書くことが重要です。

・**どの時制がこのエッセイでは適切ですか？**
⇒何年から何年までの平均値かは示されていないので、現在形が適切です。過去のデータと明記されていれば過去形、未来のデータを含む場合は未来形を使うことになります。

(2) アウトラインを決める

モスクワとサンフランシスコという2つの都市についてのデータなので、それぞれに1つのボディーを割り当てます。ここでは、全体の要約が2つある〈パターン3〉のタイプで書くことを検討します。パラグラフ構成は次のようになります。

⇒①イントロダクション（トピック紹介と全体の要約1）　②モスクワ（詳細）　③サンフランシスコ（詳細）　④コンクルージョン（全体の要約2）

4　エッセイを書く

イントロダクションを書く

(1) トピック紹介の作り方

タスクの説明文をどのように言い換えるかがポイントです。

> （説明文）　①The graph below ②shows average ③yearly rainfall in Moscow and San Francisco, measured in millimetres.
>
> ↓
>
> （トピック紹介）　①The bar chart ②compares the average ③amount of rain over the year ④in two cities, San Francisco and Moscow.

① graphをbar chartに言い換えています。
② showをcompareに言い換えています。illustrate, describe, give information aboutなどとすることもできます。
③ yearly rainfallをamount of rain over the yearに言い換えています。フレーズを言い換えることにより、表現力の多様性を示すことができます。
④ in two citiesを追加し少し変化を加えています。

(2) 全体の要約の作り方

グラフの特徴を読み取ります。
・2都市の年間降水量はほぼ等しいが、年間の分布は大きく異なる。
・それぞれ異なる時期に最大／最小降水量を記録する。
・サンフランシスコの降水量はモスクワに比べ変動が大きい。

> Overall, although the two cities have approximately the same annual rainfall, the distribution of rain over the year is widely different.

ここでは、最初の特徴を全体の要約としています。ボディーでは2つの都市の詳細を扱うので、要約では両都市の特徴を比較・対比するのが適切です。

→要約であることを明確に示すために、文頭にOverallと記しています。そして、共通点（same）と相違点（different）を対比するために、althoughを使った複文構造で表現しています。

ボディーを書く

(1) ボディーのパラグラフを構成する2要素
①　トピックセンテンス：最初に大まかな傾向を述べます。
②　サポーティングセンテンス：具体的な数字を使いながら詳細を説明します。

サポーティングセンテンスを書くときに重要なのは次の2点です。
- 重要と考えられる特徴を選ぶこと。全ての月の降水量について記述するのではなく、**特に変化の目立つところ、最高値や最低値に達するところ、数値が安定しているところについて**説明します。
- データをグルーピングすること。**似た数値や傾向をグループ分けして記述すること**が重要です。次のようなポイントでグルーピングします。

> ・似たタイプの傾向を持つもの
> ・正反対の傾向を持つもの
> ・ある時点で急に増加［減少］しているもの
> ・最高値［最低値］を記録したもの
> ・一番大きな［小さな］数字のもの
> ・全く変化していないもの

例えば、モスクワとサンフランシスコを2つのグループに大別し、それぞれにボディーパラグラフを充てています。それによってエッセイの読み手は簡単にパラグラフのトピックを把握することができます。これもグルーピングの1つです。

(2) ボディーの書き方
実際の解答例を見てみましょう。

〈ボディー1〉
モスクワで重要と思われる特徴は以下の通りです。
- モスクワはサンフランシスコより、年間を通して降水量が均等である。
- 1月～3月は月平均50 mmで、4月は40 mmを下回る。
- 6月にピークの90 mmに達するまで着実に増加した後、7月と8月にやや減少する。
- その後は増減を見せ、12月には45 mmまで減少する。

> ①In general, Moscow has a more even yearly rainfall than San Francisco. Rain ②averages about 50 mm in the months of January to March, dropping to ③an annual low of just under 40 mm in April. It then rises steadily to ④a high of about 90 mm in June, and slightly less in July and August, and from that point on ⑤it fluctuates, dropping at the end of the year to about 45 mm in December.

① トピックセンテンスです。このパラグラフではモスクワを扱うと分かります。数字は使っていません。
② 1月～3月の降水量がほぼ同じなので、これらをグルーピングしています。
③と④ 最小値と最大値。
⑤ 変化の目立つところ。

→文法面では、..., dropping at the end ... のような分詞構文を使うことで、文と文を接続詞を使わずにつなげています。また、then「その後」や from that point on「その時点以降」のような副詞(句)を使いながら、文と文の流れをスムーズにしています。

〈ボディー2〉
サンフランシスコで重要と思われる特徴は以下の通りです。
- モスクワとは違う傾向を示している。
- 全体的に雨量の変動が大きく、棒の高低差が大きい。
- 12月～2月は平均120 mm弱で、最も雨量が多い。

- 3月以降、6月の10 mmよりも少ないところまで減少する。
- 7月と8月は雨が降らない。
- 9月以降、12月（平均110 mm強）まで着実に雨量が増加する。

> ① In contrast, San Francisco illustrates a different trend. It has a widely fluctuating rainfall, with significantly greater annual variation. December, January and February are by far the rainiest months, ② averaging just under 120 mm in each of these months. From March onwards, there is ③ a dramatic drop to less than 10 mm in June, and effectively ④ no rain falls in July or August. Rainfall then increases steadily and evenly to the December ⑤ high of about 110 mm.

① サンフランシスコを扱うことを述べるトピックセンテンスです。
② 最高値である12月〜2月をグルーピングして、その平均値を説明しています。
③ 変化の目立つところ。
④と⑤　最小値と最大値。

→It has a widely fluctuating rainfall and significantly greater annual variation. と表現できるところを、…, with significantly … と with を使うことで、情報の追加表現の多様性を示すことができます。from … onwards は「〜以降に」という意味で、… には時を表す語句が入ります。effectively は「事実上」という意味で、強調として使われています。steadily and evenly「着実に、そして一様に」と副詞を並べることで、増加していることをより明確に説明しています。

コンクルージョンを書く

イントロダクションの要約とは違う視点から全体的傾向を要約できれば、コンクルージョンとして最後に加えます。

> The chart shows us that it rains most from June to August in Moscow, at a time when there is very little rainfall in San Francisco.

イントロダクションの要約は年間の分布が大きく異なる点に着目していましたが、ここでは、「2都市の降水量が同じ時期に最大と最小になる」という最も目立つ特徴を挙げています。

→接続詞 when を使って文と文をつなげているだけでなく、at a time when とすることで、「まさにそのとき」と when を強調しています。

コンクルージョンで使えるつなぎ表現には以下のようなものがあります。
After all / Overall / According to … / In general / In summary / To sum up / To conclude / In conclusion

5　見直しをする

エッセイを書き終えたら、残りの時間で以下の点を見直しましょう。

●最終チェックリスト
- □ タスクをきちんと達成できているか
- □ 文やパラグラフの流れ、つながりは自然か
- □ 語数は150語以上か
- □ 内容は明確か
- □ パラグラフの分け方は明確か
- □ 同じ単語が何度も使われていないか
- □ エッセイとして文体スタイルは適切か
- □ 正しい文法を使って文が書けているか
- □ スペリング、パンクチュエーションは適切か

6 より良いスコアを取るために

タスク1で良いエッセイを書くためには、比較や対比の構文はとても重要です。問題の指示文に make comparisons とあるように、グラフや図表のデータを比較することは必須です。以下は、データの比較や対比に用いられる構文の典型的な例です。

●比較級を用いた構文

Moscow has a **more** even yearly rainfall **than** San Francisco.

There is a dramatic drop to **less than** 10 mm in June.

In all five countries, the average longevity of women is **longer than** that of men.

Regarding facilities, total satisfaction was **more than** half for both sexes.

They both fell in the first ten years, with law decreasing to **less than** 35%.

→モスクワとサンフランシスコを年間平均雨量という点で比較し、モスクワの方がより平均的に雨が降ると述べるために、比較対象の目的語 even yearly rainfall を more と than ではさんでいます。また、特に数字をおよそ捉えて「～より多い、～より上」「～より少ない、～より下」と言いたいときは、less than 35%（35%より少ない）などと表現することができます。注意しなければならないのは、英語の more than, less than は「以上、以下」ではないことです。つまり、less than 35% は 34.999…% から下を意味し、35% は含みません。

●最上級を用いた構文

December, January and February are **by far the rainiest** months.

In 2050, the percentage of thermal power is projected to be **the highest**, at 70%.

In 1950, electric power had **the largest** share.

Law, **the most popular** course at first, started at over 40%.

Parents aged 26 to 29 spend **the least** time with their sons and daughters on weekdays but **the most** at weekends.

→最上級を強調するときは、by far や much などを the の前に置きます。最も多いものや最も少ないもののデータを表現することはタスク1での鍵の1つなので、正確に使えるようにしましょう。

●類似を表す構文

The two cities have **approximately the same** annual rainfall.

Comedy came in second at a number very **similar to** that for men.

In 1996, the five cities other than Tokyo had **about the same** number of people using public transport.

→類似点を表すことは、タスク1でも求められるスキルの1つです。全く同じではなく、おおよそ似ている場合は、approximately, almost, about を the same の前に置くことで、うまく表現することができます。また、similar to を使って類似を表すこともできます。

●対比を表す構文

Although the two cities have approximately the same annual rainfall, the distribution of rain over the year is widely different.

In contrast, San Francisco illustrates a different trend.

By contrast, the percentages of students taking law and economics classes both declined.

Some kinds of sports such as Australian rules football, soccer and rugby saw an increase in their popularity **but** the others experienced drops.

Rugby and the two kinds of football were supported by 59% of those surveyed at the end of the period, **as opposed to** 44% at the start.

In medicine, gender representation was almost equal, **while** in arts slightly more than half the academics were female (55%).

However, other faculties were more balanced in their composition.

Engineering was dominated by male academics **whereas** education had the highest percentage of female academics.

→対比を表すには、主に接続詞、副詞、前置詞（句）を使います。although, but, while, whereasなどの接続詞の場合、節と節をつないで1文にすることができますが、howeverやin（by）contrastなどの副詞は節と節をつなぐことはできず、文を改める必要があります。また、as opposed toなどの前置詞（句）の後ろには名詞が来ます。対比の構文で文中にwhileを使うときは、whileの前にコンマ(,)が置かれることに注意しましょう。

●上昇や下降（増減）を説明する表現

It **increased significantly** after 2003 and ended up at over 35% in 2010.

It then **rises steadily to** a high of about 90 mm in June, and **slightly less** in July and August.（微減を示す）

There was a **sharp decline** until it hit a bottom.

After **reaching a peak** in 1998, it **halved** in 2001.

The percentage for bicycling **increased by 6%** and became the second most popular leisure activity.（byは差を表す）

→increase significantlyやrise steadilyのような「動詞＋副詞」、sharp declineのような「形容詞＋名詞」を使って変化を表すことができます。halve（半分になる）やhit a bottom（底を打つ）、reach a peak（ピークに達する）といった表現も使えるようにしておきましょう。また、increase by 10%（10%増加する）、increase to 10%（10%まで増加する）、an increase of 10%（10%の増加）など、前置詞の使い分けも理解しておきましょう。

> **TIPS**
> ・構文や語彙に変化を付けるようにしましょう。この2つの採点基準で高得点を得るためには、正しい場面に、正しい方法で、幅広い文法や語彙を示すことが重要です。
> ・同じ語彙や文法を何度も繰り返していると、高いバンドスコアを得ることはできません。

TASK 1 実践問題①

You should spend about 20 minutes on this task.

> *The graph below shows the percentage of male and female academic staff members across the faculties of a major university in 2012.*
>
> *Summarise the information by selecting and reporting the main features, and make comparisons where relevant.*

Write at least 150 words.

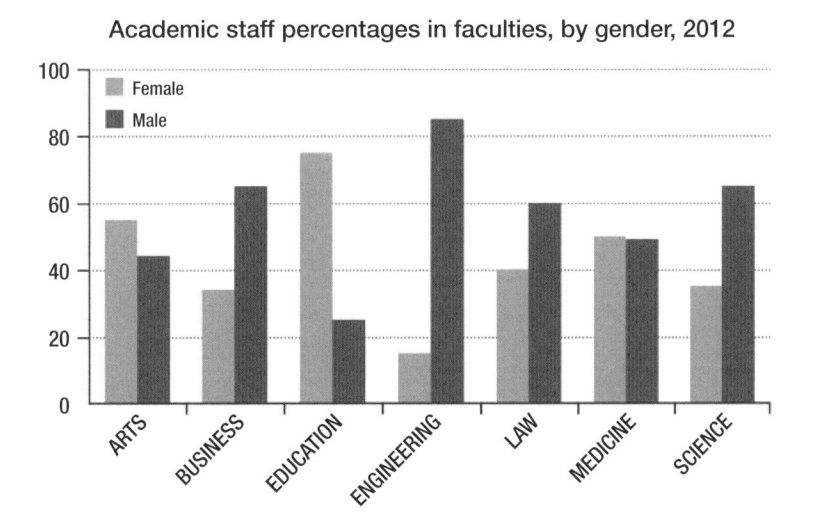

Academic staff percentages in faculties, by gender, 2012

[Bar chart showing Female and Male percentages across faculties:
- Arts: Female 55, Male 45
- Business: Female 35, Male 65
- Education: Female 75, Male 25
- Engineering: Female 15, Male 85
- Law: Female 40, Male 60
- Medicine: Female 50, Male 50
- Science: Female 35, Male 65]

TASK 1 実践問題②

You should spend about 20 minutes on this task.

The graph below shows the population of India and China from the year 2000 to the present day with projections for growth to the year 2050.

Summarise the information by selecting and reporting the main features, and make comparisons where relevant.

Write at least 150 words.

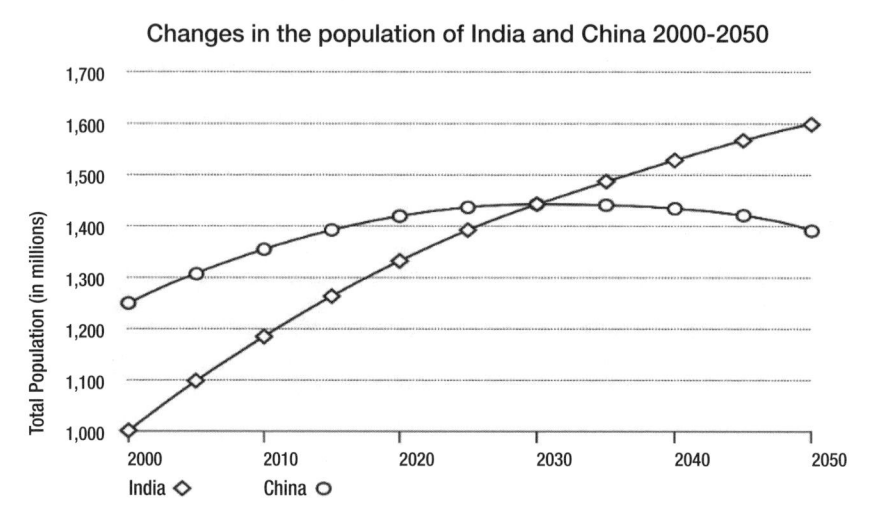

Changes in the population of India and China 2000-2050

India ◇   China ○

From World Population Prospects: The 2012 Revision, by Population Division of the Department of Economic and Social Affairs of the United Nations Secretariat © 2012, United Nations. Reprinted with the permission of the United Nations.

TASK 1 実践問題③

You should spend about 20 minutes on this task.

> *The pie chart below shows where energy is used in a typical Australian household, and the table shows the amount of electricity used according to the number of occupants.*
>
> *Summarise the information by selecting and reporting the main features, and make comparisons where relevant.*

Write at least 150 words.

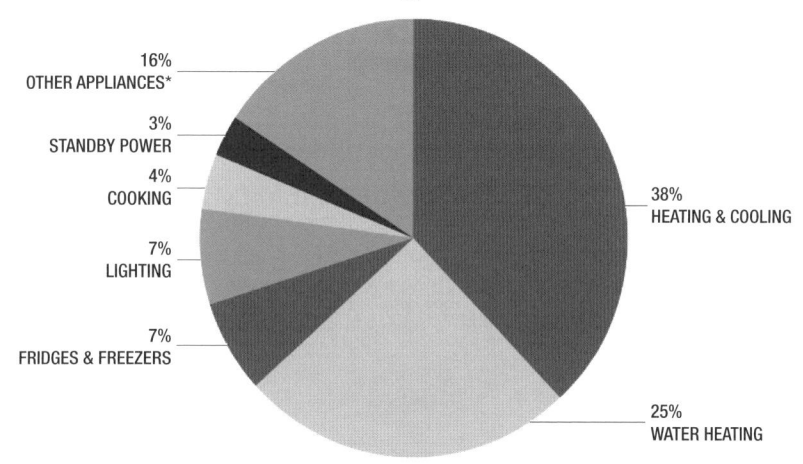

Household energy use in Australia

- 38% HEATING & COOLING
- 25% WATER HEATING
- 7% FRIDGES & FREEZERS
- 7% LIGHTING
- 4% COOKING
- 3% STANDBY POWER
- 16% OTHER APPLIANCES*

*clothes and dishwashers, entertainment and small appliances e.g. toaster, hairdryer, iron

Amount of electricity used in a typical Australian home

Number of people in the house	Electricity used: kilowatt-hours (kWh) per year
1	5,000 — 6,500
2	6,000 — 8,000
3	7,500 — 10,000
6 or more	12,000 — 16,000

TASK 1 実践問題④

You should spend about 20 minutes on this task.

> *The diagram below shows the stages in the recycling of aluminium drinks cans.*
>
> *Summarise the information by selecting and reporting the main features, and make comparisons where relevant.*

Write at least 150 words.

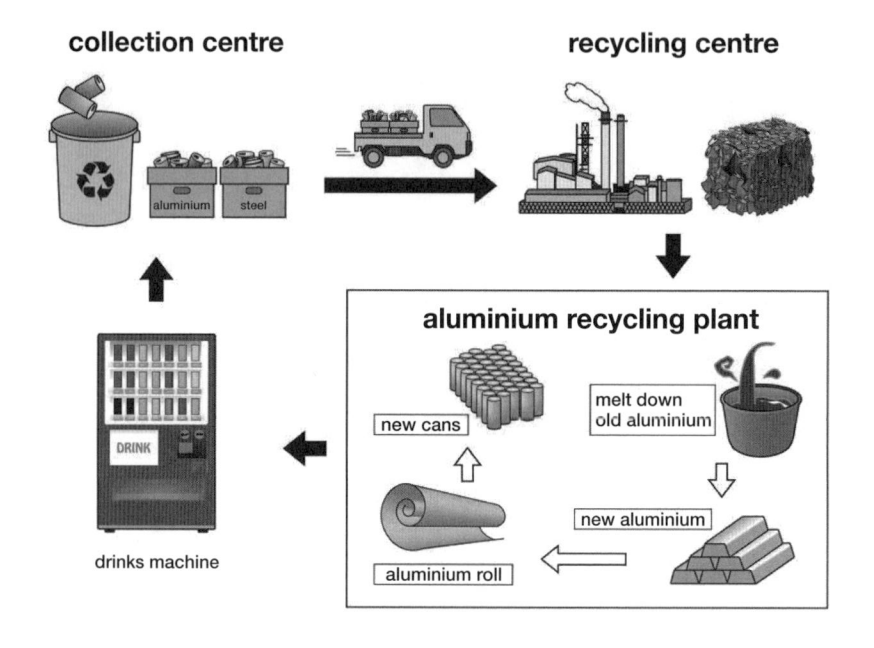

TASK 1 実践問題⑤

You should spend about 20 minutes on this task.

> *The diagram below shows how a solar powered water pump works.*
>
> *Summarise the information by selecting and reporting the main features, and make comparisons where relevant.*

Write at least 150 words.

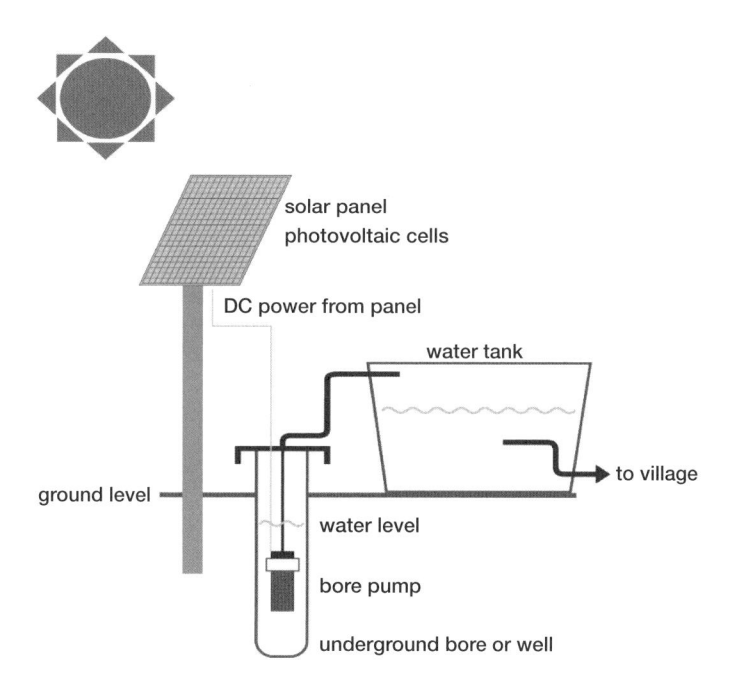

- solar panel photovoltaic cells
- DC power from panel
- water tank
- to village
- ground level
- water level
- bore pump
- underground bore or well

TASK 2 対策

1 タスク2とは？

問題形式

タスク2では、社会的・一般的な❶トピック (Most people ...) が与えられ、その下に❷指示文 (To what extent ...) が続きます。トピックでは何について書かなければいけないかが提示され、指示文ではタスクが示されます。指示文にはさまざまなパターンがあり、トピックに対して客観的な事実や例証を挙げながら、賛否に関する議論やメリットとデメリットの比較などを行い、書き手の立場や意見を読み手が納得するような展開でエッセイを書くことが求められます。

〈タスク2問題例〉

You should spend about 40 minutes on this task.
Write about the following topic:

❶ *Most people accept that we now live in a globalised world but not everyone agrees that this is beneficial.*

❷ *To what extent is globalisation a positive or negative development?*

Give reasons for your answer and include any relevant examples from your own knowledge or experience.
Write at least 250 words.

トピックと指示文の訳

今私たちはグローバル化した世界に生きているとほとんどの人は認めていますが、それが有益であるという考えに全ての人が賛成しているわけではありません。
グローバリゼーションはどの程度まで好ましい発展なのでしょうか、あるいは好ましくない発展なのでしょうか。

問題パターン

トピックと指示文を読んで、タスクを特定します。トピックはエッセイ全体の軸となるので、正しく理解することが必要です。トピックと指示文は、以下で太字になっているような箇所を中心に見ていくと、エッセイのテーマが何で、どんな議論をすることが求められているかを正確に判断することができます。

1　メリットとデメリットを比較する

Over the past twenty years there has been a **big rise** in **international tourism**.

What are some of the **advantages** and **disadvantages** of this growth?
（過去20年間で国際観光は大きく発展しました。この成長のメリットとデメリットにはどんなものがありますか。）

このパターンでは、エッセイにはメリットとデメリットの両方を含める必要があります。最初の問題例To what extent is ... a positive or negative development? もこのパターンです。

2　社会問題の原因とその影響について述べる

> Many people now **travel overseas** for their **holidays**, rather than staying in their own countries. What are some **reasons** for this change?
>
> What **problems** does the **rise in international tourism** cause?
> （今では、多くの人が休暇には自国にとどまらず海外旅行をします。この変化の理由にはどんなものがありますか。国際観光の成長はどのような問題を引き起こしますか。）

このパターンでは、エッセイには原因とその影響の両方を含める必要があります。

3　社会問題の原因とその解決策を述べる

> **Tourism** is becoming increasingly **popular**, and this can **affect** some beautiful **natural places**.
>
> **Why** does this happen? What can **we do** to **prevent further damage**?
> （観光の人気はますます上昇していますが、これは美しい自然の場所に影響を与えることがあります。なぜこのようなことが起こるのですか。さらなる損害を防ぐために私たちに何ができますか。）

このパターンでは、エッセイには問題の原因とその解決策の両方を含める必要があります。What measures could be taken to solve them? のように、measures（方策、手段）が使われることもあります。

4　対立する2つの意見について論じ、自分の意見を述べる

> Some people say that holding **huge international events** is a great **advantage** for a country, while others say that this is a **costly mistake**.
>
> **Discuss** both these views and **give your opinion**.
> （大規模な国際イベントの開催は国にとってとても有益なことだと言う人もいますが、大きな損害を出す過ちだと言う人もいます。この両方の見解について論じ、あなたの意見を述べなさい。）

このパターンでは、エッセイで対立する2つの意見について論じた上で、自分の意見も述べる必要があります。What is your opinion about these two views? と聞かれる場合もあります。

5　ある主張に賛成か反対かを述べる

> It is often said that **exams** are a **poor way** of **evaluating students' ability**, and that they cause a great deal of **unnecessary stress**.
>
> **To what extent** do you **agree** or disagree with this opinion?
> （試験は生徒の能力を評価する方法としては不十分で、多量の不要なストレスを引き起こすとよく言われます。あなたはどの程度この意見に賛成ですか、または反対ですか。）

このパターンでは、どの程度賛成か反対かを述べ、その根拠や理由を示す必要があります。

時間配分

タスク2には40分を当てますが、いきなり書き始めるのではなく、問題を読んでエッセイのアウトラインを作る準備時間を必ず取りましょう。**「事前準備」⇒「書く」⇒「見直し」**という流れ全体で40分です。以下が時間配分の目安です。

① **事前準備**（約5分） .... 「3　エッセイを書く前の準備」
トピックと指示文を読んでタスクを把握し、どんな根拠と裏付けを使えるかを考えながら、自分の立場や意見を決めます。それから、イントロダクション・ボディー・コンクルージョンをどのように構成するか、メモを取りながら大まかなアウトラインを考えます。ボディーのメインアイデアも幾つか考え、論理的に議論を展開できるようにします。

② **エッセイを書く**（約30分） .... 「4　エッセイを書く」
メモのアウトラインに沿って、多様な語彙や文法を活用しながらエッセイを書いていきます。

③ **見直し**（約5分） .... 「5　見直しをする」
スペルや文法の細かいミスがないか見直しをしましょう。また、コンクルージョンが主張とずれていないかなどの最終チェックをします。

2　エッセイの構成を知る

パラグラフ構成

英語のエッセイは**「イントロダクション、ボディー、コンクルージョン」**の流れで構成されます。この基本的構成を正しく理解してエッセイを作成しましょう。

●**イントロダクション**（約40-50語）：**トピックの説明＋主題文（意見・立場の表明）**
エッセイの導入部分です。どのようなトピックかを説明し、どのような観点で書き進めるかを読み手に伝えるパラグラフです。最初にトピックを大まかに紹介する文を書き、続けて、何について論じるかを示す主題文を書きます。

●**ボディー**（1パラグラフにつき約90-100語）：**意見の裏付け**
主題文で述べたことについて、アイデアを2つ、もしくは3つ挙げながら、具体的に議論を展開する部分です。基本的にパラグラフの1文目にはトピックセンテンス（パラグラフのメインアイデアを示すもの）を書き、その後、それを裏付けるサポーティングセンテンスを書きます。ただ理由や具体例などを列挙するのではなく、論理的にまとめることが求められます。100語書かなければいけないと考えるのではなく、3つのアイデアをそれぞれ約30語でまとめることで約100語を書き上げるようなイメージを持っておきましょう。

●**コンクルージョン**（約30-40語）：**意見の再確認**
タスク2ではコンクルージョンを書く必要があります。最後にエッセイのトピックをもう一度明確に示しながら、ボディーのメインアイデアを簡潔にまとめます。全体的なアイデアをまとめること、そして立場を示す必要がある問題では立場を示すことが求められます。まとめのパラグラフですから、新しいアイデアを展開しないようにします。

エッセイの組み立て方

タスク2のエッセイは次のように構成されます。p.96の問題例に対する解答例を見てみましょう。

〈タスク2問題例の解答例〉

イントロダクション：トピックの説明＋主題文（意見・立場の表明）

Globalisation is here to stay, driven by advances in information technology and resulting in scientific, technological and economic progress and increased international trade and investment. It has had wide-ranging positive and negative effects on employment and economic development, scientific research, language and culture, global health and the environment.

> **トピックの説明**：グローバリゼーションがトピックであること、そしてそれがさまざまな分野に影響を与えていることを述べています。

> **主題文**：タスクを正しく理解していることを、positive and negative effectsと言い換えながら述べています。

ボディー1：意見の裏付け

One positive result of globalisation is the global distribution of labour. It is now much easier to move to other countries to find work, and this leads to better employment prospects for individuals and to more diverse workplaces. In addition, capital and industrial resources have migrated to developing countries, thus providing local jobs and boosting local economies. It has also resulted in greater contact between different cultures, as travel has become relatively safer and less expensive than it used to be. Ease of communication has encouraged an unprecedented level of global scientific research and cooperation, and a subsequent explosion of knowledge and information.

> **ボディー1**：グローバリゼーションのメリット

ボディー2：意見の裏付け

A downside of this global economy is that when a catastrophe occurs, as in the global financial crisis that started in the USA in 2007, it affects the whole world. Similarly, when a virus emerges in one region of the world, it spreads rapidly, threatening worldwide health. Globalisation affects culture and language, too; minority languages are dying out because of the necessity of learning English for international business, and indigenous cultures are being rejected in favour of a dominant, often USA-based, culture. Finally, levels of pollution are rising as countries strive for economic growth and a competitive edge in the global market.

> **ボディー2**：グローバリゼーションのデメリット

コンクルージョン：意見の再確認

In conclusion, globalisation is a double-edged sword that has created jobs and promoted international cooperation but has led to cultural losses, more environmental damage, increased health risks and exposure to economic crises. However, our world will continue to shrink as technology expands, and we need to accept globalisation as a fact of life in the 21st century.

(310 words)

> **コンクルージョン**：メリットとデメリットのまとめ＋個人的見解

タスク2問題例の解答例の訳

グローバリゼーションは情報技術の発達に促され、科学・技術・経済的進歩と、国際貿易と投資の増加をもたらし、既に定着しています。グローバリゼーションは雇用、経済成長、科学研究、言語と文化、国際保健、環境に好影響と悪影響を幅広く与えてきました。

グローバリゼーションの好ましい結果の1つは、労働力の全世界的分布です。今では仕事を探しに他国に移ることがはるかに容易になっており、これは、個人にとってのより良い雇用機会と職場の多様化につながります。加えて、資本と産業資源が発展途上国に流入し、従って地元に雇用を生み、地域経済を活気付けています。また、旅行が以前より比較的安全で安価となったので、結果的に異文化間の接触も増えています。コミュニケーションが容易になり、前例のないレベルの国際的な科学研究と協力、それに続く知識と情報の急激な増加を促進しました。

このグローバル経済のマイナス面は、2007年にアメリカで始まった世界規模の金融危機のように、大惨事が起きれば世界全体に影響を及ぼすことです。同様に、世界のある地域に出現したウイルスは急速に拡大し、世界中の人々の健康を脅かします。グローバリゼーションは文化と言語にも影響を与えます。国際ビジネスに英語を学ぶ必要があることから少数言語は消滅しつつあり、支配的な(しばしばアメリカ的な)文化を好むあまり、固有の文化は排除されつつあります。最後に、各国が経済成長と世界市場での優位な競争力を追求するので、汚染レベルが増加しています。

結論として、グローバリゼーションは、雇用を創出して国際協力を促進させたけれども、文化の消失、環境破壊の増大、健康リスクの増加、経済危機への無防備さを招いたもろ刃の剣です。しかし、科学技術の進歩に伴い私たちの世界は縮小し続けるのであり、私たちは、21世紀における不可避の現実としてグローバリゼーションを受け入れる必要があります。

エッセイの書き方の基本

・I think / I believe などを多用しないようにしましょう。
アカデミックライティングでは客観性が重要な要素です。特にボディーでは主観性を表す一人称のIを使わず、無生物主語構文や受動態を使うようにします。イントロダクションやコンクルージョンなどで立場を述べるときはIを使っても問題はありません。

・略式短縮形の使用は避ける方がよいでしょう。
(△) It's important to ... ⇒ (○) It is important to ...

・断定を避けるために助動詞を使いましょう。
助動詞を活用することで、推量や可能性など、含みを持たせた表現が可能になります。断定的な表現を多用しないようにしましょう。
(△) It is one of the benefits ... ⇒ (○) It may be one of the benefits ...

・疑問文は避けましょう。
疑問文は新聞や雑誌などで用いるジャーナリスティックな表現と考えられているので、アカデミックライティングには向きません。

・1つのパラグラフにメインアイデアは1つです。
さまざまな視点が混在する記述は避け、新しいアイデアを導入するときはパラグラフを変えましょう。

3 エッセイを書く前の準備

エッセイを書き始める前の準備に5分程度を使います。まず、**(1) トピックとタスクを正確に理解する**のに約1分、次に、アイデアを書き出してどのようにパラグラフを構成するか**(2) アウトラインを決める**のに約4分を目安にしましょう。

では、問題例をもう一度見てみましょう。

〈タスク2問題例〉

> Most people accept that we now live in a globalised world but not everyone agrees that this is beneficial.
> To what extent is globalisation a positive or negative development?

(1) トピックとタスクを正確に理解する（約1分）

トピックを読むと、途中で but が見つかります。but の前はトピックへの導入、そして but 以降がメインポイントであると言えます。つまり、a globalised world is beneficial かどうかを論じることが求められていると判断します。but の前がトピックだと誤って理解すると問題の意味を取り違えてしまうかもしれないので、気を付けなければなりません。

また、指示文は問題パターン1（メリットとデメリットを比較する）なので、両方の見解に触れる必要があります。To what extent ... は「どの程度〜であるか」という意味です。

(2) アウトラインを決める（約4分）

両方の見解を論じることになるので、ボディーではメリットとデメリットに1つずつのパラグラフを当てると決めます。従って、イントロダクション、ボディー（メリット）、ボディー（デメリット）、コンクルージョンの4つのパラグラフ構成になります。

そして、各パラグラフで何を書くかといったアウトラインを決めます。具体例や詳細、理由を述べながら発展させられるアイデアを書き出し、できるだけ具体的な内容を決めておきたいところです。

メモは日本語でも英語でも構いません。特にボディーではより多くのアイデアを出すことが重要なので、考え得るものを2つ、3つ書き出します。

〈メモ例〉

```
トピック＝グローバリゼーションが与える影響
タスク＝メリットとデメリットはどちらが大きいか
構成
パラ1：トピックの説明と主題文―グローバリゼーションはさまざまな分野に影響
パラ2：メリット＝雇用、経済発展、文化、科学研究
パラ3：デメリット＝経済、健康、文化と言語、環境
パラ4：メリットとデメリットのまとめ、事実として受け入れることが大切
```

事前に各パラグラフの目的を明確にしておかなければ、しっかり構成されたエッセイを書くことは困難です。上記のメモ例のように、何を述べるパラグラフなのかを、端的に、簡潔にまとめるようにしましょう。

****

では、他の問題でも同様の作業を見てみましょう。

〈例1〉

> In recent years, it has become harder for **new graduates to find employment**, and many **young people struggle to join the workforce**.
> Why do you think this situation has occurred? What can you suggest to solve this problem?
> （近年、新大卒者が仕事を見つけることはより難しくなっており、多くの若者は必死で職を探しています。このような状況が起きたのはなぜだと思いますか。この問題を解決するためにあなたは何を提案できますか。）

(1) トピックとタスクを正確に理解する

この問題のトピックは、近年、新大卒者にとって仕事を見つけることがより難しくなっており、多くの若者は必死で職を探していることです。タスクでは、その原因について考え、解決策を提案することの両方が求められています。

トピック＝最初の就職先が見つからない、新大卒の若者たち
タスク＝原因と解決策を提案する

(2) アウトラインを決める

どのようにエッセイを構成するかを書き出します。

〈メモ例〉

> パラ1：トピックの説明と主題文―新大卒者の最初の就職先が見つからない
> パラ2：原因＝大卒者の増加、仕事の空きが少ない、大卒者の仕事に対する高過ぎる期待
> パラ3：解決策＝キャリアカウンセリングによる雇用機会が多い分野の推奨、仕事に対する期待値を下げる
> パラ4：コンクルージョン＝経済的および社会的原因、現実的になり期待値を下げる必要性、労働者が引退することで状況は緩和される

〈例2〉

> It is often said that exams are a poor way of **evaluating students' ability**, and that they cause a great deal of **unnecessary stress**.
> To what extent do you agree or disagree with this opinion?
> （試験は生徒の能力を評価する方法としては不十分で、多量の不要なストレスを引き起こすとよく言われます。あなたはどの程度この意見に賛成ですか、または反対ですか。）

(1) トピックとタスクを正確に理解する

この問題のトピックは、試験は生徒の能力を評価する方法としては不十分で、むしろ多量の不要なストレスを引き起こすとよく言われていることです。そしてタスクは、この意見にどの程度賛成か反対かを述べることです。

トピック＝試験は生徒を評価する方法として適さない
タスク＝賛成か反対か

(2) アウトラインを決める

エッセイをどのように構成するかを書き出します。

〈メモ例〉

> パラ1：トピックの説明と主題文―生徒を評価する方法として試験は適さない
> パラ2：悪い評価方法＝一度きりの試験、ストレスで本当の能力を表さないかも、知識を試すだけ
> パラ3：良い評価方法＝効率的で実施と採点が容易、全員に公平で教師に影響されない、代替案（学内評価）はやはり公平ではないかも
> パラ4：コンクルージョン＝試験は完璧ではない―ストレスを引き起こし、限定的。しかし、代替案はさらに悪いかも。最適な解決策―試験と学内評価の併用

エッセイを書く前の準備で大切なこと

- **量よりも質**

  論理的な一貫性がなく、メッセージが明確に伝わらない300語を超えるエッセイより、短くても質の高いエッセイの方が評価されます。たくさん書くことよりも、エッセイとしての質の向上に意識を向けましょう。

- **しっかりとしたプランニング（特にボディー）**

  いきなりエッセイを書き始めると、書いている途中で話がそれてしまったり、論理的なつながりが明確でないエッセイになってしまったりする可能性があります。論理的な一貫性のあるエッセイを書くためにはしっかりとしたプランニング、特にボディーをどのような視点で構成するかを明確にしておくことが大切です。

4 エッセイを書く

イントロダクションを書く

(1) イントロダクションを構成する要素

イントロダクションに不可欠な要素は2つです。

【イントロダクション】2～3文

> 1　トピック説明　⇒　何がエッセイのテーマなのかを明確に示す文です。
> 2　主題文　⇒　イントロダクションの最後に示す、これからエッセイで何を議論するのかを読み手に伝える文です。主題文に基づいて、論理的な一貫性とまとまりのあるエッセイにしていきます。

イントロダクションで自分の主張や立場を述べる必要はありません。例えば、指示文がある考えに対して賛成か反対かを問い掛けていたとしても、<u>イントロダクションで立場を示す必要はなく、コンクルージョンに書けば問題ありません。</u>

(2) イントロダクションの書き方

以下のイントロダクションには、先ほど挙げた2つの要素が含まれています。

> ①Globalisation is here to stay, driven by advances in information technology and resulting in scientific, technological and economic progress and increased international trade and investment. ②It has had wide-ranging positive and negative effects on employment and economic development, scientific research, language and culture, global health and the environment.

① トピック説明:エッセイのテーマを示すトピックであるグローバリゼーションの社会への影響について大まかに述べています。問題文の英語と同じ表現は使わず、同義語や他の表現を使って言い換えるようにしましょう。
② 主題文:グローバリゼーションが幅広い分野において良い影響と悪い影響を与えていることを述べ、この2点についてエッセイが構成されることを伝えています。

****

主題文の書き方について他の例を見てみましょう。

This essay will discuss the advantages and disadvantages of international tourism.
(このエッセイは、国際観光のメリットとデメリットについて論じます。)

I will discuss the problems that our ageing population is causing for our society, and suggest some solutions for these problems.
(人口の高齢化が私たちの社会にもたらしている問題について論じ、これらの問題に対する幾つかの解決策を提案します。)

〈トピックの言い換え例〉

> (トピックと指示文)　Some say that young people today have many possessions and a lot of money, while others say that they have a harder life than ever before.
> Evaluate both these ideas and give your opinion.
> (今日の若者は多くの所有物やお金を持っていると言う人がいる一方で、若者の生活はかつてないほど厳しいと言う人もいます。この両方の主張を評価し、あなたの意見を述べなさい。)

↓

> (言い換え)　This essay will discuss the levels of affluence that many of our young people enjoy, and will also consider the difficulties posed by our modern lifestyle.
> (このエッセイは、今の若者の多くが享受している豊かさの度合いについて論じ、現代のライフスタイルがもたらす問題についても考察します。)

トピックはwhileを使った対比の構造になっており、指示文は両方の見解について述べることを求めているので、言い換えの主題文ではどちらの見解についても述べると説明しています。

ボディーを書く

ボディーを構成するパラグラフ2、3では、具体的に議論を展開します。具体例や詳細、理由を述べながらアイデアを発展させます。アイデアを展開せず、機械的にアイデアを列挙したパラグラフには高い評価は与えられません。

1つのボディーには1つのメインアイデアが必要です。例えば、メリットについて書くパラグラフではメリットだけを幾つか列挙し、メインアイデアをサポートしながらパラグラフを構成します。デメリットについて書くなど、新しいメインアイデアについて述べ始めたいときは、新しいパラグラフを構成します。

また、主観的ではなく、客観的な情報によってアイデアを発展させることが望ましいと言えます。つまり、一人称の主語Iを使った展開ではなく、客観的な裏付けを中心に議論を展開します。

(1) ボディーを構成する要素
・パラグラフ2つか3つで構成します。
・各パラグラフの最初にトピックセンテンスを入れましょう。

【ボディー】1つのパラグラフにつき3〜5文

1	トピックセンテンス ⇒	パラグラフのメインアイデアを述べる文で、通常1文目に書きます。具体的ではなく抽象的に書くことがポイントです。
2	サポーティングセンテンス ⇒	トピックセンテンスで抽象的に述べた内容を具体的に説明する文です。自分の体験や引用などから主張を裏付けするための情報を書きます。

指示文が賛成か反対かなどの立場表明を求めている場合、中間の立場を取ることもできます。その場合は、それぞれの観点を踏まえてボディーを書くことになります。また、どちらか一方の立場を取る場合でも、両方の観点を含めた方がよりうまく構成されたエッセイを書くことができます。

(2) ボディーの書き方
p.99の〈タスク2問題例の解答例〉の2つのボディーで、議論がどのように展開されているかを詳しく見てみましょう。
※太字：パラグラフのメインアイデア
　下線：新しいアイデア
　赤字：アイデアの展開

(ボディー1) **One positive result of globalisation** is ①the global distribution of labour. It is now much easier to move to other countries to find work, and this leads to better employment prospects for individuals and to more diverse workplaces. In addition, ②capital and industrial resources have migrated to developing countries, thus providing local jobs and boosting local economies. It has also resulted in ③greater contact between different cultures, as travel has become relatively safer and less expensive than it used to be. Ease of communication has encouraged an unprecedented level of ④global scientific research and cooperation, and a subsequent explosion of knowledge and information.

メインアイデア：グローバリゼーションのメリットについて
↓
メリット①　（雇用）global distribution of labour
　　　　　　⇒労働力の全世界的分布（他国での仕事探しが容易になる）
↓
メリット②　（経済発展）capital and industrial resources
　　　　　　⇒地域経済の活発化（資本と産業資源の発展途上国への流入による）
↓
メリット③　（文化）greater contact between different cultures
　　　　　　⇒異文化間接触の増加（旅行が以前より安全で安価となったため）
↓
メリット④　（科学研究）global scientific research and cooperation
　　　　　　⇒グローバルな科学研究と協力（知識と情報の急激な増加）

トピックセンテンスで、このパラグラフではグローバリゼーションのメリットについて書くことを明確にしています。そして4つのメリットを表すアイデアが述べられていますが、単に列挙するだけではなく、メリットを1つ紹介した後、それぞれのアイデアを展開しながら説明している点に注目しましょう。

（ボディー2）**A downside of this global economy** is that when a catastrophe occurs, as in the global ①financial crisis that started in the USA in 2007, it affects the whole world. Similarly, when a ②virus emerges in one region of the world, it spreads rapidly, threatening worldwide health. Globalisation affects ③culture and language, too; minority languages are dying out because of the necessity of learning English for international business, and indigenous cultures are being rejected in favour of a dominant, often USA-based, culture. Finally, levels of ④pollution are rising as countries strive for economic growth and a competitive edge in the global market.

メインアイデア：グローバリゼーションのデメリットについて
↓
デメリット①　（経済）financial crisis
　　　　　　⇒全世界的金融危機（アメリカ発の金融危機が全世界へ影響）
↓
デメリット②　（健康）virus spreads rapidly
　　　　　　⇒ウィルスの急速な拡大（世界中の人々の健康を脅かす）
↓
デメリット③　（文化と言語）culture and language
　　　　　　⇒少数言語や固有文化の排除（国際ビジネスに必要な英語の影響）
↓
デメリット④　（環境）pollution
　　　　　　⇒環境汚染の拡大（経済成長と世界市場での競争力を追求する結果として）

冒頭でA downsideと述べて、このパラグラフではグローバリゼーションのデメリットについて論じることを明確にしています。ボディー1と同じく4つのデメリットについてアイデアを出しながら、それぞれにサポートを加えて展開しています。それぞれを展開し過ぎず簡潔に説明していることにも注目するとよいでしょう。

＊＊＊＊＊＊＊＊＊＊＊＊＊＊＊＊＊

構成案がどのように展開され、それぞれのポイントがどのような情報でサポートされているかを他の例で確認してみましょう。例えば、原因を述べるパラグラフでは3つの原因について触れていますが、それぞれどのように話が転換され、次のポイントに移行しているかを学びましょう。

（トピックと指示文）　In recent years, it has become harder for new graduates to find employment, and many young people struggle to join the workforce.
Why do you think this situation has occurred? What can you suggest to solve this problem?

〈ボディー1、2の構成〉

ボディー1 ― Reasons ―
・more tertiary institutions, so more graduates
・ageing workforce, and global recession, so few vacancies
・high, often unrealistic, expectations of graduates

ボディー2 ― Solutions ―
・career guidance and counselling
・encourage young people into growing employment areas
・get some work experience and be prepared to start at the bottom

ボディー1、2の構成の訳

ボディー1 ―原因―
・高等教育の増加による大卒者の増加
・労働力の高齢化と国際的な不景気によって、空いている仕事が少ない
・大卒者のしばしば非現実な高い期待

ボディー2 ―解決策―
・キャリアガイダンスとカウンセリング
・成長分野に行くよう若者を奨励する
・職業経験を積み、一番下から始められる準備をする

（ボディー1）①One of the main reasons that young people have difficulty finding jobs is that, with the growing of tertiary institutions, more and more young people are completing this level of education, and consequently, there is simply a larger pool of graduates available to fill every position. ②In addition, we no longer have the number of vacancies that there were in the past, due to the global recession and the consequent reduction in new companies and positions. This factor is worsened by the large number of people in their 40s and 50s who are not yet at retirement age. ③Compounding this problem is the high, often unrealistic expectations of many graduates, who expect to step straight out of training into high-level positions, without having accumulated any practical work experience.

ボディー1の訳

若者が就職に苦労する1つの理由は、高等教育機関の発展とともに、ますます多くの若者がこの教育レベルを修了しており、その結果、あらゆる職を埋めるために利用できる大卒者の労働要員が単に増えたことです。さらに、世界的不景気とその結果としての新しい企業と職の減少により、もはや以前ほど仕事の空きがありません。この要因は、まだ定年に達していない40代と50代の人が多数いることによって悪化しています。この問題をこじらせているのは、多くの大卒者が持つしばしば非現実的な高い期待です。彼らは、実践的な仕事の経験を一切積まないまま、訓練を終えれば当然すぐに高い職種に就けると思っているのです。

メインアイデア：原因について
↓
原因①　more tertiary institutions, so more graduates
↓
原因②　ageing workforce, and global recession, so few vacancies
↓
原因③　high, often unrealistic, expectations of graduates

One of the main reasons, In addition, Compounding this problem を使い、3つの原因を紹介していることが分かります。

> (ボディー2) There are no easy solutions to these problems, but there are some things young people, their schools and families can do to help. ①Firstly, secondary school students should be encouraged to take career counselling, to identify areas where there may be a growth in employment opportunities and to consider training in those areas. There is not much point in undertaking expensive tertiary education to produce yet another expert in a field with few employment opportunities. ②Secondly, graduates may need to reduce their expectations and accept that they have to start their working careers at the bottom, irrespective of their paper qualifications.

ボディー2の訳

これらの問題に簡単な解決策はありませんが、若者と学校と家族が役に立てることがあります。1つは、雇用機会が増えるかもしれない分野を特定し、その分野での訓練を受けることを検討するために、中高生は就職カウンセリングを受けるよう奨励されるべきです。雇用機会がほとんどない分野でまた専門家を1人育成するために高額の高等教育を受ける意味はあまりありません。2つ目に、書類上の資格がどうであれ、大卒者は期待値を下げ、一番下からキャリアを始めなければならないことを受け入れる必要があるかもしれません。

メインアイデア：解決策について
↓
解決策①　career guidance and counselling / encourage young people into growing employment areas
↓
解決策②　get some work experience and be prepared to start at the bottom

コンクルージョンを書く

タスク1と異なり、タスク2ではコンクルージョンが不可欠です。イントロダクションとボディーで述べたことの重要なポイントを簡潔にまとめます。

(1) コンクルージョンを構成する要素

【コンクルージョン】1～2文

1	まとめ　⇒	エッセイ全体のトピックを改めて述べながら、ボディーで展開したメインアイデアを簡潔にまとめます。
2	主張(立場)の再確認　⇒	立場や主張、見解を最後に述べてエッセイを締めくくります。1文程度でよいので、簡潔に述べましょう。

コンクルージョンは、イントロダクションやボディーとマッチしていなくてはなりません。例えば、ボディーで学校でのスポーツにはたくさんのメリットがあると論じたならば、コンクルージョンでデメリットも多くあることを述べてはなりません。

(2) コンクルージョンの書き方

> （まとめ）**In conclusion**, globalisation is a double-edged sword that has created jobs and promoted international cooperation but has led to cultural losses, more environmental damage, increased health risks and exposure to economic crises.（主張・立場の再確認）However, our world will continue to shrink as technology expands, and we need to accept globalisation as a fact of life in the 21st century.

このコンクルージョンは2文で成り立っています。1文目は、このエッセイのまとめの役割として、グローバリゼーションにはメリットとデメリットの両面があることをdouble-edged swordと表現し、それぞれのメインアイデアを再度簡潔な言葉で紹介しています。これによって、エッセイ全体の一貫性を高めています。そして2文目では、書き手の見解をまとめています。

指示文が書き手の意見を求めていたとしても、どちらかの立場に立つか、強い意見をコンクルージョンで述べる必要はありません。この場合、両方の立場が均衡していると言えばよいでしょう。

5　見直しをする

エッセイを書き終えたら、残りの時間で以下の点を見直しましょう。

●最終チェックリスト
□タスクを正しく理解し、それに答えているか
□文やパラグラフの流れ、つながりは自然か
□語数は250語以上あるか
□内容は明確か
□パラグラフの分け方は明確か
□同じ単語が何度も使われていないか
□エッセイとして文体スタイルは適切か
□正しい文法を使って文が書けているか
□スペリング、パンクチュエーションは適切か

6　より良いスコアを取るために

論理的な一貫性とまとまりを高める

採点基準の1つである「論理的一貫性とまとまり」を高めるためには、パラグラフごとにアイデアを関連付けたり、論旨の流れをスムーズに展開させるためのつなぎ言葉を使うなどの必要があります。主に以下のような4つの方法があります。

1　接続詞や副詞などトランジション・シグナル（つなぎ言葉）の活用
　　(as a result / because / so / however / while / whereas / on the other hand / in addition)
2　代名詞の活用 (because of this / these ideas)
3　（キーワードとなる）語彙の反復や同義語の活用
4　主題文で挙げたことを説明する（関連付ける）文、フレーズ

〈タスク2問題例の解答例〉での実際の接続詞などの使い方を以下で見てみましょう。

※赤字：つなぎ言葉
　網：代名詞の活用
　太字：同義語などでの語句の言い換え
　下線：主題文で述べたことを説明する

> Globalisation is here to stay, driven by advances in information technology and resulting in scientific, technological and economic progress and increased international trade and investment. It has had wide-ranging positive and negative effects on employment and economic development, scientific research, language and culture, global health and the environment.
>
> One positive result of globalisation is the global distribution of labour. It is now much easier to move to other countries to find work, and this leads to better **employment prospects** for individuals and to more **diverse workplaces**. In addition, capital and industrial resources have migrated to developing countries, thus providing **local jobs** and boosting **local economies**. It has also resulted in greater contact between different cultures, as **travel** has become relatively safer and less expensive than it used to be. Ease of communication has encouraged an unprecedented level of global scientific research and cooperation, and a subsequent explosion of knowledge and information.
>
> A downside of this **global economy** is that when a catastrophe occurs, as in the **global financial crisis** that started in the USA in 2007, this affects the whole world. Similarly, when a virus emerges in one region of the world, it spreads rapidly, threatening worldwide health. Globalisation affects culture and language, too; minority languages are dying out because of the necessity of learning English for international business, and indigenous cultures are being rejected in favour of a dominant, often USA-based, culture. Finally, levels of pollution are rising as countries **strive for economic growth and a competitive edge** in the **global market**.
>
> In conclusion, globalisation is a double-edged sword that has created jobs and promoted international cooperation but has led to cultural losses, more environmental damage, increased health risks and exposure to economic crises. However, our world will continue to shrink as technology expands, and we need to accept globalisation as a fact of life in the 21st century.

幅広い適切な文法を使う

使える文法の多様性を示すことは、良いスコアを取るために不可欠です。ただし、高度な文法を使おうとしても、正確でないために文意が伝わらなければ良いスコアにはつながりません。きちんとそれぞれの文法項目を正しく理解し、正しく活用するようにしましょう。

次の項目を押さえましょう。

● 関係代名詞

関係代名詞whichやthatは、より詳細な情報を名詞に付け加えるときに用います。限定用法と継続用法の使い分けを正しく理解しておきましょう。

Globalisation is a double-edged sword **that** has created jobs and promoted international cooperation.

A downside of this global economy is that when a catastrophe occurs, as in the global financial crisis **that** started in the USA in 2007, this affects the whole world.

It requires a lot of responsibility to make choices **which** will affect the country and the world.

This trend is obvious from statistics **which** show that over 30% of new employees leave their company within 3 years.

The other main reason, **which** is closely aligned to the former point, is parental aspirations.

Compounding this problem is the high, often unrealistic expectations of many graduates, **who** expect to step straight out of training into high-level positions, without having accumulated any practical work experience.

限定用法：I visited my brother who lives in Tokyo.
複数存在する同種のものの一部を、関係代名詞以下で修飾して限定するのが限定用法です。この文からは、私には兄弟が2人以上いることが分かります。その中で東京に住んでいる兄か弟を訪ねたということになります。

継続用法：I visited my brother, who lives in Tokyo.
既に特定されたものに補足的な説明を加えるのが継続用法です。この文からは、私には兄弟は1人しかいないことが分かります。兄か弟を訪ねたというのが主眼で、それに「東京に住んでいる」という情報を追加していることになります。

● 比較

何かと何かを比較するときに形容詞や副詞の比較級の表現を使います。

It is now **much easier** to move to other countries to find work.

Being able to use **more than** one language is a great strength in society.

Employees working from home are at **higher** risk of miscommunication **than** people working in the office.

→比較表現はさまざまなパターンで活用することができます。1つ目の例文では、形容詞easyの語尾を -ierと変えて比較級を作り、さらに直前にmuchを置いて強調しています。この文では、過去と現在を比べて「現在の方がずっと容易だ」という意味にするために比較級を使っています。2つ目の例文では、数字の直前にmore thanという比較表現を置くことで、「1つよりも多い」という意味の表現を作っています。また、3つ目の例文では、Employees working from homeとpeople working in the officeを比べて、形容詞highを比較級のhigherに変えて比較の文を作っています。

● 名詞句

前置詞ofを使って名詞と名詞をつなぎ、A of Bの形で「BのA」を表すことによって名詞をかたまりで使うことができます。

an unprecedented level of global scientific research and cooperation

a subsequent explosion of knowledge and information

the necessity of foreign languages

the achievement of several small goals

a better understanding of the benefits of implementing specific policies

→例えば、「外国語の必要性」という名詞のかたまりでは、核となる名詞は「必要性」です。それに「外国語の」という具体的な情報を付け加えると、「外国語の必要性」となります。英語ではまず、この核となる「必要性」necessityを前に置いて、「外国語の」を後ろからof foreign languagesと修飾することで、the necessity of foreign languages「外国語の必要性」という名詞句を作ることができます。

●分詞構文
分詞構文とは、主語と動詞を含む文と文をつないで1文にするときに、必要な接続詞を使わず、代わりに分詞を用いてつないだ文のことです。

Capital and industrial resources have migrated to developing countries, thus **providing** local jobs and **boosting** local economies.

As unemployment rose, calls for immigration restriction and border controls increased, **resulting** in radical changes in migration law.

→例えば、Capital and industrial resources have migrated to developing countries and thus provide local jobs. という、2つの文をandでつないでいる文を、分詞構文を使って書き換えてみましょう。まず、接続詞andを消します。そして、動詞のprovideを現在分詞のprovidingに変えると、Capital and industrial resources have migrated to developing countries, thus providing local jobs. という、分詞構文を使った文を作ることができます。

●助動詞
断定的な表現を避け、表現に可能性を含ませるときに助動詞を活用します。

Our world **will** continue to shrink as technology expands.

A better understanding of their role **may** maximize the benefits.

None of the major issues **can** be solved without international cooperation.

→例えば、Our world continues to shrink as technology expandsと不確実な事柄を、断定的に表現することは不適切なので動詞continueの前に助動詞willを置くことで、書き手の推測であることを示すことができます。エッセイを書くときには、断定できないものを表現することが多くあります。助動詞を使うことで、それが書き手の推量や推測などであることを読み手に伝えることができます。基本的にmayやmightは推量（〜かもしれない）、willやwouldは推測（おそらく〜だろう）、canやcould（〜はありうる）は可能性を示すときに使うことができます。

TASK 2 実践問題①

You should spend about 40 minutes on this task.

Write about the following topic:

> *In many countries today young people are forced to get a job which they are not suited to or passionate about.*
>
> *What do you think may be the reasons for this?*
> *What problems might this cause?*

Give reasons for your answer and include any relevant examples from your own knowledge or experience.

Write at least 250 words.

TASK 2 実践問題②

You should spend about 40 minutes on this task.

Write about the following topic:

> *Solar energy is becoming more and more popular as a source of household energy in many countries around the world.*
>
> *Why is this?*
> *What are the advantages and disadvantages of solar energy?*

Give reasons for your answer and include any relevant examples from your own knowledge or experience.

Write at least 250 words.

完全対策
SPEAKING

概要 ·· 116

PART1 対策
パート1とは？ ································ 119
実践問題 ·· 128

PART2 対策
パート2とは？ ································ 129
実践問題 ·· 138

PART3 対策
パート3とは？ ································ 139
実践問題 ·· 146

概 要

スピーキングテストとは？

出題形式

スピーキングテストは3つのパート（パート1、パート2、パート3）で構成され、所要時間は合計11～14分間、試験官と1対1の面接形式です。試験内容は全て録音されます。スピーキングテストは、その他の試験と同日もしくは前後6日以内に行われるので、申し込みの際に必ず確認してください。当日は必ずパスポートを持参してください。パスポートを忘れた場合は受験できません。

テストの流れ　約11分～14分

時　間	内　容
イントロダクション 30秒	名前、国籍、本人確認（パスポート）
パート1 （インタビュー） 3.5～4.5分	出身地、家族、仕事、趣味、子どものころの話など、受験者自身の個人的な嗜好や体験などについての簡単な会話です。関連しない2つのトピックにつきそれぞれ4つ程度の質問がされます。
パート2 （スピーチ） 3～4分	最初に、トピックが書かれたカードとともに紙と鉛筆が渡されます。トピックについて1分間の準備時間が与えられ、1～2分間、受験者自身の経験を基にしたスピーチをします。その後、試験官がスピーチに関連する質問を1つか2つします。
パート3 （ディスカッション） 4～5分	パート2のスピーチに関連する、社会的なトピックについてのディスカッションです。1つのトピックに対して2つから3つのサブカテゴリーに分かれて質問されます。

評価基準

スピーキングは、4つの基準に基づいて採点されます。

1 Fluency and Coherence〈話の流暢さと論理的一貫性〉
コミュニケーションとして自然なテンポで会話ができるか、意見やアイデアを論理的に組み立てながら話すことができているかを測定します。

2 Lexical Resource〈語彙の豊富さと適切さ〉
受験者が幅広い語彙を正確に使うことができるかを測定します。

3 Grammatical Range and Accuracy〈文法の幅広さと正確さ〉
受験者が幅広い文法を正確に使うことができているかを測定します。

4 Pronunciation〈発音〉
受験者がどの程度聞き取りやすい英語を話しているかを測定します。発音の明快さ、話のリズム、抑揚などが自然だと、良い評価につながります。

※これら4つの採点基準はいずれも0.5点刻み、9.0満点で採点され、平均が最終スコアとなります。例えば、〈話の流暢さと論理的一貫性〉が6.0、〈語彙の豊富さと適切さ〉が5.0、〈文法の幅広さと正確さ〉が5.0、〈発音〉が6.0の場合、(6.0＋5.0＋5.0＋6.0)÷4＝5.5となります。　　※これらの計算方法は旺文社独自の調査に基づいたものです。

攻略法

攻略法★1　笑顔でコミュニケーションを楽しみましょう
試験官は受験者の態度や発言に応じて態度を変えないように訓練されているので、ぶっきらぼうに思えるかもしれません。また、質問への答えが正しくなかったのではないかと不安になるかもしれません。態度や笑顔などは採点されませんが、試験官も同じ人間ですから、こちらが元気よく笑顔で試験に臨む方が、試験の雰囲気は良くなり、落ち着いて受け答えができるようになります。

攻略法★2　伝わるスピードで話しましょう
早口で話し過ぎないようにしましょう。最も重要なのは、意見や主張を試験官に伝えることです。無理に速く話そうとして何を言っているのか分からないのでは本末転倒です。日本語の場合も同じですが、質問によっては多少考えながら話すとスピードは落ちます。ただこれは自然なことです。試験官が聞き取りやすいスピードとはっきりとした発音で答えましょう。

攻略法★3　積極的に話を広げていきましょう
Yes. やI'm a student. のように、質問への答えだけを発言するのではなく、自発的にどんどん話を展開しましょう。理由や具体例などを付け加え、話を広げて会話を引っ張るくらいの気持ちで臨みたいところです。パート1では2～3文、パート3では4～6文程度で答えるようにしましょう。

攻略法★4　難しく考える必要はありません
ライティング同様、受験者の意見が正しいか素晴らしいかは採点されません。意見や主張を論理的に、良い表現を使いながら、分かりやすく話せるかが問われます。無理に難しい内容を話そうとするよりも、話しやすい内容について自信を持って話す方が重要です。

攻略法★5　分からないときは、思い付く限り話す

詳しくないトピックについて質問されることがあります。トピックは変えられないので、あまり詳しくないことを伝え、「〇〇についてはよく分からないが、〇〇だと思う。」や「〇〇をした経験はないが、今後〇〇に挑戦してみたい。」など、思い付く限りのことを話しましょう。あくまで会話能力を測るテストですから、ネガティブな回答もポジティブな回答と同じように評価されます。

攻略法★6　ストップされても問題ありません

例えばパート2のスピーチの途中で、試験官に止められることがあります。これは制限時間を超えたためで、スピーチに問題があるわけではありません。他のパートでも、答えが長過ぎると途中で遮られることがありますが、気にする必要はありません。ただし、質問への答えを最初に明確に述べることが重要です。それから話を膨らませるようにしましょう。

攻略法★7　うまく時間を稼ぎましょう

考えがすぐにまとまり、即答できる質問ばかりではありません。少し考える時間を取ることは問題ありませんが、「あー」、「えっと」、「なんだっけ」などのように、日本語で間を取るのは避けたいところです。Let me think, Let me see, Well ..., I haven't thought about it before but ... のような英語の言い回しを使いながら、考える時間をうまく稼ぎましょう。

攻略法★8　質問が分からないときは尋ねましょう

一度聞いただけでは意味を理解できない質問があるかもしれません。そのときは素直に、I'm sorry but could you repeat the question, please? ともう一度繰り返してもらったり、Could you rephrase your question, please? と質問を言い換えてもらったりしましょう。大切なのはコミュニケーションを成立させることです。

攻略法★9　幅広い文法や語彙を活用しましょう

文法や語彙は評価に直結するので、できる限り幅広く活用する必要があります。ただ上手に答えるだけではなく、英語力をアピールすることも必要です。ミスは付きものですが、文法や語彙のミスをしたことに気付いても、気持ちをすぐに切り替えることが重要です。

PART 1対策

パート1とは？

問題形式

試験官に名前を呼ばれると、スピーキングテストの部屋にパスポートを持って入室します。最初のあいさつと本人確認が終わると、パート1が始まります。質問は全て短文で、およそ4〜5分間、日常生活に関連するトピックについて会話をします。パート1では、試験官は事前に準備された通りに質問しなくてはならないので、トピックが2度、3度と変わります。質問を注意深く聞いてトピックを捉えてください。

〈パート1問題例〉

> The examiner asks the candidate about him/herself, his/her home, work or studies and other familiar topics.
>
> **Food and meals**
> - What is your favourite meal, e.g. breakfast, lunch or dinner? [Why?]
> - How important do you think it is to have three meals a day? [Why?]
> - Who do you think enjoys cooking more, older or younger people? [Why?]
> - Do you think more people will eat more microwaved meals in the future? [Why/Why not?]

パート1問題例の訳

試験官が受験者に自分自身のこと、家のこと、仕事や学業などの身近な話題について質問します。
食べ物と食事
・一番好きな食事は何ですか、例えば朝食ですか、昼食ですか、夕食ですか。[なぜですか。]
・1日3度の食事を取ることはどのくらい重要だと思いますか。[なぜですか。]
・高齢者と若者ではどちらの方が料理を楽しんでいると思いますか。[なぜですか。]
・将来はより多くの人が、電子レンジで調理された食事をより多く食べるようになると思いますか。[なぜですか。]

イントロダクションについて

試験が始まる前に、試験官は日付や試験会場、名前など、受験者の本人確認のための質問をします。これらの質問には、簡単に答えましょう。本人確認が終わると試験が始まります。この時間を使って試験の環境に慣れて、リラックスできるようにしましょう。

〈イントロダクション例〉

Can you tell me your full name, please? （フルネームを教えてもらえますか。）
May I have a look at your passport? （パスポートを見せてもらえますか。）
Can you tell me where you are from? （出身地を教えてもらえますか。）

トピック

パート1では、受験者の仕事、家族、出身地などに関するトピックや日常生活や身近な事柄に関するトピックなどが出題され、各トピックにつき約4問ずつが質問されます。
- **your house, street or city**（家、街や市）
- **your job or study**（仕事や勉強）
- **your daily routines: shopping, sleeping, work**（日課：買い物、睡眠、仕事）
- **things you did when you were a child: school, leisure, helping in the house**（子どものころにしたこと：学校、余暇、家での手伝い）
- **things you own: car, bicycle, cell phone, computer**（所有するもの：車、自転車、携帯電話、パソコン）
- **things you do: gardening, sport, reading**（すること：ガーデニング、スポーツ、読書）

質問タイプ

主に現在形、過去形、現在完了形、未来形を使ったさまざまな問題が出題されます。

- **Have you ever ...?**（これまでに〜したことはありますか。）
  - 例 ridden a bike, baked a cake, been to a sports match

  （自転車に乗ったことがあるか、ケーキを焼いたことがあるか、スポーツの試合を見に行ったことがあるか）

- **Did you ... when you were a child?**（子どものころ〜をしましたか。）
  - 例 learn to play a sport, watch TV, live in the country

  （スポーツの仕方を習ったか、テレビを見たか、田舎に住んでいたか）

- **Which do you prefer ...?**（〜のどちらを好みますか。）
  - 例 tea or coffee, nighttime or daytime, wet or dry weather

  （お茶かコーヒーか、夜間か昼間か、雨天か乾燥した天気か）

- **Do you like ...?**（〜が好きですか。）
  - 例 playing sports, sleeping, listening to music, shopping for clothes

  （スポーツをすること、寝ること、音楽を聴くこと、服を買うこと）

- **Do you think that ...?**（〜と思いますか。）
  - 例 children should have a pet, the news is important

  （子どもはペットを飼うべきだ、ニュースは重要だ）

- **When did you ...?**（いつ〜しましたか。）
  - 例 start learning English, go to your first movie

  （英語を勉強し始めたか、初めて映画を見に行ったか）

回答の展開の仕方

質問に対してYes/Noの1語だけで答えるのではなく、回答を簡単に展開する必要があります。2文もしくは3文、10〜15秒程度で構成しましょう。回答が長過ぎる場合は試験官に中断されることがあるので、長く話す必要はありません。

回答を展開する方法として、以下のパターンを使えるようにしておきましょう。

パターン 1	理由や具体例を加える
パターン 2	個人的な経験について話す
パターン 3	個人的な意見を加える
パターン 4	回答の始めに考える時間を稼ぐ
パターン 5	回答を強調する
パターン 6	冗談を言ったり面白い話をしたりする

それぞれのパターンの具体例を以下に示します。
※E=Examiner（試験官）　C=Candidate（受験者）

▶パターン1：理由や具体例を加える

E: Which do you prefer, getting an email or a text message?
（パソコンのメールと携帯メール、どちらを受け取る方が好きですか。）

C: Oh, I prefer emails, because I work in front of a computer all day so this is easy for me. I'm not very good at texting. I know I'm a bit old-fashioned.
（パソコンのメールの方が好きです。1日中パソコンの前で仕事をしているので、その方が簡単だからです。携帯でメールを送るのは苦手です。自分が少し古い人間だとは分かっています。）

⇒端的に質問に答えた後、becauseを用いてemailsの方が好きな理由を説明しています。それに加え、選択しなかったtextingについても触れているので、答えに説得力が増します。

▶パターン2：個人的な経験について話す

E: Have you ever cooked a meal for your family?
（家族のために食事を作ったことはありますか。）

C: Well, I haven't actually. My mother tends to do all the cooking in our house. But I did bake some biscuits once. They were terrible! No one would eat them.
（うーん、実はありません。わが家では母がだいたい全ての料理をします。ですが、一度ビスケットを焼いたことがあります。すごくまずかったです。誰も食べようとしませんでした。）

⇒個人的な体験談で答えを展開していますが、どう感じたかなどの感想も4文目で取り入れています。答えるときは、質問の時制（Have you ...?）に注意しましょう。

▶パターン1：理由や具体例を加える＋パターン3：個人的な意見を加える

E: Do you think that we spend too much time sitting in front of computers?
（私たちはパソコンの前に座って時間を使い過ぎていると思いますか。）

C: Well, I suppose we do, but I think it's OK as long as we make sure we get exercise as well. I think we're all probably too sedentary nowadays.
（うーん、使い過ぎていると思いますが、運動も欠かさないようにすれば問題ないと思います。近ごろはみんなたぶん座って生活することが多過ぎると思います。）

⇒最初のI thinkでは、理由や具体例を加えて回答を展開しており、次のI thinkでは個人的な意見を述べて話を展開しています。この質問はyesかnoを聞いているので、どちらであるかを最初に答えます。

▶パターン5：回答を強調する＋パターン3：個人的な意見を加える＋パターン6：冗談を言ったり面白い話をしたりする

E: Do you like shopping for clothes?
（服を買いに行くのは好きですか。）

C: Oh yes, I LOVE it! It's my favourite free time activity. I think I spend far too much money, though, and I'd spend more if I had it!
（はい、大好きです！　私の最も好きな自由時間の過ごし方です。お金をあまりにも使い過ぎていると思いますが、もっとお金があればもっと使うと思います。）

⇒yesかnoで答える質問には、まずどちらであるかを伝えることが重要です。LOVEによって答えを強調して次に、I thinkなどによって個人的な意見を述べて、話を展開しています。I'd spend more if I had itと仮定法で冗談を言っています。

▶ パターン4：回答の始めに考える時間を稼ぐ＋パターン5：回答を強調する＋パターン2：個人的な経験について話す＋パターン6：冗談を言ったり面白い話をしたりする

E: When did you watch your first movie in a cinema?
（初めて映画館で映画を見たのはいつですか。）

C: I can't really remember; it was so long ago. But I do remember very clearly going to see *Teenage Mutant Ninja Turtles*. I was so scared that my mother had to take me out of the movie.
（よく覚えていません。とても前のことなので。ですが、『ミュータント・タートルズ』を見に行ったことは、とてもはっきり覚えています。とても怖がってしまい、母が私を映画館から連れ出さなければなりませんでした。）

⇒最初に I can't really remember; it was so long ago. と言うことで時間を稼ぎ、答えを引き出すことにつなげています。初めての経験がいつだったのかは思い出せなくても、何を見たのかを do remember と強調しながら説明しています。最後に面白いエピソードを加えて答えを展開しています。

質問と回答例

パート1でよく出題される8つのトピックについて、質問と回答例を以下に示します。

Family（家族）	Study（勉強）	Hobbies（趣味）	Fashion（ファッション）
Sports（スポーツ）	Travelling（旅行）	Food（食べ物）	Music（音楽）

それぞれの質問に対し、どのように答えを展開しているかを確認しましょう。

▶ **FAMILY**

E: Do you live with your family?
（家族と住んでいますか。）

C: I currently live with my family and have a good relationship with them. But I plan to move out of my parents' house when I graduate from university as I would like to relocate nearer to my new workplace.
（私は現在家族と住んでいて、家族とはいい関係です。ですが、新しい職場のもっと近くに引っ越したいので、大学を卒業したら両親の家を出る予定です。）

E: How big is your family?
（何人家族ですか。）

C: My family consists of four members: my father, mother, young sister and myself. I'm the first child in the family. My sister is 3 years younger than me and is about to enter university.
（うちは父と母と妹と私の4人家族です。私が一番上の子どもです。妹は私より3つ下で、大学に入るところです。）

E: How often do you see your family?
（家族とはどれくらい顔を合わせますか。）

C: I see my mother almost every day but my father is rarely home because of his business trips. However, last Sunday, we could eat out together for dinner and celebrated their 30th anniversary.
（母とはほとんど毎日顔を合わせますが、父は出張でめったに家にいません。ですが、この前の日曜日、一緒に外で夕食を食べて両親の30回目の結婚記念日を祝うことができました。）

▶ STUDY

E: What subject are you studying?
(どんな学科を勉強していますか。)

C: I study international relations. Nowadays, we live in a very global world, so I suppose international relations is more relevant than ever. I feel that I have much to learn but I am well on my way.
(国際関係を勉強しています。今日私たちはとてもグローバルな世界に生きていますから、国際関係はかつてないほどの意味を持つと思います。学ぶことは多いと感じますが、かなり勉強は進んでいます。)

E: Where do you often study?
(どこで勉強することが多いですか。)

C: I often study at a café near my house as the atmosphere is really nice and cozy. I think we learn best when we are relaxed.
(自宅の近所のカフェが雰囲気がとても良くてくつろげるので、そこで勉強することが多いです。リラックスしているときが一番勉強の効率がいいと思います。)

E: How do you feel about exams at school?
(学校の試験についてどう感じますか。)

C: I think exams are stressful for anyone, but I always try to be well prepared in advance as it is not good to study all night before an exam. That's the only way to cope with exam stress.
(試験は誰にとってもストレスになると思いますが、試験前に徹夜で勉強するのは良くないので、いつも前もって十分に準備するようにしています。それが試験のストレスに対処する唯一の方法です。)

▶ HOBBIES

E: What do you like doing in your free time?
(自由な時間には何をするのが好きですか。)

C: I like spending time with my friends. Especially, I like singing songs at karaoke with my friends. I always feel like time is passing so fast when I'm singing!
(友人と過ごすのが好きです。特に、友人とカラオケで歌を歌うのが好きです。歌っているときはいつも時間が過ぎるのがとても早く感じます！)

E: What did you do last weekend?
(この間の週末は何をしましたか。)

C: My family and I were supposed to pay a visit to my grandmother, who lives in Hokkaido, last Sunday but due to the adverse weather, our flight was cancelled.
(この前の日曜日に、北海道に住んでいる祖母を家族で訪ねることになっていたのですが、私たちの乗る飛行機が悪天候で欠航になりました。)

E: Do you have enough free time?
(自由な時間は十分ありますか。)

C: Not so much. To be honest, I wish I had more free time. But when I have some time, I like to exercise as I want to stay in shape!
(あまりありません。本音を言うと、もっと自由な時間があればと思います。ですが少しでも時間があれば、体型を保ちたいので運動するのが好きです。)

▶ FASHION

E: What kind of clothes do you usually wear?
(普段はどんな服を着ていますか。)

C: I usually wear very casual clothes, like jeans and T-shirts. I like them because they are so comfortable. But, if I have a special event, I love to get all dressed up.
(普段はすごくカジュアルな服を着ています。ジーンズにTシャツとか。着ていてとても楽なので、そういう服が好きです。ですが、特別なイベントがあれば、思い切りドレスアップするのが好きです。)

E: Has the kind of clothes you like changed over the years?
(年月を重ねるにつれて好きな種類の服は変わりましたか。)

C: Yes, definitely it has changed. For instance, I used to wear skirts when I was younger, but now I prefer to wear trousers more often because they're more comfortable.
(はい、すっかり変わりました。例えば、若いころはスカートをはいていましたが、ズボンの方が楽なので、今ではズボンを好んでしょっちゅうはいています。)

E: Do you prefer to shop for clothes online or in the store?
(服はネットで買う方が好きですか、店で買う方が好きですか。)

C: Definitely I prefer to shop in the store. I've never tried online shopping as I am not sure if the clothes would fit or even if the quality would be good enough. I want to see the product before I buy it.
(絶対に店で買う方が好きです。オンラインショッピングだと服が体に合うかどうか分かりませんし、品質がまともかどうかすら分かりませんから、まだ試したことがありません。買う前に商品を見てみたいんです。)

▶ SPORTS

E: What's your favourite sport?
(好きなスポーツは何ですか。)

C: I'm into football, which is one of the most popular sports in Japan. I'm really looking forward to the new season and I hope my team wins!
(サッカーにはまっています。サッカーは日本で最も人気のあるスポーツの1つです。新しいシーズンが本当に楽しみで、応援しているチームに優勝してほしいです。)

E: When did you first become interested in it?
(最初にそれに関心を持ったのはいつですか。)

C: As far as I remember, I first became interested in football at the age of 8 when my father took me to a football match. Since then watching football matches has become one of my hobbies.
(記憶にある限りでは、初めてサッカーに関心を持ったのは8歳のとき、父がサッカーの試合に連れていってくれたときのことです。それ以来、サッカー観戦が趣味の1つになりました。)

E: How often do you participate in this sport?
(このスポーツにはどれくらいの頻度で参加していますか。)

C: Actually, I used to play football in the past but I don't play these days. I don't have time for that.
(実は、昔はサッカーをしていたのですが、近ごろはプレーしていません。その時間がないんです。)

▶ TRAVELLING

E: Which other countries have you visited?
(外国はどこに行ったことがありますか。)

C: I have been to the US and Australia. Also, when I was seventeen, I first visited England and stayed for two weeks. I went to an English school and stayed with a family.
(アメリカとオーストラリアに行ったことがあります。それから、17歳のときに初めてイギリスに行き、2週間滞在しました。英語学校に通って、ホームステイをしました。)

E: Which other countries are you interested in visiting?
(外国ではどこに行ってみたいと思いますか。)

C: I'm interested in visiting European countries such as Spain, Germany, Italy and so on. I've always dreamed of going to see the historical architecture there and want to try some local cuisine.
(スペイン、ドイツ、イタリアなどヨーロッパの国に行ってみたいと思っています。そうした国の歴史的建築物を見に行きたいとずっと夢見ていて、地元の料理も食べてみたいです。)

E: Do you prefer to travel alone or in a group?
(一人旅が好きですか、それともグループ旅行の方が好きですか。)

C: Definitely as a group! I love travelling with my family or friends so we can share experiences. It's more fun than going alone, I feel.
(絶対にグループです！同じ経験を分かち合えるので、家族や友人と旅行するのが好きです。一人で行くより楽しいと思います。)

▶ FOOD

E: What kind of food do you enjoy eating?
(どういった食べ物を食べるのが好きですか。)

C: Most of the time, I enjoy eating Japanese food. I think it is healthier than many other cuisines. But I have to admit that I like fast food at certain times.
(たいていの場合、和食を食べるのが好きです。他の多くの料理より健康的だと思います。ですが、ファストフードが好きな場合もあることは認めなければなりませんが。)

E: What are some reasons that people eat at restaurants?
(人々が飲食店で食事をする理由にはどんなものがあるでしょう。)

C: One main reason is when we are worn out after a long work day, we want to relax in a place that we don't have to clean up or do the washing-up. Also, we can enjoy chatting with friends, having delicious food.
(主な理由の1つは、1日長時間働いてくたくたのときには、片付けや皿洗いをしなくても済むよう、お店でリラックスしたいことです。それに、おいしい料理を食べながら友人とのおしゃべりを楽しむことができます。)

▶ MUSIC

E: What kind of music do you like listening to?
(どんな音楽を聴くのが好きですか。)

C: I have a diverse taste in music. I listen to different songs depending on my mood but overall my playlist tends to stay the same. For example, I tend to listen to old songs more when I feel under the weather.
(音楽の好みは多様です。気分次第でさまざまな歌を聴きますが、全体的に言って、私がいつも聴く曲はだいたい同じです。例えば、気分がすぐれないときは古い歌を聴くことが多いです。)

E: When do you usually listen to music?
(普段どんな時に音楽を聴きますか。)

C: I usually listen to uplifting music in the morning. It helps me to be in a good mood and to be ready for a long day. I can start my day full of energy!
(朝はたいてい元気の出る音楽を聴きます。気分を良くして長い1日に備えるのに役立ちます。元気いっぱいで1日を始めることができます。)

E: Do you prefer listening to live music or recorded music?
(音楽は生で聴く方が好きですか、録音で聴く方が好きですか。)

C: I prefer recorded music to live gigs. I'm a private person and enjoy listening in my car or in my room, rather than surrounded by a large number of people. Also, it will be a lot cheaper if I buy or download music rather than live concert tickets.
(ライブコンサートより録音された音楽の方が好きです。私は内向的な人間で、大勢の人に囲まれて聴くより、自分の車や部屋で聴くのが楽しいです。それに、ライブコンサートのチケットより、曲を買うかダウンロードすればずっと安くなります。)

文法

簡単なやりとりの中でも、基本的な文法の誤りに気を付けながら答えるようにしましょう。文法の誤りを繰り返すと、スコアは下がります。

1 **時制**：過去の話をするときは、過去形など一貫性のある時制を使いましょう。

2 **動詞のs**：三人称単数現在形のsが抜け落ちてしまわないように注意が必要です。

3 **冠詞**：基本的な冠詞の用法に注意し、抜け落ちがないか、不可算名詞に不要な冠詞を付けていないか注意しましょう。

発音・イントネーション

発音の評価は、スピーキングの評価基準の25％を占めます。自分の話す英語の発音やイントネーション、アクセントを変えるのはとても難しいことですが、特に以下の点に注意して話すよう心掛けましょう。

1 **スピード**：遅過ぎず、しかし速過ぎないことが重要です。ゆっくり話し過ぎると、流暢さに欠けていると見なされ、減点されます。同じように、速く話し過ぎると、スピーチの明快さに影響することがあります。自然で一定の速さで話すようにしましょう。

2 **ポーズ、ストレス**：ポーズやストレス（語勢）を活用してスピーチにめりはりを付けましょう。時々途中で間を取っても、減点されることはありません。むしろ、実際は途中にポーズがないと減点されます。正しいストレスが分からない語は、普段から辞書で確認するようにしましょう。ストレスの誤りは、聞き手を混乱させてしまいます。

3 **イントネーション**を変化させるようにしましょう。何かを強調したい場合は、より大きな声で話し、上がったり下がったりの抑揚を加えましょう。（例　It was **lovely**!）

4 **文の強調**は、スピーチに意味を加えるもう1つの手段です。異なる語を強調することで、同じ文の意味を変えることができます。以下の文の違いを考えてみましょう。
・I said she might consider a NEW car.（中古車ではなく、新車）
・I said she might consider a new CAR.（他のものではなく、車）

5 **なまり（発音の地域的相違）**は、直接の評価対象ではありません。多少の日本語なまりがあっても、話の内容が分かりやすく明快であれば問題ありません。イギリス発音やアメリカ発音など、特定の地域の発音の方が良いということもありません。どんな地域の発音も認められます。

発音の注意点

英語を話したり、新しい単語を学んだりするときは、基本的な発音を正確に学ぶようにしましょう。発音に注意を払わないと、意味を混乱させてしまう誤りにつながります。例えば、
・walkとwork、warmとwormの発音を区別できていない受験生が少なくありません。
・people（peoプル）、example（examプル）、university（uniバーシty）、think（シnk）など、カタカナ発音にならないように注意しましょう。特にsの音がsh、vの音がbにならないように注意が必要です。
・important（importanト）、and（anド）、but（buト）などのように、語尾に不要な母音が入らないように注意が必要です。

PART 1 実践問題

🎧 18

The examiner asks the candidate about him/herself, his/her home, work or studies and other familiar topics.

EXAMPLE

Numbers
・What numbers are considered to be lucky or unlucky in your culture?
・Do you think that some numbers are luckier or unluckier than others? [Why/Why not?]

Scooters
・Have you ever owned a scooter?
・What are some of the advantages of scooters in the city?
・Do you think scooters are a safe form of transport? [Why/Why not?]

→質問とサンプルアンサーのスクリプトは別冊p.60〜61に掲載。音声はトラック21に収録。

PART 2対策

パート2とは？

問題形式

パート2では、与えられたトピックについて1〜2分間のスピーチをします。最初に試験官からトピックカードと鉛筆と紙を渡され、準備時間として1分間が与えられます。その時間を使ってトピックを理解し、スピーチの内容をメモを作成しながら考えます。準備時間が経過すると、試験官のCan you start speaking now, please? などの指示でスピーチを始めます。スピーチ中はメモを見ることができるので、メモを効果的に作成し、活用できるようにしましょう。スピーチが2分を超えると試験官に止められますが、減点されることはありません。スピーチが終わると、試験官からスピーチに関連する質問が1つか2つあります。

〈パート2問題例（トピックカード）〉

> **Describe a time when you had to work very hard to achieve a goal.**
>
> **You should say:**
> > what the goal was
> > when this happened
> > what you did to achieve the goal
>
> **and explain why the goal was important for you.**

パート2問題例の訳

目標を達成するためにとても努力しなければならなかったときのことを話してください。
以下の内容を含めてください：
・目標は何だったのか
・それはいつのことか
・目標を達成するためにしたこと
そして、なぜその目標があなたにとって大切だったのかを説明してください。

トピックカードには、Describeの後にスピーチのトピックが指示されています。You should sayの後に、トピックに関連する5W1Hで始まる3つの簡単な質問が続き、最後に、理由の説明を求める質問が書かれています。

トピック

パート2では、日常生活での過去の出来事や将来のこと、あなたの国や地域に関するテーマが多く出題されます。
・... (a book, movie, TV programme ...) you like / have watched
　好きな / 見たことがある（本、映画、テレビ番組…）
・a time when you ... (got some help from someone, worked very hard to achieve a goal, gave someone some advice ...)
　（誰かに助けてもらった、目標を達成するためにとても努力した、誰かにアドバイスした）とき
・... (a place, building) you have visited / would like to visit　訪れたことのある / 訪れてみたい（場所、建物）
・a sports event, family occasion, happy day ...　スポーツイベント、家族との出来事、楽しい日…
・a person who ... (you like, admire, would like to meet, is important to you ...)
　（好きな、尊敬する、会ってみたい、あなたにとって大切な…）人
・an object / a thing ... (you really like, you bought recently, you would like to own ...)
　（とても好きな、最近買った、所有したい…）物 / 事

プランニング

トピックカードと一緒に紙と鉛筆が渡されます。その後の1分間を以下のように進め、スピーチの準備をします。

トピックを見て内容を把握する(5秒)
↓
スピーチのテーマを決め、書き出す(10秒)
↓
どのように話を展開するかを考え、言葉を書き出す(45秒)

トピックカードを見るときのポイントは3つです。
① トピック(何について話すことが求められているか)
② 時制(過去、現在、未来のどの時制でスピーチを組み立てればよいか)
③ 5W1H(what, who, where, when, why, how のどの情報を含めるか)

① トピックの単語が理解できない場合、あるいはタスクを確認したい場合は、直ちに質問しましょう。また、このテストはスピーキング力を測定するものであって、経験を問うものではありません。トピックに関する経験がなければ他の誰かの経験を話したり、面白かった映画を思い出せなければ悲しかった映画に話を切り替えたりしても、問題ありません。

② トピックカードで使われている動詞の時制に注目しましょう。話の中心が自分なのか第三者なのかによって、主語や動詞の活用にも注意しなければなりません。時制や動詞の活用には一貫性を持たせましょう。そのためにも、まずトピックカードを注意深く読み、正しく理解する必要があります。

③ トピックに記されている5W1Hの項目をできる限り多く含めたプランニングをします。しかし、項目が理解できなかったり、最適な答えが思い浮かばなかったりした場合、必ず全部の項目を含めなくても減点されることはありません。話しやすい内容でスピーチを展開し、2分間話し続けることに集中しましょう。

●**その他注意すべき点**
1分間で準備して1~2分間のスピーチをするのは、日本語でも簡単ではないことがあります。パート2のハードルが高いと感じたら、まず日本語で1~2分間スピーチすることにチャレンジしてみるのもいいでしょう。多くの受験者は、何を話せばいいかというアイデアを出すのに苦労するからです。5W1Hを意識しながら、最長で2分間話すことに慣れましょう。

詳しくない分野やどう表現していいか分からないことに固執すると、話をスムーズに進めることができなくなります。難しく考え過ぎず、自分が話しやすい方向に展開するための準備をしましょう。

特にパート2では、多くの受験者が事前に回答を考えて暗記しようとしますが、この方法はお勧めできません。試験官はこれを見分けるよう訓練されています。偽りのない成果を発揮できるよう、1分間の準備時間を効率よく使いましょう。メモなどを使ってアイデアをプランニングできるようにしましょう。

メモの取り方

メモの作成時間はたった1分間なので、まずトピックカードの内容を理解したら、頭に浮かぶものを単語で書き出していきましょう。メモを文で書こうとすると、全体の構成ができないままスピーチを始めることになりかねません。文ではなく、1〜2分間のスピーチを構成するためのキーワードを書き出すことに集中しましょう。

> Describe a time when you had to work very hard to achieve a goal.
> You should say:
> 　　　what the goal was　　質問①
> 　　　when this happened　　質問②
> 　　　what you did to achieve the goal　　質問③
> and explain why the goal was important for you.　　質問④

↓

〈メモ例〉

> Goal:
> ・what – a 4-day walk in the mountains　　質問①の答え
> ・when – last year, March　　質問②の答え
> ・what I did – walked around my house, took long walks sometimes, swam　　質問③の答え
> ・why – great holiday, personal achievement　　質問④の答え

メモ例の訳

目標：
・何を―山での4日間のウォーキング
・いつ―去年、3月
・何をしたか―家の近くを歩いた、時々長く歩いた、泳いだ
・なぜ―素晴らしい休暇、個人的達成

スピーチ構成について

スピーチを実際にどのように構成するかを見ていきましょう。パート2で良いスコアを取るためには、詳細な情報や説明を加えながらスピーチを展開することが必要です。また、スピーチを上手に展開するためには、論理的一貫性が重要であることも忘れてはなりません。聞き手がスピーチの内容を理解しやすいよう、新しい情報を紹介する場合はつなぎ語などを使い、話の転換が分かるようにしましょう。

まずは、良いスピーチ構成の例から見てみましょう。

〈良いスピーチ構成の例〉

質問① what the goal was の答え
One of my recent goals was to go on a 4-day walk in the mountains in the South Island. This is one of the famous walks in our country, and it is a very beautiful walk round some bays by the ocean.

質問② when this happened の答え
We did it last year, in March, and I planned for us to stay in hotels each night, so it was going to be a great holiday for my husband and me, but I needed to get fit enough to enjoy it first!

質問③ what you did to achieve the goal の答え
I did lots of physical training to prepare for this, starting with walking. At first, the route around my house was tough, and it took several hours, but finally I could do it easily in a much shorter time. At weekends I went for longer walks with my husband. We used to walk to the Botanical Gardens, which was a long way, but we stopped at a café when we got there, which was fun! In fact, the preparation was generally enjoyable, and I found I had much more energy as I got fitter. The exercise started to hurt my feet and legs, so I went swimming at 6 am three times a week! But it was worthwhile since my balance and stamina improved, which helped relieve those sore muscles.

質問④ and explain why the goal was important for you. の答え
Reaching this goal was important because I really wanted to go on that holiday. It was also a proud personal achievement. And of course I was a lot fitter in the end. I resolved to keep it up, but unfortunately, I haven't managed to. Still, I now know I could do it again if I wanted to.

良いスピーチ構成の例の訳

最近の私の目標の1つは、南島の山へ4日間のウォーキングに行くことでした。これは私たちの国で有名なウォーキングコースの1つで、海沿いの入り江を幾つか巡るとても美しいコースです。

実行したのは去年、3月のことで、毎晩ホテルに泊まる計画を立てたので、夫と私にとって素晴らしい休暇になるはずだったのですが、楽しむためにはまず十分に体を鍛える必要がありました。

この準備をするために、ウォーキングを手始めにずいぶん身体的トレーニングをしました。最初は家の周りのルートが大変で数時間かかりましたが、最終的にはずっと短時間で簡単にできるようになりました。週末には、夫ともっと長いウォーキングに出掛けました。遠くにある植物園までよく歩きましたが、到着するとカフェに立ち寄って、楽しかったです！ 実際、準備は全体的に楽しくて、鍛えられるにつれ、エネルギーがどんどん増えてくるのも分かりました。運動のせいで足と脚が痛み始めたので、週に3回午前6時に泳ぎに行きました。ですがバランスとスタミナが改善され、おかげであの筋肉の痛みが和らいだので、行っただけの価値はありました。

この目標に到達することが重要だったのは、どうしてもその休暇に出掛けたかったからです。また、誇りにできる個人的達成でした。それにもちろん、最後には体がずっと鍛えられていました。そのまま維持しようと決心しましたが、残念ながら成し遂げられていません。それでも今では、やろうと思えばまたできることは分かっています。

次に、悪いスピーチ構成の例も見てみましょう。

〈悪いスピーチ構成の例〉

> One of my recent goals was to go on a 4-day walk in the mountains in the South Island. This happened in March of last year. To prepare for this goal, I did a lot of exercise. I walked every day, and I gradually increased the speed and the distance I was walking. Some days we went on quite long walks. I also went swimming three times a week.
>
> This was an important goal for me because I wanted to have a great holiday with my husband, and I wanted to enjoy the walk and not be too tired. It was also a personal achievement for me.

悪いスピーチ構成の例の訳

最近の私の目標の1つは、南島の山へ4日間のウォーキングに行くことでした。これは去年の3月に実現しました。この目標に向けて準備するため、運動をたくさんしました。毎日歩き、徐々に歩く速さと距離を増やしました。かなり長く歩いた日もありました。週に3回水泳にも行きました。

これが私にとって重要な目標だったのは、夫と素晴らしい休暇を過ごしたかったから、そして、疲れ過ぎずにウォーキングを楽しみたかったからです。またこれは、私にとって個人的達成でもありました。

▶良いスピーチ構成の例と悪いスピーチ構成の例の比較

例えば、最初の文のキーワードは「4日間のウォーキング」で、どちらも in the mountains in the South Island (Where) が付け加えられています。しかし、その後を見ると、良いスピーチ構成の例ではそのウォーキングがどのようなものか (What) が付け加えられ、より詳しい情報が与えられていることによって、話に広がりが出ています。

トピックカードの項目について淡々と事実だけを並べるのではなく、良いスピーチ構成の例のように、5W1H(「いつ」「どこで」「誰が」「何を」「なぜ」「どのように」)を意識しながらキーワードにより多くの情報を追加していくことで、スピーチがより濃いものになります。特に how は how much (程度)、how many (数)、how often (頻度)、how long (期間) などの展開をすることができます。例えば、how many だけを取っても、how many days (何日)、how many people (何人)、how many times (何回) などに広げることができます。

悪いスピーチ構成の例は確かにトピックカードの項目に答えていますから、話がずれているわけではありません。しかし、項目に対してただ機械的に答えているだけで、それぞれがほとんど展開されていません。一問一答のように各項目に答えるのではなく、具体的な説明やエピソードなどを交えながら1〜2分間スピーチをすることが重要です。

文法、語彙を使いこなす（正しい語彙・慣用句を使う）

文法

幅広い文法を使うことは、高得点を狙うキーポイントの1つです。以下の文法の形はすぐに作れるようにしましょう。

- 現在形：I like the mix of humour and emotions; I always cry when I watch.
  （ユーモアと感動が組み合わさったものが好きです。見るといつも泣いてしまいます。）
- 過去形：I went to the cinema to see this 3 years ago.
  （3年前にこれを見るために映画館に行きました。）
- 過去進行形：I was studying at university at the time.
  （当時私は大学で勉強していました。）
- 現在完了形：I have seen it at least 10 times now.
  （今では少なくとも10回はそれを見ています。）
- 未来形：My favourite movie will be on TV tonight.
  （私の大好きな映画が今夜テレビで放送されます。）

語彙

スピーキングのスコアの25%は語彙力です。語彙の幅を広げれば、良いスコアを取ることに役立ちます。また、幅広い語彙や表現を活用することによって、アイデアをよりはっきりと正確に表現することができ、〈話の流暢さと論理的一貫性〉のスコアをアップすることにもつながります。しかし、知っている高度な単語をやみくもに使うのではなく、正確に使う必要があります。コミュニケーションの試験ですから、聞き手に意見や話が伝わらなければ意味がありません。

▶ **慣用的な表現**

スピーキングでは、フォーマルな書き言葉よりも慣用的な表現の方がより適切です。
フォーマルな書き言葉 ⇒ 慣用的な表現
例　furthermore ⇒ also, therefore ⇒ so, for the reason that ⇒ because

▶ **スピーチの最初に使うフレーズ**

スムーズに話し始められそうなら、いきなり本題に入っても問題ありませんが、話し始めが難しい場合は、以下のようなフレーズを使ってみましょう。
OK then, I'd like to talk about ...
I'm going to tell you about ...
I'm going to describe ...

▶ **言い換えのフレーズ**

英語を話していると、使いたい特定の単語を思い出せないことがあります。これは自然で、誰にでも起こり得ることです。特定の単語を思い出せなくても、伝えたいことを何とか説明しましょう。その際、「言い換え」は重要なスキルです。以下のようなフレーズを使って言い換えをすることができます。
It's like a ...
It's something you use to ...
It's a way of ...
It's a place that ...
It's a kind of ...

▶使えるテクニック
・幾つかの事柄を列挙することも効果的です。話の転換が分かるようにしましょう。
  例 firstly, secondly, finally
・前に出てきた名詞の代わりにさまざまな代名詞を使います。
  例 I was very happy to receive this award, and I thanked my colleagues. Without **them** I would not have been considered for **this**.
・同義語や代用語を使います。
  例 I think **famous people** deserve a private life. But the fact is **celebrities** also sell newspapers.

▶注意点
和製英語に注意しましょう。また、正しい品詞やコロケーションを使えているか確認しましょう。例えば、以下の文に含まれる間違いを見つけられるでしょうか。

1　I am a salary man.
2　The measures improve the economical situation in the region.
3　The weather is not very well.

修正箇所は以下の通りです。
1　salary man は和製英語なので、an office worker に訂正する必要があります。
2　economic（経済の）と economical（無駄遣いをしないで経済的な）の使い分けに混乱が見られるケースです。似た単語の意味や活用法の違いを正しく理解しておくことが大切です。
3　weather は well ではなく good と結び付くので、The weather is not very good. となります。

▶発音
日本人受験者の中には、全ての文末の音が上がっている人がいます。文末は下がり、強調したい箇所の音が上がるのが原則だと念頭に置きましょう。

最後の質問

スピーチが終わると、試験官はスピーチに関連する質問を1つか2つします。それらには2、3文程度、10～15秒程度で答えるようにしましょう。

質問① **Do you enjoy going to the cinema?** （映画館に行くのは好きですか。）

回答例A I used to, but now, I prefer to watch foreign TV dramas on DVD at home on my day off as I can enjoy spending time alone without having to worry about other people.
（以前は好きでしたが、今は、休みの日に家で外国のテレビドラマのDVDを見る方が好きです。他の人のことを気にする必要なく一人の時間を過ごすのを楽しめるからです。）

回答例B I enjoy going to the cinema to see the latest films because the atmosphere of the cinema is really relaxing. As I said earlier, I'm a big fan of comedy films.
（映画館の雰囲気がとてもくつろげるので、最新の映画を見に映画館に行くのが好きです。先ほど言ったように、コメディー映画の大ファンです。）

⇒回答例Aは対比を使って過去と現在を比べながら、現在の話に答えを展開しています。それに対して、回答例Bは端的に質問に答え、その後、理由を付け加えて答えをより具体的にしています。

質問② **How often do you eat out?** （どれくらいの頻度で外食しますか。）

回答例A I eat out twice a week on average. The more you eat out, the more likely you are to gain weight so I have to be careful.
（平均して週2回外食します。外食すればするほど太る可能性が高いので、気を付けなければなりませんが。）

回答例B Once in a blue moon, I eat out. I mostly cook for myself because it is quite expensive to eat out but unfortunately, I'm not a good cook.
（外食はめったにしません。外食はかなりお金がかかるのでほとんど自炊しますが、残念ながら料理は上手ではありません。）

⇒どちらの答えもまず頻度が分かる言葉を使って質問に端的に答え、個人的な考えを付け加えることで答えを展開しています。

質問③ **When did you first go abroad?** （初めて外国に行ったのはいつですか。）

回答例A As far as I remember, when I was seven, I went to Guam with my family. We enjoyed marine sports such as diving, kayaking and fishing.
（覚えている範囲では、7歳のとき家族とグアムに行きました。ダイビング、カヤック、釣りなどのマリンスポーツを楽しみました。）

回答例B Last summer, I spent four weeks to study in Washington, D.C., which was my first time to go overseas. That was an incredible experience and one I will never forget.
（去年の夏、勉強するためワシントンD.C.で4週間過ごしましたが、それが初めて行った海外です。信じられないほど素晴らしい経験で、この経験は決して忘れないでしょう。）

⇒いつなのかという質問に対して、どちらの回答例も端的に答え、その次に体験を交えながら話をより具体的なものにしています。

・質問に答えるときの注意点やコツなど
基本的にパート1と同じ考え方で質問にアプローチするとよいでしょう。まずは端的に答え、続けて具体例や体験などを交えながら答えを展開しましょう。もちろん、すぐに答えられない質問でも時間を稼ぎ、何かしら答える姿勢を見せましょう。

PART 2 実践問題

🎧19

Describe a city you would like to visit one day.

You should say:
　　which city this is
　　who you would like to go with
　　what you would like to do there
and explain why you would choose this city to visit.

You will have to talk about the topic for one to two minutes.
You have one minute to think about what you are going to say.
You can make some notes to help you if you wish.

→質問とサンプルアンサーのスクリプトは別冊p.62〜63に掲載。音声はトラック22に収録。

PART 3対策

パート3とは？

問題形式

パート2が終わると、スピーキング試験の締めくくりであるパート3に移ります。パート3の質問は通常パート2のスピーチのトピックに関連するもので、抽象的な内容の質問が多く、最も難易度の高いパートと言えます。パート3は普通2つか3つのサブカテゴリーで構成され、試験官は受験者の答えを聞き、受験者の発言内容に応じてディスカッションを先導します。

〈パート3問題例〉

Weddings and marriage in general
- What is the best age for a person to get married?
- What kind of things should young people do before they get married? [Why?]
- Do you think people should get married again if their first marriage is not successful? [Why/Why not?]

パート3問題例の訳

結婚式と結婚一般
- 人が結婚するのに最適な年齢は幾つですか。
- 若者は結婚をする前にどんなことをすべきですか。［なぜですか。］
- 最初の結婚がうまくいかなかった人は再婚すべきだと思いますか。［なぜですか。］

ディスカッションとは

パート1は個人的な好みや考えに関する質問が中心ですが、パート3のディスカッションでは、より論理的に話を組み立てることが求められます。社会的なテーマに関する意見や主張を述べることが求められ、それを具体例や経験などを交えながらサポートすることがより重要となります。さらに、質問で使われる文法や構文も複雑なものが多く、質問を正確に理解するための準備が必要です。1つの返答につき約50語、約30秒を目安と考えればよいでしょう。

日本語で同じ質問をされたとしても、即答するのが難しい質問もあります。日常的に英字新聞、BBCやVoice of Americaなどのニュース番組などを活用して英語で時事問題に触れ、意見を簡潔にまとめる練習をしましょう。大切なのは、意見が正しいか間違っているかではなく、意見を論理的に組み立てて発言することができるかどうかです。また、練習を録音すると、スピーキング力を客観的に把握でき、自分の強みと弱みをよりよく理解することができます。そして、もっと適切な文法や語彙、表現などを使うことができないか確認しましょう。

トピック

パート3では、パート2のトピックに関連し、さらに内容を発展させたより深い質問がされます。以下がよく出題されるトピックです。

パート2のトピック	パート3のトピック
a movie you enjoyed （面白かった映画）	the place of movies in our lives; changes in movie watching （私たちの生活における映画の位置；映画鑑賞の変化）
your ideal job （理想の仕事）	employment and careers; planning for a career （仕事と経歴；キャリアプランニング）
a time when you learned something new （新しいことを学んだとき）	education styles; changes in education （教育スタイル；教育の変化）
a person you admire （尊敬する人）	personal qualities that others admire; personal reputation （他人が尊敬する個性；個人的な評判）
a piece of clothing that you enjoy wearing （着るのが好きな服）	fashion and the fashion industry （ファッションとファッション産業）
a journey that you remember well （記憶に残る旅行）	tourism and changes in travel （観光産業と旅行の変化）
a festival that is important in your country （あなたの国で重要な祭り）	tradition and culture （伝統と文化）
an important year in your life （あなたの人生で重要な年）	decision making and choices （意思決定と選択肢）

質問タイプ

パート3の質問タイプは主に以下の6つに分類できますが、他のタイプが出題されることもあります。

1 列挙：通常、ディスカッション開始時に問われます
例 What factors are important in raising children?

2 比較：高齢者と若者、男性と女性、過去と現在など
例 Do you think young people and elderly people have different attitudes toward new technology?

3 将来の変化の推測：テクノロジー、コミュニケーションなど
例 How do you think communication will change in the future?

4 意見を述べる：〜と考える人もいますがあなたは同意しますか
例 Some people think manners should be taught at home. Do you agree with that?

5 理由を述べる：一般的な事柄についての理由
例 Why do you think online shopping is so popular?

6 変化について述べる：これまでの変化、これからの変化など
例 How have families changed over the years?

> 答え方のコツ

少し長い返答が求められるパート3では、抽象的な答えと具体例をうまく使い分けて表現するのが効果的です。自分の意見を述べるのはもちろんですが、それに理由や具体例などを付け加え、さまざまな方法で回答をサポートする必要があります。以下の回答例を参考にして、それぞれの質問タイプに対してどのように回答を構成しているかを確認しましょう。

1 列挙

What factors are important in raising children?
(子育てで重要な要素は何ですか。)

I don't have any kids so this is not easy to answer. But I suppose there are plenty of important factors. First of all, adults should focus on children's strengths rather than point out their weaknesses as it helps to build confidence. It is also important for adults to be a good moral role model. Children learn ethical values and behaviours by watching the actions of adults.

(私は子どもがいないので、簡単には答えられません。ですが、重要な要素はたくさんあると思います。第一に、子どもに自信をつけさせる助けとなるため、大人は子どもの弱点を指摘するより、彼らの長所に注目するべきです。大人が道徳上の良い手本になることも重要です。子どもは、大人の行動を観察することで倫理的価値と振る舞い方を学びます。)

⇒最初に少し抽象的に答えて含みを持たせています。列挙することが求められているので、First of allやalsoなどを使って、列挙している構造を聞き手に伝えます。

列挙で使える表現

Firstly（第1に）/ Secondly（第2に）/ Thirdly（第3に）/ one（1つ）/ another（別の）/ in addition（加えて）/ for example（例えば）/ for instance（例えば）

2 比較

Do you think young people and elderly people have different attitudes toward new technology?
(若者と高齢者は新しいテクノロジーに対して違う考え方を持っていると思いますか。)

It depends on the individual. But generally speaking, yes, they have somewhat different attitudes. For example, young people are more likely to be open to new technologies than older people and many think that the elderly are technophobic. On the other hand, I feel more and more seniors are using the Internet or new technology, which means the attitudes of older people to new technology are changing.

(人によります。ですが、一般的に言って、はい、若者と高齢者は少し違う考え方を持っています。例えば、若者の方が高齢者よりも新しいテクノロジーを進んで受け入れる可能性が高く、高齢者はテクノロジー恐怖症だと多くの人は思っています。一方、インターネットや新しいテクノロジーを使うお年寄りがどんどん増えていると感じますが、それは、新しいテクノロジーに対する高齢者の考え方が変化していることを意味しています。)

⇒比較が求められている場合は、うまく比較表現が使えることを示しておくとよいでしょう。

比較で使える表現

rather than ...（…よりむしろ）/ prefer A to B（BよりAの方が好きだ）/ superior（より優れた）/ more ... than any other 〜（他のどの〜よりも…な）

3 将来の変化の推測
How do you think communication will change in the future?
(コミュニケーションは将来どのように変化すると思いますか。)

I don't know but I guess virtual communication is likely to continue to play a pivotal role in our daily lives and business. Also, language barriers will be less imposing. Technological advances, perhaps, will allow people from different countries and cultures to communicate without the need for an interpreter.
(分かりません、ですが、おそらくバーチャルコミュニケーションが私たちの日常生活と仕事において決定的な役割を担い続けるだろうと思います。また、言語障壁はそれほど大きなものではなくなります。テクノロジーの進歩によって、さまざまな国と文化の人が、通訳を必要とせずに意思を通じ合わせることができるようになるかもしれません。)

⇒将来の推測を述べるには、推測に関する表現をうまく活用する必要があります。2つほど例を紹介しながら推測を説明しましょう。

推測で使える表現
It's unlikely that ... (…はありそうもない) / My guess is that ... (私の推測では…だ) / I expect ... (…だろうと思う) / I'm pretty confident that ... (…だとかなり確信している) / It seems that ... (…と思われる) / It's probably ... (それはおそらく…だ) / I imagine ... (…と思う) / I don't suppose ... (…と思わない) / may ... (…かもしれない)

4 意見を述べる
Some people think manners should be taught at home. Do you agree with that?
(礼儀は家庭で教えるべきだと考える人がいます。その考えに同意しますか。)

I totally agree. Although some argue that good manners should be taught in school as part of the school curriculum, it should not be their primary responsibility. Instead, mums and dads should be mainly responsible for instilling values in children and families are the best teachers of manners.
(全面的に同意します。礼儀は学校のカリキュラムの一環として学校で教えるべきだと論じる人もいますが、それは学校の第一の責任事項であるべきではありません。そうではなく、母親と父親が子どもに価値観を教え込む主要な責任を担うべきですし、家族は礼儀を教える最良の教師です。)

⇒賛成か反対を述べることが求められる質問では、対比の構造を使いながら意見をまとめると効果的です。

対比で使える表現
but (しかし) / however (しかし) / on the other hand (一方では) / by comparison (それに引き換え) / in contrast (それとは対照的に) / while ... (…のに) / whereas ... (…であるのに) / although ... (…だけれども) / in spite of ... (…にもかかわらず)

5 理由を述べる

Why do you think online shopping is so popular?
(オンラインショッピングがこんなにも普及しているのはなぜだと思いますか。)

There are a couple of reasons why online shopping has become so popular. One of the main reasons is convenience. It is easier for you to switch stores and products by clicking a button rather than travelling to a new store. Another very important aspect is you can choose from a huge selection of products.
(オンラインショッピングがこんなにも普及した理由は幾つかあります。主な理由の1つは、便利さです。新しい店に足を運ぶより、ボタンをクリックして店と商品を切り替える方が楽です。もう1つのとても重要な側面は、膨大な品ぞろえの商品から選べることです。)

⇒理由を述べる場合も、幾つか理由を挙げることで話の展開が容易になります。

理由を述べるときに使える表現

Because ...(なぜなら…)/ It's because ...(それは…だからだ)/ The main reason why I think so is that ...(私がそう考える主な理由は…)/ The reason for this is ...(この理由は…だ)/ because of ...(…のために)/ due to ...(…が原因で)/ as a result of ...(…の結果として)/ as a consequence of ...(…の結果として)

6 変化について述べる

How have families changed over the years?
(年月を経て家族はどのように変化しましたか。)

I think families have been changing in many ways. Families have become more diverse and the number of traditional families has decreased. Typically, the average household size has declined. One possible reason for this is the proportion of women entering the labour force has increased and this has led them to postpone having children. Moreover, many young people nowadays live apart from their parents and move to cities because of potential opportunities.
(家族は多くの点で変化してきていると思います。家族はより多様化し、伝統的な家族の数は減りました。概して、平均的な世帯人数が減少しました。考えられるその理由の1つは、労働力に参入する女性の割合が増え、子どもを産むのを遅らせる結果になっていることです。さらに、今日の多くの若者は親と離れて暮らし、潜在的機会を理由に都会に移っています。)

⇒変化について述べる場合は時制に注意しましょう。過去形、現在形、現在完了形などをうまく使いながら変化を説明する必要があります。

時制に関するよくある間違い

時制の中でも、過去形と現在完了形の使い分けを正しく理解しておく必要があります。例えば、現在完了形を使った the number of traditional families has decreased では、過去の一点から現在までの減少について述べていますが、過去形で the number of traditional families decreased と表現すれば、過去のある一点で減少した事実のみが伝わってしまいます。過去から現在までの変化を表したいときは現在完了形を使うとよいでしょう。反対に、例えば the number of traditional families decreased from 1980 to 2010 のように、過去のある時点で完結していることについては現在完了形は使いません。また、現在完了進行形は、過去から現在まで継続していることを示し、さらに今後の継続を示唆するときに使いましょう。

パート3でよく使う表現

▶ **時間を稼ぎたいときの表現**

時間を稼ぐために、「あのー」「えっとー」などと日本語で言うのは避けましょう。その代わり、アイデアがすぐに出てこない場合は、以下のような表現を使いましょう。

Well(えー、うーん、そうですね)

Let me see(えーと、そうですね)

As far as I remember [know](私が覚えている [知っている] 限りでは)

▶ **分からないときに使える表現**

質問のトピックには、あまり知識がないものや、それまで考えたことがないものもあるかもしれません。IELTSは知識を測るテストではないので、そのような場合は、分からないことを前提で自分の考えを話してみましょう。以下はそんなときに使用できる表現です。

I'm not quite sure what to say here(ここでどう言えばいいのかよく分かりません)

I've never really thought about it(それについて実際に考えたことはありません)

I'm not sure exactly but ...(必ずしも確信はないのですが…)

That's a rather difficult question, but ...(それはかなり難しい質問ですが…)

I'm sorry I don't know much about this topic but ...(あいにくこのトピックは詳しくないのですが…)

That's quite a difficult question to answer(それは答えるのがかなり難しい問題です)

I am not an expert on ..., but I 〜(私は…の専門家ではありませんが、私は〜)

▶ **覚えておくと役に立つ表現**

定型の答えを覚えても試験官に見抜かれるので、あまりお勧めしません。しかし、いざというときに以下の表現を使って自分なりの回答を作成できるようにしておくことは大切です。

to put it in a nutshell(手短に言えば)

to be honest(実を言うと)

What I'm trying to say is ...(私が言おうとしているのは…です)

I daresay ...(おそらく…)

conversely(逆に)

in other words(言い換えると)

on the whole(全体的に)

consequently(その結果)

for this reason(この理由で)

▶ 意見を述べる、サポートする

意見を展開するときには、幅広い方法で意見を述べたり、サポートをしたりする必要があります。以下の表現を押さえておきましょう。

〈意見を述べる〉

I believe [suppose, reckon, guess] ...（…と私は考えます、…と私は思います）
I am sure that ...（…だと私は確信しています）
I'm absolutely convinced that ...（…だと私は完全に確信しています）
In my opinion [view]（私の意見では）
My point of view is that ...（私の考えは…です）
The most important thing is ...（最も重要なことは…です）
It is highly likely that ...（…である可能性は極めて高いです）
There is no doubt that ...（…であることに間違いありません）
I have no doubt that ...（…であることは間違いないと思います）

〈一般論を引き合いに出し、それに反論して自分の主張につなげる〉

Generally speaking, ... but 〜（一般的に言って…ですが〜）
In general, ... but 〜（一般には…ですが〜）
Many people think that ... but 〜（多くの人は…と思っていますが〜）

〈意見などを引用する〉

According to an article I read,（私が読んだ記事によると）
X said that ...（Xは…と言いました）
According to a study by ...,（…の研究によると）

〈体験について話す〉

In my experience,（私の経験では）
When I was ...,（私が…だったとき）
A couple of years ago,（2、3年前）

〈スピーキング全体についてのアドバイス〉

パート1はテーマが日常的なので話しやすく感じる受験者も多いですが、どのように答えを展開すればよいか、どのように表現すればよいかという2つの点でつまずく受験者もいます。日ごろの会話を能動的に展開することを習慣付ければ、答えの展開についてのアイデアが出てくるようになります。

多くの受験者にとって、パート2がまず大きな関門です。2分間英語を話し続けた経験のある受験者は多くありません。日本語だったとしても、事前準備をしていないテーマについて2分間話すのは容易ではないでしょう。慣れない間は、150語から200語で答えを文章にしてみることをお勧めします。

パート3では表現力がより問われます。複雑な質問を正しく理解するのが難しいこともあります。表現力を強化するには、より幅広い文法を使えるようにトレーニングしたり、イディオム集などで語彙を増やしたりすることが必要です。

PART 3 実践問題

🎧 20

Discussion topics:

Admirable people in general
- What qualities make a person admirable?
- Do you think that men and women tend to respect different qualities? [Why/Why not?]

Media and admirable people
- Do you think that the media has a big influence on the qualities that people admire? [Why/Why not?]
- Do you think that the influence of the media will change in the future? [Why/Why not?]

→質問とサンプルアンサーのスクリプトは別冊p.64〜65に掲載。音声はトラック23に収録。

IELTS学習アドバイス

K.I. 20歳 女性

オーバーオール：6.5
リスニング：6.5
リーディング：7.0
ライティング：6.0
スピーキング：5.5

Listening 5分や10分の短い時間でもいいので集中して英語を聞く時間を設けるとよい。意外と見逃しがちな細かい単語や数字を聞き取ることができるようになる。BBCの英語学習者向けの6 Minutes Englishがおすすめ。集中的に英語を聞くことに加えて、食事中やリラックスしているとき等に英語を流しておくと、英語のテンポや流れがわかるようになる。また、自分の関心のあるトピックに関するニュースやトークを聞いてみるのも、モチベーションを維持するのによい。

Reading 英字新聞の記事を毎日最低一つは読み、特にわからない単語があっても推測しながらテンポよく内容を読み取れるように心がけることで、読解力をあげることができる。わからない単語は一通り読み終えた後に調べて、例文を参考にしながら覚えると記憶に残りやすい。また、数多くの英文を読みこなすことで、どの単語を覚えるべきでどの単語を推測するべきかわかるようになる。

Writing あるトピックに関して5分間で自分の考えを蜘蛛の巣状に書き出していくブレインストーミングを毎日行うとよい。そうすることで一つのトピックに対していろんな論点が思いつくようになり、論文の内容を発展させることに役立つ。毎日一つのトピックに関してエッセイを書くようにし、英語が母語の人にチェックしてもらうとよい。ネイティブでなければわからない微妙なニュアンスの違いがわかる。

Speaking 英語を母語とする人と話すことで、正しい英語の表現をその場で教えてもらうこともできるし、相手の話し方を真似して自分のものにすることもできる。また、日頃から自分の言いたいことを英語にして考えたり人に伝えたりすることで表現力が身につく。英文を読む際に音読することを心がけることで、正しく発音する練習になるだけでなく、英語の様々な表現や言い回しを身につけることができる。

A.K. 21歳 女性

オーバーオール：7.0
リスニング：6.5
リーディング：9.0
ライティング：6.0
スピーキング：6.5

Listening 日常的な英語に慣れるため、イギリスアクセントのある映画を見て内容を理解し、また、TEDやBBCを利用することによって学術的な部分を強化していました。

Reading 普段から様々なジャンルの文章を読むように心掛け、ただ読み流すだけではなく、自身にどれだけ文章内容が理解できているかを問いかけるようにしていました。また、受験中は文章に取り組む前にあらかじめ質問を把握することによって、文章の内容や、必要な部分が特定しやすくなり、それを用いて時間短縮を図っていました。

Writing まずあらかじめ自身の考えの筋道を問題用紙に書き出し、それを基にすることで議論をスムーズに展開することができます。

Speaking まず、英語の会話に慣れるべく、できるだけ英語だけで話し合おうという試みをしてみたり、映画鑑賞中に気になる表現があればそれをその場で発音することによって語彙を増やしたりしていました。Part 2の対策として常日ごろから様々な分野に興味をもち、また、テスト対策として、自身の意見を英語でその場で口にして表現するということを行っていました。

IELTS学習アドバイス

Hinako Takeuchi　22歳　女性

オーバーオール：8.5
リスニング：9.0
リーディング：9.0
ライティング：7.0
スピーキング：8.0

Listening　リスニングはできるだけ楽しく学ぶべきだと思います。Section1は、会話が多いので、映画やテレビシリーズなど見ていると、聞く力が身につきます。Section2は、BBCラジオやインターネットでイギリスの大学講義を聞くといいと思います。全てを聞き取るのではなく、最初は大まかな内容、次聞くときはもう少し、と少しずつ慣れる練習をすればいいと思います。

Reading　時間があれば日頃からBBCニュースの記事を読んで理解する練習をすればいいと思います。ない場合は、練習問題を数回繰り返し、時間内に終わる練習をしてください。文章構造にも注意すれば、ライティング力の向上にも繋がります。リーディングは、練習しかないと思います。問題にはパターンもあるので、練習問題をたくさんこなして、パターンを身につけるしかないと思います。

Writing　Task1は、IELTSの問題集に書かれてある文章構造を丸覚えしてください。構造に基づいていないと、点数が引かれる場合があります。20分以内で問題を読んで答える練習をしてください。Task2は、Task1よりも点数配分が大きいです。時間をかけて答えるべきですが、時間をかけすぎないようにしてください。最後に見直しできる時間を10分ほど取ると良いです。

Speaking　Part1は、できるだけ外国の方と会話をすることをおすすめします。間違えても大丈夫です。会話なので完璧である必要はありません。練習を続けて、本番では自然に話してみてください。Part2は、英字新聞を声に出して読み、それについて5分ほど話す練習をしてください。鏡の前や、友達の前で話す練習をするといいです。また、自分の声を録音して聞きなおすのもおすすめです。

Y.W.　23歳　男性

オーバーオール：7.5
リスニング：7.0
リーディング：8.5
ライティング：6.0
スピーキング：7.5

Listening　"聞こえているが理解していない"部分を繰り返し聞いて理解を深める。"聞きとれていない"部分はシャドーイング、ディクテーションで鍛える。

Reading　基本的な読解力を構文読解や文法学習（＋単語学習）で習得する。スキミング（素早く必要な個所や単語を見つける）力を問題演習で鍛えることがおすすめです。

Writing　ライティングの問題の答えなどに書いてある表現、接続詞や理由に関する表現を自分なりに使えるように書く練習をすること。トピックに関する単語（educationやenvironment等）を覚えるのが効果的です。

Speaking　自分の身の周りのこと（仕事、友達、夢等）を実際に説明する。表現しきれなかった部分を調べて学習していくことで表現力を身に付けていく。

模擬試験

LISTENING ··· 150
READING ·· 156
WRITING ·· 168
SPEAKING ··· 170

LISTENING

SECTION 1 Questions 1–10

Complete the notes below.

Write **NO MORE THAN TWO WORDS AND/OR A NUMBER** for each answer.

MARINA RESTAURANT AND RECEPTION ROOMS

Example	Answer
• Internet advertisement for	*casual* staff

- Jobs available: **1** ....
- Duties: wash dishes

    help the chef

    2 prepare .... and other cold food
- Availability: **3** Saturday, Sunday and .... nights
- Hourly adult rate: **4** $ ....
- Start time: **5** at .... p.m. (meal provided beforehand)
- Uniform: (own) strong shoes, shirt, trousers;

    6 (supplied) apron and ....
- Start date: **7** 14th ....
- Appointment: **8** Lola .... 4.30 p.m. Thursday
- Bring: **9** CV and ...., if available

    10 passport and .... number

150

SECTION 2   Questions 11–20

Questions 11 and 12

*Choose the correct letter, **A**, **B** or **C**.*

11 The zoo site was gifted to the city in

    A 1950.
    B 1902.
    C 1860.

12 The zoo was originally designed for

    A the preservation of endangered animals.
    B scientific research.
    C entertainment.

Questions 13–16

Label the map below.

*Write **NO MORE THAN TWO WORDS** for each answer.*

Zoo

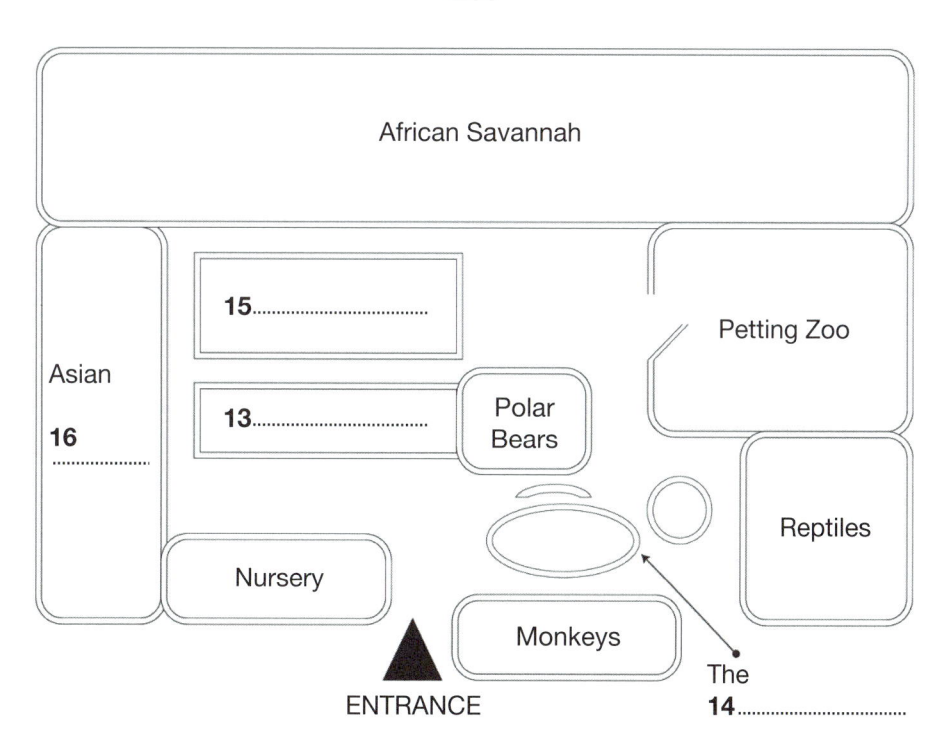

- African Savannah
- Asian **16** ....
- **15** ....
- **13** ....
- Polar Bears
- Petting Zoo
- Reptiles
- Nursery
- Monkeys
- ENTRANCE
- The **14** ....

Questions 17–19

Choose **THREE** letters, **A-G**.

Which **THREE** animals can be found in the children's petting zoo?

A cats

B goats

C hens

D pigs

E rabbits

F sheep

G dogs

Question 20

Choose the correct letter, **A**, **B** or **C**.

The DVD will show

A the young zoo animals.

B the history of the zoo.

C endangered animals.

SECTION 3   Questions 21–30

Questions 21 and 22

*Choose the correct letter, **A**, **B** or **C**.*

21 June is with the counsellor because

    A she is under stress from course work.
    B she didn't do well in her exams.
    C she is struggling with course assessment.

22 The counsellor suggests that the purpose of exams is

    A to test students' personal ability.
    B to test students' self-control.
    C to assist students in the outside world.

Questions 23 and 24

*Choose **TWO** letters, **A-E**.*

June should make summaries of which **TWO** of the following sources?

A PowerPoint presentations

B lecture notes

C information from the Internet

D journal articles

E explanations and examples

Questions 25–30

Complete the notes below.

Write **NO MORE THAN TWO WORDS** for each answer.

To prepare for exams:

- make summaries of summaries
- begin revising before lectures end
- attend **25** _____ (prepare **26** _____ beforehand)
- set goals (50% pass in everything)
- focus on **27** _____
- get exam schedule & make study plan for each day but also plan time for **28** _____
- familiarise myself with the **29** _____ of each exam

NB Multiple choice relies on recognition, not **30** _____ , so study the subject extensively, not intensively.

SECTION 4 Questions 31–40

Questions 31–34

Complete the summary below.

*Write **NO MORE THAN TWO WORDS** for each answer.*

A feral animal lives in the wild after coming from a **31** .... environment. Camels were brought to Australia primarily for transport. They carried people, supplies and construction **32** .... into the arid inland areas. The camels were imported from China, Mongolia, Arabia and India. Because of their size and strength, the Indian ones were used specifically for transporting **33** ....

Eventually, the camels were replaced by trains and cars and so they were released into the wild. Now they are very common in **34** ....

Questions 35–40

Complete the notes below.

*Write **NO MORE THAN TWO WORDS OR A NUMBER** for each answer.*

Problems caused by feral camels
— roam over large areas eating all kinds of plant material
— can drink enormous amounts of water: **35** .... litres in 3 minutes
— damage sensitive areas and threaten the survival of native species
— damage water holes that are **36** .... for Aboriginals
— enter **37** .... and destroy domestic facilities such as bores and tanks
— damage farm property, e.g. fences, **38** .... and water troughs
— carry disease and cause accidents
— produce methane
Feral camels as a resource
Camel meat is exported and also used by the **39** .... trade.
They can be captured, domesticated and used in tourism for **40** ....

READING

READING PASSAGE 1

You should spend about 20 minutes on **Questions 1–13**, which are based on Reading Passage 1 below.

Making sense

Recent research suggests that gender affects how we see the world and how we operate within it.

A According to the results of new research into vision carried out at the City University of New York (CUNY), there are marked differences in the way that men's and women's brains process visual data. Israel Abramov of CUNY stated that the experiments relate to specific sets of thalamic neurons in the brain's primary visual cortex, which appear to be gender related. The development of these neurons is influenced by the male sex hormones during foetal growth early in pregnancy. Although Abramov can successfully explain the process that leads to the difference, he is at a loss to know what evolutionary motive there might be for the variance.

B These results should not surprise us, as there are also differences in the senses of hearing and the olfactory system. Previous studies have revealed that in women, these senses are more sensitive to various stimuli in the environment than in men. Women can hear higher-pitched sounds and, when listening, they show activity in the temporal lobe across their whole brain, whereas men generally show activity exclusively in the left hemisphere of the brain. Likewise, research indicates that odours activate a larger region of the brain in females, and they are more sensitive to and are able to differentiate and categorise subtle distinctions in aromas better than males, although the structure of the nose is the same and they have the same number of receptors.

C At CUNY, when subjects with 20/20 sight and normal colour vision were asked by researchers to describe different colours, it was discovered that the males needed a slightly longer wavelength of a colour to detect the same shade as females, and that men were not as good at discriminating between shades. Also, in measuring sensitivity to contrast, the volunteers were shown images of light and dark bars of varying widths that alternated in colour so that they seemed to flicker. The men were better at recognising images that changed faster and were composed of thinner bars.

D Earlier studies carried out at the University of Southern California revealed that males and females focus differently as well. The researchers discovered that when focussing on a speaker, a man will fixate on the lips of the person, but he is liable to divert his focus to any action taking place behind the person, for instance a passing pedestrian or vehicle. Women, however, seem to alternate between looking at the other person's eyes and body, and they are apt to be distracted by other people. Why the difference? Former studies showed that women are better able to interpret nonverbal communication; it stands to reason that, by taking in more of the body with their eyes, they can garner more information about the speaker. It could be said that women pay more attention to the social nature of the setting whereas men are more drawn to shifts in motion and speed. The fact that men do not discern, or have trouble decoding, nonverbal cues leads to each sex constantly misconstruing the other's signals. A man may read a friendly smile as a piece of coquetry, for example, whereas a woman might wrongly identify a furrowed brow as a sign of anger rather than as an expression of concentration.

E   It has been known for some time that men's and women's brains are wired differently. Back in the 1980s, however, it was thought that boys and girls were born with the same brains but the environment they grew up in would determine any differences. It is true that boys and girls are still socialised differently, but psychologist Diane Halpern believes that many of the cognitive differences are biologically innate. For instance, even looking at different age groups and cultures, it has been proved that men have better visual-spatial skills — such as rotating an object in their minds, judging angle orientation, and navigating by points of the compass.

F   On the other hand, it is also acknowledged that women are more fluent verbally, and they are better at remembering objects and therefore navigate by landmarks. Halpern is at pains to point out that having different skills is not the same as having different levels of intelligence. She will not be drawn into a debate over whether one gender is smarter than or superior to the other. In fact, there are a fair few myths out there with regard to gender differences. You might have heard it said that boys are better at mathematics, but Halpern explains that any difference is context dependent. In more gender-equal societies, 'the male advantage in math disappears', she says. Social context, economics and other environmental influences all have a bearing.

G   If the playing field is level and neither gender is more gifted, how do we account for the fact that more than ninety per cent of CEOs are men and more than ninety per cent of secretaries are women? Halpern explains that women do most of the nurturing in society, such as looking after children and taking care of the elderly; therefore, they tend to opt for paid jobs that require less investment of time. As she sees it, this results in both a loss of talented women in the workplace and a loss of capable men on the domestic scene, as fathering is very important and many men would make great caregivers. Halpern puts it in plain words: 'We can't have equality in work, if we don't have equality in the home.'

Questions 1–4

Complete the summary below.

Choose **NO MORE THAN THREE WORDS** from the passage for each answer.

Write your answers in boxes 1–4 on your answer sheet.

Existing research

Experimental evidence from studies of gender differences in vision shows that the **1** .... that control vision in the brain are different in men and women. These differences happen very early in life, and are affected by **2** .... In addition, women's hearing and smell generally respond more to **3** .... in their surroundings. Whereas women use their entire brain to process noise, most men use **4** .... to do this.

Questions 5–11

Classify the following traits as being

A more common among men

B more common among women

C equally common among men and women

Write the correct letter, **A**, **B** or **C**, in boxes 5–11 on your answer sheet.

5 They can tell the difference between similar smells.

6 They are able to identify minor variations in colour.

7 They are more easily distracted when listening to someone.

8 They focus on body language and what it means.

9 They misunderstand the intention of simple gestures.

10 They can see something from all sides without touching it.

11 They have the potential to excel at mathematics.

Questions 12 and 13

*Choose **TWO** letters, **A-E**.*

Write the correct letters in boxes 12 and 13 on your answer sheet.

Which **TWO** of the following claims are made by Diane Halpern in Reading Passage 1?

A   Intelligence is related to the ability to work well with numbers.

B   Gender differences in the brain lead to different sets of skills.

C   Men are not as good as women at taking care of children.

D   Men usually work longer hours in their jobs than women.

E   The same skills are required for employment and housework.

READING PASSAGE 2

*You should spend about 20 minutes on **Questions 14–26**, which are based on Reading Passage 2 below.*

THE ROMANTIC MOVEMENT

A Romanticism was an artistic and cultural movement that swept through Europe during the nineteenth century, reshaping everything from arts to politics to personal lifestyles as it flourished. Contrary to a commonly held misconception, Romanticism had little to do with 'romance' in the modern, popular sense of the word, and Romantics of the nineteenth century were generally not concerned with questions of infatuation and heartbreak. What interested them more was a different kind of Romantic vision, one that rebelled against caution and reason and praised the intensity and ferocity of wild landscapes and reckless human emotion.

B Like many popular movements, Romanticism emerged as a reaction to the ideas that preceded it. Europe in the 1700s was dominated by the ideals of the Enlightenment, which were firmly grounded in reason and logic, the scientific method, mastery over nature, and a belief that polite intellectual discourse in such institutions as coffee houses and debating societies constituted the most sophisticated expression of humanity's capacity for development. Enlightenment thinkers loathed the expression of emotion, particularly of fiery, uncontrollable feeling, perceiving it to be a threat to order and democracy. They also fought against irrationality and dogmatism of all kinds, having witnessed how despotic kings and other manipulative leaders used folk wisdom and superstition to stir discontent and gain power in their countries.

C Romantic artists resisted the Enlightenment fixation with calmness, order and reason, although the nature of their rebellion varied from one art form to another. Romantic poets, for example, dismissed the sculpted, austere prose of their forebears, favouring styles that focussed on the role of ordinary people and their language. As interest in governance and civic affairs waned, writers began to reject the once-respected literary format of satire. Instead, they turned their attention to those areas of human life that were previously downplayed or taboo. In *Wuthering Heights*, for example, Emily Brontë describes the effects of intense, destructive emotions such as jealousy and vengeance. Elements of the supernatural are introduced in the short stories of Edgar Allan Poe.

D Composers and soloists reached new levels of prominence during the Romantic Movement. This was partly because, freed from the constraints of the Enlightenment era, music was perceived to be the ideal form through which to explore the Romantic notion of a free spirit. Economic shifts also facilitated music's newfound dominance. Whereas musicians had hitherto been required to source financial support from a wealthy patron (usually from the royal court), they now earned their living by performing for burgeoning middle-class audiences. With this transition came the birth of the pop star musician, perhaps best exemplified by the Hungarian pianist Franz Liszt, who would tour cities performing for these crowds with brilliance and flair.

E Romanticism also made its mark on painting, in two notable ways. The first change can be seen in landscape representations. In Enlightenment-era paintings, nature was usually neglected in favour of human subjects. Where nature was shown, it was typically in the form of manicured hedges and lawns, as in the style of estates and palaces of the time. Romantic artists, however, depicted nature as a violent force, rather than as something to beautify gardens and walkways. Windswept mountaintops, dense bush and fogs, and stormy, dark red skies were all popular with such artists.

F The Romantics also revolutionised the painting of human subjects. Previously considered a staid, sedate form of painting, whose principle objective was simply to achieve a lifelike representation of the subject, portraits became a vehicle for examining the darker side of the human experience. Théodore Géricault, for example, chose to paint a series of portraits of psychiatric patients toward the end of his life, depicting his subjects' eyes as being tormented and unsettled. This was strongly divergent from the traditional portrait — a member of royalty or the royal court, festooned with jewellery and wearing their finest clothes.

G By the mid-nineteenth century, Romanticism had hugely influenced every art form with the exception of sculpture, which remained stubbornly impervious to Romantic influences due to the practical constraints of the discipline. Its influence had extended far beyond the arts; scientists reconfigured their ideas about nature, and educators reconsidered their curriculum priorities. Most significantly, nationalist political movements were proliferating across Europe, inspired by the celebration of folklore and indigenous customs in many Romantic art works.

H Toward the end of the nineteenth century, however, Romanticism's dominance waned considerably. What was once revolutionary and provocative began to seem phony and melodramatic. Many authors and artists turned toward Realism, a newer movement that advocated artistry without exaggeration or contrivance. Others saw a need to begin taking social and political affairs seriously again, and sought to retrieve some of the values of the Enlightenment, such as the need for dialogue and reasoned debate. Romanticism never faded away completely, however. Dramatic movie soundtracks and plotlines in which men fight adversity to achieve great triumphs show that the Romantic spirit remains with us to the present day.

Questions 14–16

Choose the correct letter, **A**, **B**, **C** or **D**.

Write the correct letter in boxes 14–16 on your answer sheet.

14 19th century Romantics celebrated

- **A** emotions related to love between men and women.
- **B** careful limits and logical thinking.
- **C** unrestrained feelings and environments.
- **D** rebellion against all forms of state power.

15 The exchange of ideas in a public forum was important in the Enlightenment because

- **A** it helped society to reach its full potential.
- **B** it was the highest form of human conversation.
- **C** it encouraged popular interest in science.
- **D** it provided a safe place for political discussion.

16 According to the writer, Enlightenment thinkers

- **A** believed that kings made the best rulers.
- **B** had strongly held religious beliefs.
- **C** disliked people showing their feelings.
- **D** disapproved of the rule of law in society.

Questions 17–23

Complete the table below.

Choose **NO MORE THAN THREE WORDS** from the passage for each answer.

Write your answers in boxes 17–23 on your answer sheet.

ROMANTICISM IN THE ARTS	
Literature	Poets prefer to use regular spoken language. Writers are less interested in politics. As a result, **17** .... is not as popular as before. New topics are explored, such as harmful feelings and **18** ....
19	The most appropriate art form for the expression of Romantic ideas. No longer paid for by rich individuals, but by **20** .... who wanted to see their favourite artists perform.
Painting	Nature is shown to be **21** .... through depictions of extreme weather and landscapes. **22** .... are used to show more unpleasant aspects of human life.
23	Not affected by the Romantic movement.

Questions 24–26

Complete the sentences below.

Choose **NO MORE THAN THREE WORDS** from the passage for each answer.

Write your answers in boxes 24–26 on your answer sheet.

Peak, decline & legacy

24 The Romantic Movement brought about changes in science and education, and led to the growth of ....

25 Even as Realism grew in popularity, some artists felt that ideas from .... were still relevant.

26 Romantic ideas are currently used in .... , and also in stories of people overcoming problems in their lives.

READING PASSAGE 3

*You should spend about 20 minutes on **Questions 27–40**, which are based on Reading Passage 3 below.*

The Upside of Feeling Down

A Over the past couple of decades, public imagination has been captured by the notion of 'happiness' in an unprecedented way. There is now a *Journal of Happiness Studies*, a burgeoning field of study known as 'happiness economics', and everyone from self-help gurus to sociological researchers to public policy makers is trying to understand what happiness is and how everyone can get more of it. The mania shows no sign of abating — during a three-month period this year, over one thousand books on the subject were released. In our frantic pursuit of good feelings, however, some researchers worry that we may have overlooked the flipside of the coin — sadness. By framing sadness as solely a negative condition, a fetter to free ourselves from, these scholars believe that we may be neglecting an important facet of the human experience.

B Much evidence suggests that sadness plays an important and constructive role in our lives. Firstly, in some very fundamental respects, humans perform better at a range of functions when they're feeling down. In a University of New South Wales study, Professor Joe Forgas discovered that people experiencing negative moods are less gullible, and less likely to make judgemental errors than their happy counterparts. He also found that sad people had better recall of past events and feelings, were better able to communicate their thoughts, and were less likely to judge someone based solely on their appearance. Why would this be so? Primarily, because moods are linked with our evolutionary needs — they effectively tell us how to process any information we receive. Forgas notes that a positive mood indicates comfort and familiarity, whereas a negative mood alerts the brain to be vigilant. As a result, he believes, sadness encourages a 'more attentive and externally focused, information-processing style' whereas happiness prompts us to switch off, making us prone to deception. In other words, bliss is ignorance.

C In other contexts, sadness allows us to cope with traumatic occurrences and, ultimately, move on from them. Unlike other negative emotions such as anger or fear, which temporarily spike energy levels and impel the person experiencing them to act decisively, sadness drains energy. In doing so it draws the sufferer away from the activities of other people and encourages them to reflect on their feelings and the importance of what caused them. This process, known as grief, serves an important role in helping humans to adjust to loss and to integrate it into their lives. In an editorial in the esteemed medical journal *The Lancet*, deputy editor Dr Astrid James warned that psychiatrists are in danger of pathologising normal human experiences by prescribing anti-depressant pills instead of acknowledging the superior role of prolonged sadness in naturally rehabilitating sufferers.

D Aside from acting as a coping mechanism, sadness may also play a more proactive role in encouraging people to improve their lives. According to Jerome Wakefield, clinical social worker at New York University, 'one of the functions of intense negative emotions is to stop our normal functioning, to make us focus on something else for a while'. In this way, the memory of sadness — and of taking time out to be sad — imprints itself on our mind as a psychological deterrent for the future. One can see how, for example, young adults learn to become more guarded and less cavalier with everything from their money to personal relationships after suffering one agonising loss too many. Without the prodding of sadness upon our memory of these situations, we might endlessly repeat these follies with no reason to alter our behaviour.

E Finally, what of the notion that sadness is powerfully linked with great artistic expression? Some evidence suggests this is far from a cultural myth. A researcher from Harvard University, Modupe Akinola, experimented with the connection between depression and creativity. She asked depressed people to perform creative tasks and gave them feedback that was designed to reinforce their negative feelings. Akinola speculates that this feedback encouraged research participants to dwell on their negativity, and this unearthed hidden feelings and bolstered their creative output. Laura Young, a researcher at Boston College, has found that adolescents or young adults who participate in arts programmes are more likely to experience sadness than their peers, a finding that is also true for older adult artists. Young emphasises, however, that painting and drama are not themselves catalysts for depression. Rather, she suggests, they are a chance for some people to vocalise their anger and can provide a therapeutic space for those with emotional troubles.

F With an array of studies indicating that sadness plays a constructive and significant role in human affairs, what are we to make of the current fervour surrounding the pursuit of happiness? Are we being led toward an illusion by false prophets of positivity? According to Steven Hayes, a psychology professor at the University of Nevada, we are. He believes we need to set aside the idea of happiness altogether, or at least any notion of 'pursuing' it. 'What people mean by happiness is feeling good,' Hayes says. '[But] there are many ways to feel good. And many of the ways we feel good actually limit the possibilities for living the way we want to live our lives.' What is more important than experiencing the transient flush of happy feelings, he suggests, is moving through life in accordance with our core values. This expanded notion of good living does not limit itself to happiness, but embraces sadness, and at times, fear, anger and suffering too.

Questions 27–34

Look at the following statements (Questions 27–34) and the list of people below.

*Match each statement with the correct person, **A, B, C, D, E** or **F**.*

List of People

A   Joe Forgas
B   Astrid James
C   Jerome Wakefield
D   Modupe Akinola
E   Laura Young
F   Steven Hayes

*Write the correct letter, **A, B, C, D, E** or **F** in boxes 27–34 on your answer sheet.*

27   Modern ideas about happiness are not helpful.

28   Medication is being used unnecessarily.

29   Sad people can remember things better.

30   Art can help teenagers to express their feelings.

31   Sad people are more careful and alert than happy ones.

32   People should focus on what is important to them.

33   Sadness can stop us repeatedly making bad decisions.

34   Thinking about sadness can help people produce original material.

Questions 35–40

Do the following statements agree with the views of the writer in Reading Passage 3?

In boxes 35–40 on your answer sheet, write

> **YES**   *if the statement agrees with the views of the writer*
> **NO**   *if the statement contradicts the views of the writer*
> **NOT GIVEN**   *if it is impossible to say what the writer thinks about this*

35   People are becoming less interested in happiness.

36   Sadness is an undesirable state.

37   Sadness makes it easier to deal with events that cause psychological pain.

38 People feel more energetic when they are sad.

39 Grief is not experienced very often in most people's lives.

40 Sadness is a necessary and important part of human experience.

WRITING

WRITING TASK 1

You should spend about 20 minutes on this task.

> *The graph below shows the concerns which affect governments and businesses when they make decisions about environmental policy.*
>
> *Summarise the information by selecting and reporting the main features, and make comparisons where relevant.*

Write at least 150 words.

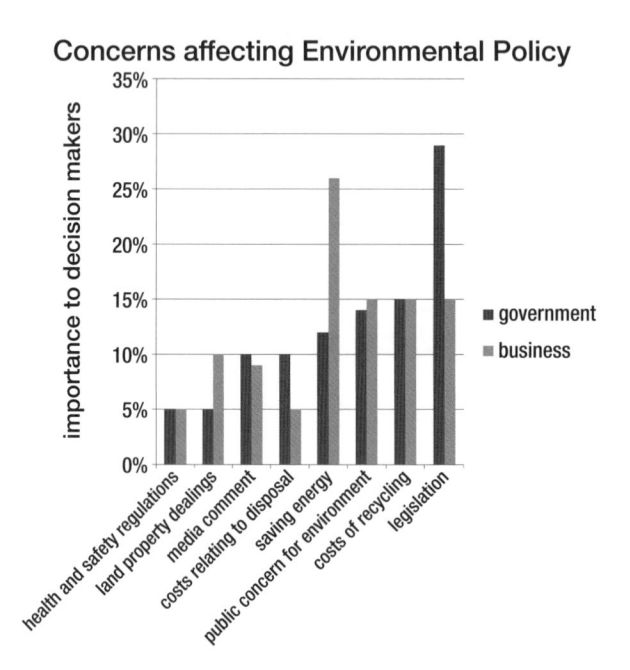

Concerns affecting Environmental Policy

Concern	Government	Business
health and safety regulations	5%	5%
land property dealings	5%	10%
media comment	10%	9%
costs relating to disposal	10%	5%
saving energy	12%	26%
public concern for environment	14%	15%
costs of recycling	15%	15%
legislation	29%	15%

WRITING TASK 2

You should spend about 40 minutes on this task.

Write about the following topic:

> *Some people believe that the best way to improve the general well-being of schoolchildren is to make physical education compulsory in all schools. Others, however, think this would have little effect on overall health and that other measures are needed.*
>
> *Discuss both these views and give your own opinion.*

Give reasons for your answer and include any relevant examples from your own knowledge or experience.

Write at least 250 words.

SPEAKING

質問とサンプルアンサーの音声はトラック31～33に収録。

PART 1 🎧28

The examiner asks the candidate about him/herself, his/her home, work or studies and other familiar topics.

EXAMPLE

Clothes

- What do you like to wear when you are at home? [Why?]
- What do people in your country like to wear to parties? [Why?]
- Do you like to try different kinds of fashion? [Why/Why not?]
- Do people in your country usually like to wear formal or casual clothes? [Why?]

Good manners

- Is it important to be polite in your country? [Why/Why not?]
- How do children learn good manners?
- Who do you think is usually more polite, older or younger people? [Why?]
- Do you think people are more polite at home with their families, or with people they don't know? [Why?]

PART 2 🎧29

| Describe a decision you made that was difficult. You should say: what it was when you made it why it was difficult and explain how it has changed your life. |

You will have to talk about the topic for one to two minutes.
You have one minute to think about what you are going to say.
You can make some notes to help you if you wish.

PART 3 🎧30

Discussion topics:

Making decisions in general

What are some decisions that most people need to make these days?
Who do people think usually gives the best advice in your culture? [Why?]
What disadvantages are there when other people give you advice, when you have to make a decision?

Age and decisions

What are the important things that a teenager has to make decisions about?
How can your age make a difference to the way you approach decision making? [Why?]
How are the kinds of decisions people make today different from 50 years ago? [Why?]

IELTS学習アドバイス

J.F.
22歳　男性

オーバーオール：6.5
リスニング：6.0
リーディング：8.0
ライティング：6.0
スピーキング：6.0

Listening　ラジオ英語講座やIELTSの教材を利用して勉強していた。ただ聞くだけではなく、シャドーイングをすることで飛躍的に英語を聞き取れるようになった。イギリス英語のアクセントに慣れ、表現を覚える必要がある。IELTS対策の教材はもちろん、BBCやイギリス英語話者によるTEDをよく聞いていた。

Reading　英文の多読に慣れることが必要になる。アカデミックな分野のうち、興味のある内容を多読することが効果的だ。私は関心のあった専門分野の洋書を読んでいた。IELTSでは時間が非常に限られているので、練習問題を多くこなすことで選択問題形式に慣れるとともに、時間配分を上手く行えるように意識した。

Writing　エッセイの書き方やアカデミック英語で使用される表現を覚えた。可能であれば書いたエッセイを添削してもらうとより効果的だ。普段、BBCなどを読んでいるときに、エッセイで使えそうな表現はその都度メモして、実際のwritingに取り入れた。

Speaking　同じ教材を繰り返しシャドーイングすることで英語を話すことに慣れるように努めた。発音やアクセントに注意しながらシャドーイングしていた。実際にネイティブの友達と話し、不自然なアクセントや表現を指摘してもらうことで、自然な英語を身につけるようにしていた。

Yukari Jennifer Naito
20歳　女性

オーバーオール：7.5
リスニング：8.0
リーディング：8.0
ライティング：7.0
スピーキング：7.5

Listening　発音できない単語は聞き取れない！シャドーイングで、発音、語彙、フレーズを身に付ける。これはスピーキングにもかなり繋がる大切な練習になる。可能ならテキストも見ず、シャドーイングすることで、スピードにも慣れる。

Reading　毎回ちゃんと時間をセットして取り組む。トピックに親しみがないほど読みにくいため、英語に限らず様々な話題に日頃から関心をもつことがお勧め。リーディングから語彙を吸収。わからない単語があってもそこにこだわりすぎず、前後の文脈からの"予測力"をつける！

Writing　Task1は、模範解答から、どういう表現が他に可能だったかを吸収。模範解答は高得点につながる単語の宝庫！Task2は、自分の回答を、少し時間を置いてから見直す。可能ならネイティブのチェックを受ける。学術的な単語、フレーズを覚えて使えるようにする。ネットの文法チェックサイトを活用。模範解答をよく読み、単語、フレーズ、構文を吸収。ある程度のスコアからは完璧に書けても単純な英文だけではスコアを伸ばしにくいので、模範解答を参考に倒置や難しい単語を織り交ぜる。

Speaking　Part1は、ランダムなトピックに答える為にはネタのストックが大切。自分でトピックのクジ箱をつくり一日ひとつ以上のトピックについて英語で表現。Part2は、模擬問題に取り組む際に、録画をして自分の発音やボディーランゲージを確認。

IELTS for UKVIとは

英国政府は2015年2月20日、ビザの取得を目的とした「Secure English Language Tests（SELT）*」に関する変更事項を発表し、英国国外で受験できるSELTは、英国ビザ・イミグレーションのためのIELTS（IELTS for UKVI）のみとなりました。IELTS for UKVIはブリティッシュ・カウンシル、IDP：IELTSオーストラリア、ケンブリッジ大学英語検定機構（Cambridge English Language Assessment）で構成されるIELTS SELT Consortiumが運営しています。英国ビザ・イミグレーションのためのIELTS（IELTS for UKVI）の日本での申し込みは、紙と鉛筆で受験するものは公益財団法人 日本英語検定協会が、コンピューターで受験するものはブリティッシュ・カウンシルが、受け付けています。

IELTS for UKVIは通常のIELTSと試験内容は同じですが、英国政府の規定により試験実施の際の本人確認が厳格化されており、試験会場はすべてビデオ録画されています。また、英国政府が認定したテスト会場でのみ受験が可能です。

この変更に伴い、新たに2技能をテストする「IELTS」、「IELTS Life Skills A1・B1」が導入されました。

「IELTS Life Skills」は、ビザ申請の際、スピーキングとリスニングにおいてCEFR（ヨーロッパ言語共通参照枠）で示されるA1もしくはB1レベルであることを証明しなくてはならない方を対象にしています。

英国ビザ・イミグレーションに関するより詳しい情報は、英国政府Webサイト https://www.gov.uk/ をご覧ください。

*Secure English Language Tests（SELT）：英国政府が認めた英国ビザ申請のために必要な英語能力証明テスト

各ビザで必要とされる目安のスコアとして以下の表をご参照ください。

ビザの種類	求められるCEFRレベル	技能	IELTSテストと要求されるスコア
Tier1（一般）ビザ	C1	リーディング、ライティング、スピーキング、リスニング	IELTS for UKVI-7.0 総合評価および各4技能について
Tier1（例外的技能者）ビザ	B1	リーディング、ライティング、スピーキング、リスニング	IELTS for UKVI-4.0 総合評価および各4技能について
Tier1（起業家）ビザ	B1	リーディング、ライティング、スピーキング、リスニング	IELTS for UKVI-4.0 総合評価および各4技能について

Tier1 （大学卒業生起業家）ビザ	B1	リーディング、ライティング、スピーキング、リスニング	IELTS for UKVI-4.0 総合評価および各4技能について	
Tier2 （一般）ビザ -大部分のケース	B1	リーディング、ライティング、スピーキング、リスニング	IELTS for UKVI-4.0 総合評価および各4技能について	
Tier2 （スポーツ選手）ビザ	A1	リーディング、ライティング、スピーキング、リスニング	IELTS for UKVI-4.0 [1] 総合評価および各4技能について	
Tier2 （宗教活動家）ビザ	B2	リーディング、ライティング、スピーキング、リスニング	IELTS for UKVI-5.5 総合評価および各4技能について	
Tier4 （一般）学生ビザ -学士号取得未満レベルおよび学期前コース	B1	リーディング、ライティング、スピーキング、リスニング	IELTS for UKVI-4.0 総合評価および各4技能について	
Tier4 （一般）学生ビザ -学士号取得以上のレベル	B2	リーディング、ライティング、スピーキング、リスニング	IELTS for UKVI*-5.5 総合評価および各4技能について *要求されている場合のみ―申請先機関にIELTS for UKVIテストを受験する必要があるか要確認 [2]	
永住者の家族ビザ	A1	スピーキング、リスニング	IELTS Life Skills A1-合格 IELTS for UKVI-4.0 スピーキングとリスニング [3]	
無期限滞在（永住）許可または市民権	B1	スピーキング、リスニング	IELTS Life Skills B1-合格 IELTS for UKVI-4.0 スピーキングとリスニング [3]	

1 IELTSはCEFRレベルB1に相当するバンドスコア4.0以上でUKVIに受け入れられます。
2 UKVIのTier4スポンサーのリストにHighly Trusted Sponsor (HTS)として掲載されている高等教育機関は、SELTが要求されていない場合、独自で受け入れる試験の種類を設定します。これらの試験には日本英語検定協会で実施しているIELTSも含まれる場合があります。
3 IELTS for UKVIはIELTS Life Skillsが必要とされる場合にも活用できます。この場合受験者にはスピーキングとリスニングにおいて4.0以上のスコアが求められます（リーディングとライティングのスコアは無視されます）。
※2020年より英国政府はTierという名称の使用を中止しました。英国政府公式サイト等で最新情報をご確認ください。

これらの変更は、欧州連合、欧州経済地域、スイス、英国内務省が規定する「英語が主要言語と見なされる国」(https://www.gov.uk/english-language) の人がIELTSを利用する場合には適用されないのでご留意ください。

▶ IELTS Life Skillsについて

IELTS Life Skillsはスピーキングおよびリスニングのテストで、CEFRレベルA1とCEFRレベルB1に相当する2種類があります。同テストは、家族ビザおよび永住権申請に際し英国ビザ・入国局の要請を満たすよう設計されています。

IELTS Life Skillsの試験形式は、通常のIELTSと異なります。受験者2名に対し、1人の試験官でテストが行われます。一回のテストでスピーキングとリスニングの能力を評価します。

試験時間は、CEFRレベルA1で16～18分、レベルB1で22分です。

資格を持つIELTS Life Skills試験官が、以下の基準に基づきリスニング、スピーキングテスト全体を通じて能力を評価します。

- 情報を取り入れる能力
- 情報を伝達する能力
- コミュニケーションがとれるスピーキング力
- 議論に参加する姿勢

IELTS Life Skillsの成績は通常試験後7日で発行されます。成績証明書は受験者に1通のみ発行されます。この試験は、合格か不合格かで評価されます。一旦合格すると、同一レベルの試験をその後2年間受験することができません。

IELTS Life Skillsの無料のサンプル問題はwww.ielts.org/uk/lifeskillsでご覧ください。

▶ IELTS for UKVIの申し込み

受験申し込みと受験に際しては、有効期限内のパスポートが必要です。パスポートを忘れた場合、また登録したパスポート情報と試験当日に持参したパスポートの情報が一致しない場合は受験できません。

定員に達した際には、その時点で締め切りとなるのでご注意ください。クレジットカード（VISA, MasterCard, Diners Club, JCBもしくはAmerican Express）で支払いを受け付けています。

受験料

- IELTS for UKVI：29,400円（税込）
- IELTS Life Skills：20,500円（税込）

※IELTS for UKVIの受験料は、英国政府の指示で定期的に改定されます。最新の受験料は下記サイトでご確認ください。

申し込み期限

IELTS for UKVI：試験日6日前の0：00AMまで
IELTS Life Skills：試験日3日前の0：00AMまで

問い合わせ先

紙と鉛筆での受験
　　公益財団法人　日本英語検定協会　IELTSテストセンター
　　https://www.eiken.or.jp/ielts/ukvi/
　　jp500seltielts@eiken.or.jp

コンピューターでの受験
　　ブリティッシュ・カウンシル
　　https://www.britishcouncil.jp/exam/ielts-uk-visa-immigration
　　exams@britishcouncil.or.jp

IELTS for UKVIに関する情報はすべて2021年11月現在のものです。今後、変更される場合もありますので、最新情報については上記問い合わせ先にお問い合せください。

完全対策
解答・解説

LISTENING 解答・解説 …………… 2
READING 解答・解説 …………… 28
WRITING 解答・解説 …………… 46
SPEAKING 解答・解説 …………… 60

LISTENING

Activity 1 [解答]　　　　　　　　　　　　　　　　　　　　本冊：p.26

1.1 A-B-C-D-E-F-G-H-I-J-K-L-M-N-O-P-Q-R-S-T-U-V-W-X-Y-Z
1.2 **1** A-E-I-O-U　　**2** G-H-I-J　　**3** D-T-P　　**4** B-V-W
1.3 **1** Prentice　　**2** Harrison Drive　　**3** Grantham　　**4** Quills　　**5** albatross
1.4 **1** 1(st) June / June 1(st)　　**2** 804　　**3** €146　　**4** €11.50
　　　5 23 kilogram(me)s / 23 kg　　**6** 2.30 pm　　**7** YXW 6069 AK

解説 **1.3 2** 名前や数字が読み上げられる際、例えば RR はしばしば double R と読まれます。double は 2 つの連続を指し、triple は 3 つの連続を指すことを覚えておきましょう。／**3** m と n は聞き間違えやすく、誤りにつながる可能性があります。m は唇に声がかかり、n は鼻に声がかかったような音の違いがあるので、聞き分ける練習をしておきましょう。

1.4 1 もし指示された語数が 2 語までなら、1st of June は 3 語となり誤りとなるので、注意しましょう。／**3** や **4** のように金額を聞き取る場合、£(ポンド)、€(ユーロ)、$(ドル) などの記号が空所の直前に書かれていない場合は、自分で書く必要があります。**5** のような kg などの単位にも同じことが言えます。

スクリプトと訳

1.3 🎧 03

1　My name? Oh, Suzanne, Suzanne Prentice, that's P-R-E-N-T-I-C-E.
2　I live at 139 Harrison Drive. H-A-R-R-I-S-O-N Drive.
3　That's in the town of Grantham. G-R-A-N-T-H-A-M.
4　I work at Quills Publishing House. I'll spell that for you: Q-U-I-L-L-S.
5　We are part of a larger company called Albatross Publishers. Their web address is: www.A-L-B-A-T-R-O-S-S.com.

私の名前ですか。あー、スザンヌ、スザンヌ・プレンティスです。P-R-E-N-T-I-C-E です。
私はハリソン通り 139 番地に住んでいます。H-A-R-R-I-S-O-N 通りです。
その通りはグランサムという町にあります。G-R-A-N-T-H-A-M です。
私はクイルズ出版社で働いています。スペルはこうなります。Q-U-I-L-L-S です。
当社はアルバトロス出版社の子会社に当たります。そちらのウェブアドレスは www.A-L-B-A-T-R-O-S-S.com です。

1.4 🎧 04

1　And you leave on the first of June.
2　You are booked into Room Number 804.
3　The room costs a hundred and forty-six euros per night.
4　Breakfast is an extra eleven euros fifty per day.
5　You require a storage facility for a case weighing 23 kilogrammes.
6　And you have requested a late check-out time. That will be 2.30 pm.
7　You will also require a car park for your vehicle, registration number: YXW 6069 AK.

そうしますと、ご出発は 6 月 1 日ですね。
部屋番号 804 にご予約されています。
その部屋の料金は 1 泊 146 ユーロです。

朝食には 1 日につき 11.50 ユーロの追加料金がかかります。
23 キログラムの荷物には保管設備が必要になります。

それから、遅い時間のチェックアウトをご希望ですね。午後 2 時半になります。
お車に駐車場も必要になります。お車の登録番号は YXW 6069 AK です。

問題文の訳

1.1 音声を聞いて、アルファベットの文字を復唱しなさい。
1.2 音声を聞いて、聞こえるアルファベットのグループを書きなさい。
1.3 音声を聞いて、スペルが読み上げられる語で空所を埋めなさい。
1　名前：スザンヌ・_プレンティス_

完全対策 ■ LISTENING

2 　住所： ハリソン通り　139 番地
3 　町： グランサム
4 　会社： クイルズ 出版社
5 　ウェブサイト：www.albatross.com

1.4　音声を聞いて、聞こえる数字で空所を埋めなさい。
1 　出発日： 6月1日
2 　部屋番号： 804
3 　1泊の料金： 146 ユーロ
4 　朝食：　　　　　1日当たり 11.50 ユーロ
5 　荷物の保管：　　　重さ 23 キログラム
6 　遅いチェックアウト時間： 午後2時半
7 　駐車：車の登録番号： YXW 6069 AK

Activity 2 [解答]　　　　　　　　　　　　　　　　本冊：p.27

1 dark blue　　**2** 10 am / 10 o'clock　　**3** at the dentist

[解説] **2** in the morning と言っているので、駐車したのは午前中です。

スクリプトと訳　🎧 05

1 　It's a fairly old car — a dark blue Ford Festiva.
2 　I went into town in the morning and parked outside the library at ten o'clock. I was away for about two and a half hours and, when I came back at around twelve thirty, the car was gone.
3 　First I went to the dry cleaner's and then the bakery; I saw the car was still there when I went into the library so it must have been taken while I was at the dentist.

かなり古い車です。濃い青のフォード・フェスティバです。
午前中に町に行き、10時に図書館の外に駐車しました。2時間半ほどその場から離れ、12時半ごろ戻ると車はありませんでした。

まずクリーニング屋に行き、それからパン屋に行きました。図書館に入ったときはまだ車がそこにあるのが見えたので、私が歯医者にいる間に持って行かれたのでしょうね。

問題文の訳

音声を聞いて次の問題に答えなさい。それぞれ3語以内か数字1つ、あるいはその両方で答えを書きなさい。
1 　車は何色か。　　　　　　　　　　　濃い青
2 　持ち主は何時に車を駐車したか。　　　午前10時／10時
3 　車が盗まれたとき、持ち主はどこにいたか。　歯医者に

SECTION 1　実践問題 [解答]　　　　　　　　　　　　本冊：p.28-29

1 Sophia　　**2** Italian　　**3** 521 Ashdown　　**4** bank statement
5 30(th) December / December 30(th)　　**6** DJG120459　　**7** 15 / fifteen
8 one week / 1 week　　**9** $45 / $45.00 / 45 dollars
10 （どれか1つ）online, automated telephone, in person, self-service checkout

[解説] **2** 国籍を聞かれているので、国名である Italy は誤りとなります。／**7&8** 数字を聞き取る際は、文字（例えば one）ではなく数字（1）で書くようにしましょう。どちらも正解ですが、スペルミスなどのリスクが減ります。**8** は 1 (one) だけだ

と1日なのか1週間なのか判断できないので、1 week と正確に書くことが求められます。/9 も同様にドルであることが明確に分かるよう、記号を書きましょう。

スクリプトと訳 🎧 06

You will hear a conversation between a librarian and a woman who wants to join a library. First, you have some time to look at Questions 1 to 6.

[20 seconds]

You will see that there is an example that has been done for you. On this occasion only, the conversation relating to this will be played first.

MAN:	Good morning. Can I help you?
WOMAN:	Yes. I would like to join the library.
MAN:	Has your membership expired or will you be a new member?
WOMAN:	I'd be a new member. I've just recently moved here.
MAN:	That's fine. Are you a permanent resident?
WOMAN:	No, actually I'm only here for a year ... on an **exchange**.

*The woman explains the purpose of her visit. She says she is on an exchange, so **exchange** has been written in the space. Now we shall begin. You should answer the questions as you listen because you will not hear the recording a second time. Listen carefully and answer Questions 1 to 6.*

MAN:	Good morning. Can I help you?
WOMAN:	Yes. I would like to join the library.
MAN:	Has your membership expired or will you be a new member?
WOMAN:	I'd be a new member. I've just recently moved here.
MAN:	That's fine. Are you a permanent resident?
WOMAN:	No, actually I'm only here for a year ... on an 例 **exchange**.
MAN:	In that case we'll need the visitor's application form. Ah, here we are. Okay. Firstly, can you tell me why you are here? Oh, you've already said, haven't you? You're on an exchange. Now, can I have your name please?
WOMAN:	Sophia Sunderland.
MAN:	So, Sunderland is your family name?
WOMAN:	Yes. S-U-N-D-E-R-L-A-N-D.
MAN:	And your first name is Sophia? Can you spell it for me, please?
WOMAN:	Of course. It's **1 S-O-P-H-I-A**.
MAN:	And where do you come from, Sophia?
WOMAN:	I was born in Italy. I'm **2 Italian**.
MAN:	Just let me write that down. Now, I need your address.

図書館員と、図書館の会員になりたい女性の会話を聞きます。最初に、質問1-6を見る時間が少しあります。

[20秒]

皆さんの代わりに答えが書かれている例があるのが分かります。この場合に限り、この例に関する会話が最初に再生されます。

男性：おはようございます。何かお役に立てますか。
女性：はい、こちらの図書館を利用したいのですが。
男性：会員証が有効期限切れですか。それとも新規登録ですか。
女性：新しく登録したいんです。最近こちらに引っ越して来ました。
男性：分かりました。永住者ですか。
女性：いいえ、ここには交換留学生として1年しかおりません。

女性は訪問の目的を説明しています。彼女は交換留学生だと言っているので、空所には exchange と書かれています。さあ始めます。録音を2回聞くことはないので、聞きながら質問に答えなければなりません。よく聞いて質問1-6に答えなさい。

男性：おはようございます。何かお役に立てますか。
女性：はい、こちらの図書館を利用したいのですが。
男性：会員証が有効期限切れですか。それとも新規登録ですか。
女性：新しく登録したいんです。最近こちらに引っ越して来ました。
男性：分かりました。永住者ですか。
女性：いいえ、ここには交換留学生として1年しかおりません。
男性：その場合、一時利用者申請用紙が必要です。あー、こちらです。はい、まず、こちらに来た理由を教えてください。ああ、先ほどおっしゃいましたよね。交換留学生ですね。では、お名前を教えてください。
女性：ソフィア・サンダーランドです。
男性：サンダーランドは名字ですか。
女性：はい、S-U-N-D-E-R-L-A-N-D です。
男性：それと、ファーストネームはソフィアですね。スペルを教えてください。
女性：はい。S-O-P-H-I-A です。
男性：ソフィアさん、どちらからいらしたのですか。
女性：私はイタリアで生まれました。イタリア人です。
男性：記入しますね。では、ご住所を教えてください。

4

WOMAN:	In Italy?	
MAN:	No, where you are living here.	
WOMAN:	Oh. **3 521 Ashdown** Road — that's A-S-H-D-O-W-N.	
MAN:	And that's in Winton, right?	
WOMAN:	Correct.	
MAN:	Have you got something with you that shows you live at that address? A utility bill, for example?	
WOMAN:	I've got a **4 bank statement**. Will that do?	
MAN:	Wonderful. What about a contact phone number? A mobile number perhaps?	
WOMAN:	Oh yes. Let's see, it's new, um … it's oh-4-oh-5-4-9-2-4-5-1.	
MAN:	Just a couple more questions … How long are you here for? Sorry, you've told me that; what I really mean is when do you plan to leave?	
WOMAN:	I arrived on the first of January and I will be returning to Italy on **5 the thirtieth of December**.	
MAN:	Do you have any identification documents on you — um, your passport, for example … ?	
WOMAN:	Yes, sure, here it is.	
MAN:	Thank you. I'll just make a note of the number. **6 DJG 1-2-zero-4-5-9**. Now I can issue you with a borrower's card. You'll receive the proper card with your own barcode in the mail in a few days' time but I can give you a temporary card with your membership number on it now. Just present it at the desk if you want to borrow items today.	
WOMAN:	Thank you.	

Before you hear the rest of the conversation, you have some time to look at Questions 7 to 10.

[20 seconds]

Now listen and answer Questions 7 to 10.

MAN:	Now, let me explain something about our lending policies and charges. Resident members may check out up to 50 items at a time with their library card. For visitors, however, that number is reduced to **7 15** items at any time including a maximum of 10 DVDs.
WOMAN:	I see.
MAN:	Loan periods vary according to the type of materials. Books (both fiction and non-fiction), recorded books, CDs and periodicals may all be borrowed for 3 weeks; but recent releases — those are our new books — are limited to 2 weeks; and what we call our 'hot books' — those on current best-seller lists — can only be borrowed for **8 one week**. DVDs are also lent out for a week at a time. All items are issued free

of charge but a fully refundable deposit of **9 $45** is required for wireless laptops which are for in-library use only. Oh, and there's a time restriction of 90 minutes on those.

WOMAN: Oh, I shouldn't think I'd ever need to borrow a laptop. With the other items you mentioned ... can the loan time be renewed?

MAN: Yes, unless it has been requested by another borrower, an item can be renewed but we recommend that you don't wait until the last minute before renewing.

WOMAN: How can I do that?

MAN: The easiest way is **10 online** or through the library's **10 automated telephone** renewal service. Otherwise, you can do it **10 in person** at the library or through the **10 self-service checkout**.

WOMAN: Well, that sounds easy enough. Thank you very much for your help.

That is the end of Section 1.

です。全てのものを無料で貸し出していますが、図書館内でのみ使用できるワイヤレスのノートパソコンには、全額返金される45ドルのデポジットが必要です。えー、それから、パソコンには90分の時間制限があります。

女性：あー、ノートパソコンを借りる必要はまずないと思います。お話された他のものに関してですが、貸出期間は延長できますか。

男性：ええ、他の借り手から予約待ちになっていなければ延長できますが、期限ぎりぎりまで待って延長するのはやめた方がいいと思いますよ。

女性：どうすればいいんですか。

男性：一番簡単な方法は、オンラインか、電話で図書館の自動音声延長サービスを利用することです。そうでなければ、図書館で直接延長するか、自動貸出機を使うこともできます。

女性：へえ、それはとても簡単そうですね。いろいろ教えていただいてどうもありがとうございました。

これでセクション1は終わりです。

語注

expire：（期間が）切れる、終了する、満期になる	utility bill：公共料金の請求書	deposit：手付金、保証金、敷金
permanent resident：永住者	issue：〜を発行する	time restriction：時間制限
	refundable：返金できる	loan time：貸出期間

問題文の訳

Questions 1-6

次の用紙を完成させなさい。
それぞれ2語以内か数字1つ、あるいはその両方で答えなさい。

イーストサイド図書館の一時利用者申請用紙	
例 利用目的：	答え 交換留学
姓：	サンダーランド
名：	**1** ソフィア
国籍：	**2** イタリア人
住所：	**3** 521 アッシュダウン 通り, ウィントン
住所の証明：	**4** 銀行の取引明細
電話番号：	0405 492 451
出発予定日：	**5** 12月30日
パスポート番号：	**6** DJG120459

Questions 7-10

次の質問に答えなさい。
それぞれ2語以内か数字1つ、あるいはその両方で答えなさい。

7 一時利用者は１度に何点まで借りることができるか。
15 冊

8 「ホットな本」の貸出期間はどのくらいか。
1 週間

9 図書館で使用するノートパソコンを借りるためのデポジットは幾らか。
45 ドル

10 借りている本の貸出期間を延長する方法を１つ挙げなさい。
オンライン、自動音声、直接、自動貸出機

Activity 3 ［解答］　本冊：p.30-31

1 C　2 D　3 A

解説 1 collecting entrance tickets が音声では taking entrance tickets と言い換えられています。この文の主語である指示代名詞 They は、前文の Green caps を引き続き示しています。／2 acting as messengers が音声では taking and relaying messages と言い換えられています。／3 working in the kitchen が音声では food preparation area と表現されています。

スクリプトと訳　🎧07

Thank you for volunteering to help out at the athletics festival. For ease of identification and to divide up the duties I have assigned each of you to a colour coded squad or team. You will be given a coloured cap to wear. **1 Green** caps are in charge of communications so they will answer any enquiries from the public over the phone or in person. They will also be the team on the gate **1 taking entrance tickets** and handing out programmes. Those of you who will be stationed outside the stadium at the booths selling tickets will wear blue caps. The blue team is also responsible for directing traffic in the car park. **2 Red** caps will be inside the stadium **2 taking and relaying messages** between officials. I hope those of you on the red team are very fit because I can guarantee that, by the end of the day, you'll be very tired from all that running around. **3 Black** caps will be working behind the scenes. I have stationed you in the **3 food preparation area**. It's important that the black team remember to wear clean white shirts because you'll be working with food, helping to make sandwiches and pouring refreshments, that kind of thing.

体育祭の手伝いにボランティアとして参加していただき、ありがとうございます。身分を確認しやすくして役割を分担するため、皆さんをそれぞれ色分けしたグループまたはチームに割り当てました。後ほど色の付いた帽子をお渡しします。緑色の帽子はコミュニケーション担当ですので、一般の方からの電話での問い合わせ、あるいは直接の問い合わせに答えます。また、ゲートで入場券を受け取ってプログラムを渡すチームでもあります。競技場の外のブースに配置されてチケットを売る皆さんは、青色の帽子をかぶります。青チームは、駐車場で車の誘導も担当します。赤色の帽子は競技場の中で、役員の間のメッセージの受け渡しをします。１日が終わるころには走り回ってくたくたになっているのは間違いありませんから、赤チームの皆さんが体調万全であることを願います。黒色の帽子の仕事は裏方です。食事の準備をするエリアに配置させていただきました。黒チームは、忘れずに清潔な白いシャツを着ることが大切です。サンドイッチ作りを手伝ったり飲み物をついだりといった、そうした食べ物を扱う作業をするからです。

語注

for ease of ... : ～しやすいように
squad : チーム、班
in charge of ... : ～を担当して
enquiry(英) = inquiry : 問い合わせ
hand out ... : ～を配る
station : ～を配置する
relay : ～を伝達する
fit : 元気いっぱい
refreshments : 軽い飲食物

問題文の訳

Questions 1-3

質問 1-3 をよく読み、これらの項目を他にどんな言い方で表現できるか考えなさい。それから音声を聞き、練習問題を完成させなさい。

どのチームが、次の任務をそれぞれ果たすことになるか。
囲みの中から3つ答えを選び、問題1-3の解答欄にA-Dのうち正しい文字を書きなさい。

	チーム		
A	黒色の帽子	1	入場券を回収する
B	青色の帽子	2	メッセンジャーを務める
C	緑色の帽子	3	キッチンで働く
D	赤色の帽子		

Activity 4 [解答]　　本冊：p.31-32

1　B　　2　C　　3&4　C, E（順不同）

解説 1 質問で doctor と指定されています。However の直前までは診察を受ける必要のない症状について述べていますが、それ以降に登場する解答のヒントとなる you should get checked out を聞き逃さないようにしましょう。／2 選択肢の money troubles は financial problems と言い換えられていますが、not the case と否定されています。overworked は taken on extra work と言い換えられていますが、これも原因ではないと述べられています。音声の最後に登場する unemployment が選択肢の losing his job と一致します。／3&4 ジャニスが心配していることを2つ選択する問題です。基本的に5つ全ての選択肢について触れている可能性があるので、事前に全ての選択肢のキーワードをチェックしておきたいところです。apprehensive about が worried about の言い換えで、男子学生と関わることが不安の原因であると述べられているので、Eが1つ目の正解です。また、is troubled by the thought of 以下で勉強についていけるか心配だと述べられていることから、Cも正解だと分かります。fall behind は「後れをとる」の意味です。

スクリプトと訳　🎧08

1　If you aren't feeling well, it isn't always necessary to see a doctor. This is the season of coughs and sniffles — although the symptoms are unpleasant, sneezing and a runny nose do not merit medical attention. If you have a persistent pain behind the eyes, in the front of your head, go to an optician and get your eyesight assessed — it may be time for new prescription glasses. However, if you are suffering from nausea and vomiting, you should get checked out by your medical practitioner. It may not be a simple case of food poisoning but the first symptom of a particularly severe gastric illness.

体調がすぐれなくても、必ずしも医者に診てもらう必要はありません。今はせきが出て鼻がぐずぐずする季節で、こうした症状は不快ですが、くしゃみや鼻水は病院で手当てしてもらうようなものではありません。目の奥、頭の前の方にしつこい痛みがあるなら、眼鏡屋に行って視力を測ってもらいなさい。新しい度付き眼鏡が必要かもしれません。ですが、吐き気や嘔吐で苦しんでいるのなら、かかりつけの医師に調べてもらうべきです。単に食中毒の病状ではなく、特に重い胃の病気の初期症状かもしれません。

2　Jason, one of the participants in my research study, has been experiencing a lot of tension and anxiety at work recently. He has taken on extra work to cover for a sick colleague but he doesn't think this is the cause of the problem. He loves his job and, even with the additional duties, he can easily keep up. I wondered if he might have financial problems but apparently this is not the case either. It seems that the root of the problem is the fact that his company is restructuring and drastically cutting back on the number of employees so Jason is struggling with the idea of facing unemployment.

私の研究調査の参加者の1人であるジェイソンは、最近職場でたくさんの緊張と不安を感じています。彼は病気の同僚の代わりをするため余分な仕事を引き受けたのですが、これは問題の原因ではないと彼は思っています。彼は仕事がとても好きで、作業が追加されても簡単にこなすことができます。経済的な問題を抱えているのかもしれないと私は思ったのですが、そういうことでもないようです。問題の根本は、彼の会社が経営再建中で従業員の数を大幅に削減しているため、ジェイソンは自分も失業するのではないかと考えて苦しんでいることだと思われます。

3&4　A senior student, Janice, came in for counselling yesterday. Apparently she is having trouble adjusting to some aspects of what lies ahead of her when she goes to the big city to start university in a couple of months' time.

最上級生のジャニスが昨日相談を受けに来ました。どうやら彼女は、2、3カ月後に都会に出て大学生活を始めるときに何が待ち受けているのか、その幾つかの面に適応するのに苦労しているようです。友

完全対策 ■ LISTENING

She's not at all worried about leaving her friends and family behind; in fact, she's looking forward to the excitement of the city and making new friends. But she is apprehensive about having to share classes with and relate to boys. She is an only child and has been at this all-girls' school for the last five years. Understandable, really. Her parents are well-off so funds are not an issue and I doubt whether she'll have to look for any evening or weekend work to supplement her finances. I think, however, she is troubled by the thought of how much harder university study will be and whether she will fall behind with the academic work.

人や家族と別れることを、彼女は全く心配していません。何しろ、都会の刺激や新しい友人を作ることを楽しみにしているのですから。ですが彼女は、男子と同じクラスになったり仲良くやっていったりすることに不安を感じています。彼女は一人っ子で、過去5年間この女子校に通っています。実際、無理のないことです。両親は裕福なのでお金は問題ではなく、彼女が収入を補うために夜や週末の仕事を探す必要があるかどうかは疑わしいです。しかし、大学での学習がどれだけ難しくなるのか、勉強で遅れることがないかどうかを考えて、彼女は悩んでいるのだと思います。

語 注

- sniffle：鼻をすすること
- symptom：（病気などの）兆候、症状
- sneeze：くしゃみをする
- merit：〜に値する
- optician：眼鏡店
- prescription glasses：度入りの眼鏡
- nausea：吐き気
- gastric：胃の
- tension：緊張
- cut back on ...：〜を削減する、縮小する
- apprehensive：心配して
- supplement：〜を補う

問題文の訳

4.1 下の質問で下線が引かれている語句の言い換えを少し考えなさい。それから音声を聞きなさい。

1 〜ならば医者に行くべきだ。
A 頭痛が絶えず続く
B 吐き気がする
C 風邪をひいている

2 なぜジェイソンはストレスを感じているのか。
A お金の問題を抱えている。
B 過労である。
C 仕事を失うことを恐れている。

3 と 4 ジャニスはどの2つのことを心配しているか。
A アルバイトを見つけること
B 十分なお金を持っていること
C 勉強で遅れをとらないこと
D 家から離れること
E 男子学生と話すこと

4.2 同等の表現が分かったか。スクリプトで下線が引かれた語句を確認しなさい。

4.3 ではもう一度聞いて質問に答えなさい。

SECTION 2　実践問題 ［解答］　本冊：p.33-34

11 C	12 A	13 G	14 D	15 B	16 F	17 B	18 C
19 D	20 E （19 と 20 は順不同）						

解説　設問 **11** から **16** まで、それぞれが順に説明されることが問題の構成から読み取れます。音声を聞く際は、それぞれ

のツアーに対する説明が始まる部分の話の転換をしっかりと把握してください。／**11** don't have to keep up が選択肢 C で go at your own pace と言い換えられているように、全てのキーワードは言い換えられて音声に登場します。スクリプトを読んで、どの言葉がどのように言い換えられているかを確認しましょう。／**17** 質問から、ガイド付きのウォーキングが提供されている地域を特定する必要があります。音声では guided treks と言い換えられています。／**18** nearly every night は「ほとんど毎晩」の意味で、「毎晩」ではありません。is laid on の lay (動詞) に「～を用意する」という意味があることに注意しましょう。／**19&20** 全ての選択肢が音声に含まれることを想定し、どの2つが設備に含まれるかを注意して聞いてください。fridge が refrigerator の短縮形であることは知っておきたい知識です。

スクリプトと訳　🎧09

You will hear a talk about different types of holidays in New Zealand. First, you have some time to look at Questions 11 to 16.

[20 seconds]

Now listen and answer Questions 11 to 16.

Welcome to this talk on holidays in New Zealand. To start with, I'll run through six different types of holiday and then, after a show of hands, I'll provide a few more details on the type of tour that the majority of you show an interest in. Okay, first up is freedom walking. As a freedom walker, you have many well-maintained trails to choose from in New Zealand's beautiful wilderness from coastal tracks along golden beaches, pristine rivers and lakes, through ancient native rainforest to snow-capped mountains. You will carry a fully-laden backpack but you can stop and rest whenever you like — **11 you don't have to keep up** with the fitter walkers up ahead.

On guided walks, you will have the benefit of expert guides to help you understand and enjoy the history and natural beauty of the landscape. These walks can range from one-day excursions to 21-day treks in remote wilderness areas. So, you see, there's **12 one to suit every budget**. You will carry a light-weight pack with just your daily essentials.

If you lead an active lifestyle and enjoy the outdoors but are not so fond of walking, a cycling tour is for you. All cycling is on the road. Safety is a priority with our guides who will keep you informed of road rules, weather conditions and the type of terrain ahead. The best thing to my mind is that you can **13 opt out at any time** whether through tiredness, injury or just plain laziness — all tours are accompanied by support vehicles which can uplift you (and your cycle) along the way and take you to the end of the stage.

If you would like to try kayaking, no experience is necessary — you will learn as you go and it's certainly not all hard

ニュージーランドでのさまざまなタイプの休日についての話を聞きます。最初に、質問 11-16 を見る時間が少しあります。

[20秒]

では聞いて質問 11-16 に答えなさい。

ニュージーランドでの休暇についての説明会にようこそ。初めに、6つの異なる種類の休暇についてざっとご説明し、その後挙手で採決を取ってから、皆さんの多数の方が関心を示された種類のツアーについて、もう少し詳しいことをお話しいたします。さて、まず最初は自由ウォーキングです。自由ウォーカーは、よく整備された多くのトレイルから選ぶことができます。トレイルはニュージーランドの美しい荒野の中を、金色に輝くビーチ沿いの海岸の道や原始のままの川と湖から、古代の原生雨林を抜け、雪を頂いた山々へと続いています。荷物がぎっしり詰まったリュックを背負っていただくことになりますが、好きな所で足を止めて休んで構いません。先を行く健脚のウォーカーについて行く必要はありません。

ガイド付きのウォーキングでは、歴史や風景の自然の美しさを理解し味わう手助けをしてくれる専門のガイドがいる、というメリットがあります。ウォーキングは、日帰りの遠足から、遠く離れた原生地域を目指す 21 日間のトレッキングまでさまざまです。ですから、お分かりのように、どんな予算にも合うウォーキングがあります。日常的に必要な物だけを入れた軽いリュックはお持ちください。

活動的なライフスタイルを送りアウトドアを楽しんでいるが、ウォーキングはあまり好きではない、という方には、サイクリングツアーがぴったりです。サイクリングは全て路上です。安全が最優先で、交通規則や天候の状態、前方の地形のタイプについて常に情報を提供する当社のガイドが一緒です。私の考えでは、一番いいところは、いつでも離脱できることです。理由は疲労でもけがでも、単なる怠惰でも構いません。全てのツアーには、皆さん (と自転車) を拾ってステージの最後までお届けできるよう、サポート車両が同行します。

カヤックにトライしてみたいという方は、経験は不要です。やりながら覚えますし、全部が全部大変という

work — imagine paddling through crystal-clear water and stunning scenery where you will see all manner of wildlife from forest and sea birds to dolphins and seals. At the end of the day, you'll come home to a private beachfront lodge where you will enjoy **14 a gourmet meal, with the finest seafood and freshest local ingredients**.

Sailing has a lot to offer for those of you who like the ocean but this kind of tour is open only to experienced sailors. The yachts that you hire are fully equipped for exploring the coastline and the beauty of this method of touring is that you will be able to moor off isolated beaches and off-shore islands that very few people ever visit because they are **15 unreachable** by other means.

If luxury is your thing, however, then consider a cruise. This is **16 by far the least strenuous option** but that is not to say you have to be inactive. Fishing and snorkel equipment are available and you'd be a fool not to give it a go. It doesn't matter whether you are a novice or a more experienced angler. During each journey, the crew is available to lend a hand with the fishing and share their knowledge of the ocean and local landscapes.

Now that you've heard a quick summary of the tours available, you can vote for the one you are most interested in.

....

Before you hear the rest of the talk, you have some time to look at Questions 17 to 20.

[20 seconds]

Now listen and answer Questions 17 to 20.

Ah, walking, always popular ... There's a wide of variety of walking holidays to suit all levels of fitness on the three main islands that make up New Zealand. We offer **17 guided** treks over various terrains, from mountainous to flat, throughout the whole of the **17 South Island**. In the North Island, there are many different trails that you are welcome to walk on your own. There are also some delightful tracks being developed on Stewart Island which will need a guide when they are finished.

At the end of each guided walk, we have a celebration with a buffet meal and then a few days of rest and relaxation before you move on to the next trail. Entertainment is laid on **18 nearly every night** with the tour guide on hand to arrange interesting talks or local knowledge quizzes and to respond to any special requests from guests.

During long treks you will stay overnight in very basic huts but between treks we have arranged for self-catering accommodation. Each of these units is equipped with a **19 fridge** and a small stove — gas, not electric — but no dishwasher, I'm afraid. There's a television and a small radio but for access to the Internet you'd have to find a local Internet café. There are two beds per unit and all bedding is provided including **20 electric blankets** but there isn't any other form of heating in the unit — although the common room where the entertainment goes on does have a log fireplace.

That is the end of Section 2.

炊のできる宿泊施設を用意してあります。これらの部屋には、それぞれ冷蔵庫と小型のこんろが備え付けられています。こんろは電気でなくガスで、あいにく食器洗い機はありません。テレビと小型ラジオはありますが、インターネットを利用するには地元のネットカフェを見つけていただかねばなりません。各部屋にベッドが2台あり、電気毛布を含む寝具は全部支給されますが、部屋には他の暖房手段はありません。ですが、娯楽が行われる共同の部屋には、まきの暖炉があります。

これでセクション2は終わりです。

語注

first up：まず第一に
pristine：汚されていない、原始のままの
fully-laden：たくさん積んでいる
terrain：地形
opt out：手を引く
stunning：とても美しい、素晴らしい
moor：（船などが）停泊する
off-shore：沖にある
strenuous：きつい、激しい
inactive：活動的でない
novice：初心者
fridge：冷蔵庫

問題文の訳

Questions 11-16

次の休暇のそれぞれについて、どのような利点が述べられているか。
囲みの中から6つ答えを選び、問題11-16の解答欄にA-Hのうち正しい文字を書きなさい。

	利点
A	選ぶことのできる価格帯
B	近づき難い場所を探検する
C	自分のペースで行く
D	質の高い食事が提供される
E	持ち運ぶバックパックがない
F	身体的にきつくない
G	どんな時点でも退く
H	荒れた道をたどって行く

11 自由ウォーキング
12 ガイド付きウォーキング
13 ロードサイクリング
14 海上カヤック
15 セーリング
16 豪華クルージング

Questions 17 and 18

A, B, Cから正しい文字を選んで書きなさい。

17 ガイド付きのウォーキング休暇が現在提供されているのは、

A　ニュージーランド全土である。
B　南島のみである。
C　南島とスチュワート島である。

18 休養日に娯楽が提供されるのはいつか。

A　客が要望したとき
B　毎晩
C　ほとんどの夜

Questions 19 and 20

A-E から 2 つの文字を選んで書きなさい。

自炊できる部屋には次のどれが含まれているか。

A　食器洗い機
B　暖炉
C　電気こんろ
D　電気毛布
E　冷蔵庫

Activity 5 ［解答］　　　本冊：p.35-37

5.1　1 Go straight on　2 roundabout　3 roundabout　4 take the second exit　5 Go past
　　　6 turn right　7 take the first on the left　8 keep going　9 traffic lights　10 turn right
　　　11 junction　12 turn left　13 turn left　14 take the second on the right　15 car park
5.2　1 Fire station　2 Post Office　3 Shoe Store　4 Elm Avenue　5 northeast
　　　6 Fire station　7 Library　8 Bank　9 Elm Avenue & Third Street　10 Pharmacy

解説　5.1 adjacent の d はほとんど音が発音されません。

5.2　1 の on the northwest corner of や 3 の on a corner of は後ろに and を伴って、on a corner of A and B「A 通りと B 通りの角に」という意味で使われます。8 の head は「〜に向かう」という意味の動詞です。7 の take the second left「2 つ目の角を左に曲がる」、8 の take the third turning on the right「3 つ目の角を右に曲がる」のように、take the first / second / third という表現に慣れておきましょう。

問題文の訳

5.1 次の地図を見て、以下の語句を使って対話を完成させなさい。それから対話を聞いて答えを確認しなさい。

🎧 10　※トラック 10 のスクリプトは本冊 p.36 の 5.1 に掲載されています。

駐車場	ラウンドアバウト（×2）
通り過ぎる	信号
交差点	直進する
左折する（×2）	2 つ目の出口から出る
右折する（×2）	最初の角を左折する
そのまま行く	2 つ目の角を右折する

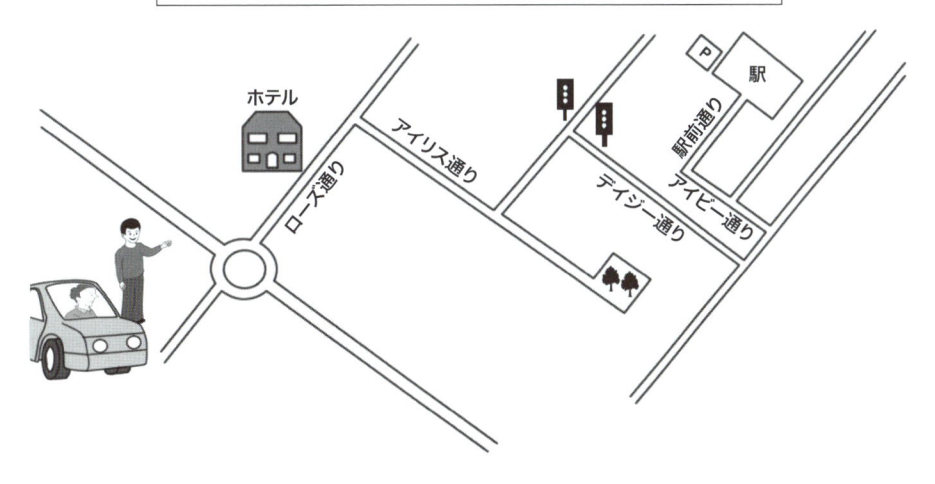

A：駅までの道を教えていただけますか。
B：2 ラウンドアバウト に行き当たるまで1 直進して ください。3 ラウンドアバウト で4 2つ目の出口を出て ローズ通りに入ります。左手にあるホテルを5 通り過ぎて 6 右折し 、アイリス通りに入ります。それから7 最初の角を左折し 、9 信号 まで8 そのまま行きます 。それから10 右折して デイジー通りに入ります。次の11 交差点 で12 左折して ください。それからもう1度13 左折して アイビー通りに入り、14 2つ目の角を右折します 。これが駅前通りで、駅は突き当たりです。駅に隣接した15 駐車場 が見えますよ。

> **豆知識**
> ラウンドアバウトは、円形に作られた交差点のこと。信号や一時停止がなく、一方通行になっており、交通がスムーズに流れるよう工夫されている。

スクリプトと訳

5.2 🎧 11

1. Which building is on the northwest corner of Oak Avenue and Second Street?
2. Which building is opposite the library?
3. Which building is located on a corner of Elm Avenue and Sixth Street?
4. Which street or avenue lies to the south of Potter Park?
5. In which direction would you walk to go from the shopping plaza to the high school?
6. Which building is almost two blocks east of the library?
7. If you walk out of the church, face west and turn right, then take the second left, what is the first building you come to?
8. If you walk out of the bus station, head east and take the third turning on the right, then turn right again, which building will you see on your right hand side?
9. If you step out of the shopping plaza on Oak Avenue and face east, turn left then right and go straight ahead for two blocks, at what intersection would you be?
10. If you get on the bus outside the high school, travel three blocks south, get off and walk west on Forest Avenue, which store is on your left?

オーク通りと2番通りの北西の角にあるのはどの建物か。
図書館の向かいにあるのはどの建物か。
エルム通りと6番通りの角に位置しているのはどの建物か。
ポッター公園の南側に位置するのはどの通りか。

ショッピングプラザから高校に行くにはどの方向に歩けばよいか。
図書館からおよそ2ブロック東にあるのはどの建物か。

教会を出て、西を向いて右に曲がり、それから2つ目の角を左に曲がると、最初に行き当たる建物は何か。

バスステーションから出て、東に向かって3つ目の角を右に曲がり、それからまた右に曲がると、右側に見えるのはどの建物か。

ショッピングプラザをオーク通り側から出て東を向き、左に曲がってから右に曲がり、2ブロック直進すると、どの交差点にいることになるか。
高校の外でバスに乗り、南へ3ブロック移動し、バスを降りてフォレスト通りを西に歩くと、左手にあるのはどの店か。

完全対策 ■LISTENING

問題文の訳

5.2 下の地図を見なさい。設問を聞いて答えを書きなさい。

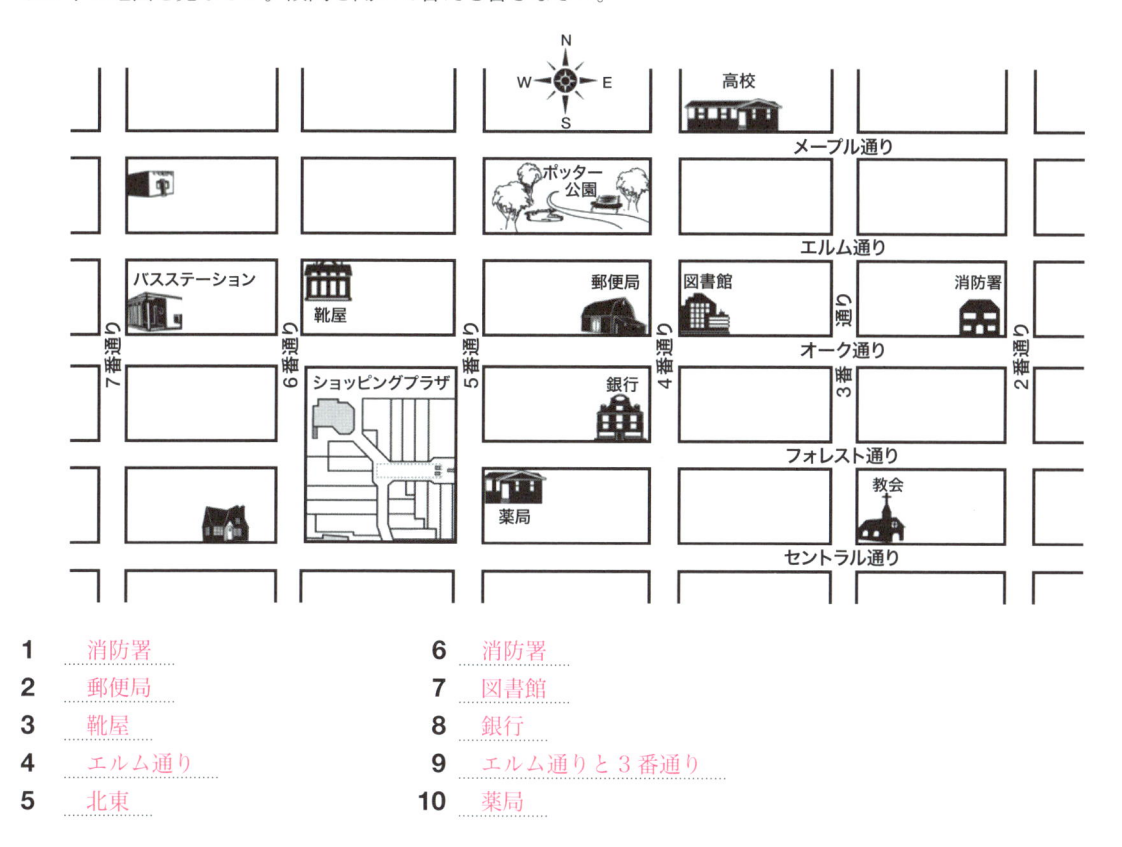

1　消防署
2　郵便局
3　靴屋
4　エルム通り
5　北東
6　消防署
7　図書館
8　銀行
9　エルム通りと3番通り
10　薬局

Activity 6　[解答]　　　　　　　　　　　　　　　　　　　　本冊：p.37

1 coursework　　**2** workload　　**3** content

[解説] **1** 空所の2語前に finding があることから、find O C「OがCであることが分かる」のOを特定することが求められる、ということを文法面から把握しましょう。

スクリプトと訳　🎧 12

Listen to two students Ivan and Maria discussing Maria's studies.

IVAN: How are you getting on at university this year, Maria? Is the **1 coursework** much harder?
MARIA: Actually, Ivan, I don't find it much harder at all. I suppose now that I'm familiar with all the technical terms and special vocabulary, the **2 workload** isn't so great.
IVAN: I guess the **3 content** is similar to what you've studied before in your country?
MARIA: Yes, of course, that helps me a lot.

2人の学生アイヴァンとマリアがマリアの勉強について話し合っているのを聞きなさい。

アイヴァン：今年は大学ではどんな具合なの、マリア。授業内容はずっと難しくなった？
マリア：　実はね、アイヴァン、ずっと難しくなったとは全然感じないの。専門用語や特殊な語彙にすっかりなじんだから、勉強の負担がそんなに大きくないんだと思う。
アイヴァン：君の国で学んできたことと内容が似ているんじゃないかな。
マリア：　もちろんそうね。おかげでずいぶん助かっているわ。

> **問題文の訳**

次の文を完成させなさい。それぞれ1語で答えを書きなさい。
1 アイヴァンは、マリアが 授業内容 をより難しく感じているかどうかを知りたい。
2 今は語彙が分かっているので 勉強の負担 はそれほど重くない、とマリアは言っている。
3 内容 が以前彼女が学んだものとほぼ同じだ、とアイヴァンは正しく推測している。

SECTION 3 実践問題 ［解答］　　　　　　　　　　　　　本冊：p.38-39

21 H	22 F	23 E	24 A	25 E	26 A	27 D

28 facts and figures　　**29** change in temperature　　**30** extreme wind conditions

解説 21-24は順番に説明されることから、どの場所から説明が開始されるかを的確に把握することが大切です。この会話では、入り口を入ってすぐのインフォメーションカウンターから説明が始まっています。／**28** 空所の直前に many があることから、空所には複数形の可算名詞が必要だと分かります。音声では many が a whole lot of と言い換えられていることも把握しておきましょう。複数形の s を書き漏らさないことも大切なポイントです。／**29** 空所の前後を確認すると、A, B and C という並列関係になっているので、空所には名詞または名詞の役割をするものが必要だと分かりますし、音声でも wind と weight の間に登場するものを抜き出せばいいことが分かります。／**30** occur が音声では happen に言い換えられています。only が空所の3語前にあることから、only のような限定的な言葉が登場するところに注意すると、only が音声にも登場し解答のヒントを与えてくれています。

> **スクリプトと訳**　🎧 13

You will hear two engineering students Gary and Zoe making arrangements to meet and then discussing an assignment. First, you have some time to look at Questions 21 to 24.	2人の工学部の学生ギャリーとゾーイが会う計画をし、それから、課題について話し合っているところを聞きます。最初に、質問21-24を見る時間が少しあります。
[20 seconds]	[20秒]
Now listen and answer Questions 21 to 24.	では聞いて質問21-24に答えなさい。
GARY: Hi, Zoe. We need to get together to talk about our next assignment.	ギャリー：やあ、ゾーイ。僕たちの次の課題について打ち合わせをしなきゃね。
ZOE: Hi, Gary. What about Saturday?	ゾーイ：あら、ギャリー。土曜日はどう？
GARY: Okay, but can you meet me at the public library in town? Say … at about two o'clock? I'll be in the reference section at the back on the ground floor.	ギャリー：いいけど、街の公立図書館で会えるかな。2時とか。1階の奥の参考図書コーナーにいるから。
ZOE: I haven't used the public library before. How will I find you?	ゾーイ：公立図書館は使ったことがないわ。どうやってあなたを見つければいいの。
GARY: I'll draw you a quick floor plan. Look, the information desk is just inside the entrance. Stand in front of the desk facing away from it. Then, follow the arrows. The first area you come to is the newspaper section on your left. They have a really good selection of all the national papers there. Anyway, as you continue, you'll pass the new book display on your right.	ギャリー：ざっと平面図を描いてあげるよ。いいかい、入り口から入るとすぐインフォメーションカウンターだ。反対側を向いてカウンターの前に立つ。そしたら、矢印があるから、それに従って進む。最初のエリアは左側の新聞コーナーだ。あらゆる全国紙をすごくよくそろえている。それはともかく、先に進むと、右側の新着図書の展示の前を通り過ぎる。
ZOE: Mmm, I might stop there to browse the latest fiction books — another time, maybe.	ゾーイ：うーん、そこで足を止めて最新の小説をざっとチェックするかも。まあ次回にでも。
GARY: Yeah. Where was I? Ah, new books. Just pass between that display and **21 the multimedia room** on your left. Actually, we might need to use that at	ギャリー：うん。どこまで説明したっけ。ああ、新着図書ね。その展示の間を抜けると左側にマルチメディア室がある。ちなみに、どこか

some stage. Next to this room, just around the corner, set back a little bit, is the CD collection. You veer away from that and keep following the arrows around the second corner and you'll go by **22 junior fiction** on your right. Carry on a bit further and you'll find me in the reference room — it's quite a big room — behind the **23 journals and magazines**. There are three catalogue computers alongside the reference room, which is very handy, because I think we'll be using them a lot. When we've finished for the day, we can sit back with a cup of coffee in the library **24 café**. This is it here, at the rear of the reference section. It's rather nice, too — it opens out onto a little enclosed garden.

ZOE: Sounds like a nice way to round off the day; so, the reference section, is that where you'll be waiting?

GARY: Yep.

ZOE: See you there then. Two o'clock.

Before you hear the rest of the conversation, you have some time to look at Questions 25 to 30.

[20 seconds]

Now listen and answer Questions 25 to 30.

GARY: Hi Zoe, glad you could make it. For this assignment on suspension bridges, have you come up with one that interests you?

ZOE: Yes, it's a fairly old one, started in 1954 and completed in 1957. Have you heard of the Mackinac Bridge?

GARY: It's in Michigan in the USA, isn't it? Across the Straits of Mackinac — it connects Michigan's upper and lower peninsulas.

ZOE: Right. We might be able to find a simple diagram here in one of these reference books.

GARY: Here we are. I've got it.

ZOE: No, that's the Golden Gate in San Francisco Bay. This is the Mackinac, here. See, the main span, in the middle? It's not as long as the Golden Gate or some of the other famous suspension bridges.

GARY: Well, how long is it?

ZOE: The **25 main span** on the Mackinac is just 1,158 metres — still a considerable distance though, don't you think?

GARY: Uh huh. That reminds me, I heard an amusing story about the bridge — perhaps we can use it in our presentation.

ZOE: Well, go ahead — tell me.

GARY: It happened during the construction of the bridge. Workers had to have a place to work while spinning the main cables; so, they suspended narrow catwalks between the **26 anchorages**, this one here on the far left and the other here on the far right. Those catwalks followed the same path that the cables do now — up to the top of one tower, curving down to the roadway, or **27 deck** as it's called, up to the other tower, and back down again. That's all there was — two thin strips of chain-link fence looping over both towers.

ZOE: Those strips of chain-link are not still there, though, are they?

GARY: No, this was just the preliminary work on the bridge, before the cables were strung. Anyway, this one woman saw and she complained to the Bridge Authority demanding to know how they expected a car to climb the high, steep road they had built across the straits!

ZOE: You know, I think we should use that anecdote. But, seriously now, what else can we say?

GARY: Well, obviously we can give a whole lot of **28 facts and figures** to do with the construction of the bridge.

ZOE: Well, maybe not too many, we don't want to overwhelm the audience, but certainly some of the most important ones.

GARY: You know, in the past, there have been some spectacular collapses of suspension bridges, like the Tacoma Narrows Bridge in 1940.

ZOE: Yes. At the time the Tacoma Bridge was designed and built, suspension bridge engineers and designers thought that lighter bridges with very flexible decks were functionally sound and aerodynamic forces were not well understood at all. A lot was learnt from that failure.

GARY: So they made the Mackinac stiffer and heavier, and all suspension bridges built since 1940 have been designed to move to accommodate wind force, **29 change in temperature**, and weight of the traffic.

ZOE: The roadway of the Mackinac, at the centre span, could move as much as 10 metres, east or west, but this would happen only under **30 extreme wind conditions**. And even then, it wouldn't really swing or sway but rather move slowly in one direction according to the force and direction of the wind. And then, after the wind subsides, the weight of the vehicles would slowly move it back into centre position.

ギャリー：橋の建設中の出来事なんだけど、メインケーブルを束ねていく間、作業員が作業する場所が必要になった。それで、アンカーブロック、この左端にあるやつともう1つ右端にあるやつだけど、その間に狭い足場をつったんだよ。その足場は、今のケーブルと同じ道筋に沿っていた。片方の塔の頂上へ上っていき、カーブを描いて道路、デッキと呼ばれているけど、道路へと下り、もう一方の塔へと上ってまた下る。それで全部だったんだよ。両方の塔の上で輪になっている2枚の細長い金網のフェンス。

ゾーイ：さすがにその細長い金網はもうないわよね。

ギャリー：もうないね。これは、ケーブルをつなげる前の、橋の準備作業にすぎなかったんだ。それはともかく、ある女性が見て、海峡に渡した高くて急な道を、車がどうやって上ればいいと考えているのか、どうしても教えてほしいと橋の関係官庁に苦情を言ったんだよ。

ゾーイ：なるほどね、その逸話は使った方がいいと思う。だけど、真面目な話、他に言えることって何かしら。

ギャリー：うーん、はっきりしているのは、橋の建設に関係する事実や数字を山のように言うことはできるよね。

ゾーイ：うーん、多過ぎない方がいいかも。聞き手を閉口させたくはないし。一番重要なことを言うことは絶対必要だけど。

ギャリー：あのね、昔、つり橋のすさまじい崩落が何件かあったんだよ。1940年のタコマナローズ橋とか。

ゾーイ：うん。タコマ橋が設計されて建設されたころは、つり橋の技術者と設計者は、とても柔軟な軽いデッキを持ったつり橋の方が機能上堅固だと思っていて、空気力学的な力についての理解は全然十分じゃなかったのよね。その失敗からはたくさん学ぶことがあったわ。

ギャリー：だからマキナック橋をもっと頑丈にもっと重く造ったわけで、1940年以来建設されたつり橋は全部、風力や気温の変化や通行する車の重量に適応して動くように設計されている。

ゾーイ：マキナック橋の道路は、中央のスパンでは東西に10メートルも動くようになっているけど、そこまで動くのは極端に風が強い状況のときだけよ。そうなったとしても、実際に揺れたりぐらぐらしたりするわけじゃなくて、どちらかというと、風の強さと方向に応じて一方向にゆっくり動くのね。それから風が収まると、車両の重みでゆっくり中央の位置に戻されるの。

GARY: Okay, let's do a bit more research and then go and have that cup of coffee.
ZOE: Good idea.

That is the end of Section 3.

ギャリー：よし、もう少し調査して、それから例のコーヒーを飲みに行こう。
ゾーイ： いい考えね。

これでセクション3は終わりです。

語注

face away from ... ： 〜と違う方向に顔を向ける
arrow：矢印
browse：〜をざっと見る

veer away from ... ： 〜から向きを変える、それる
rear：後部、後ろ
peninsula：半島
anchorage：支柱

steep：険しい
anecdote：逸話、秘話、小話
stiff：曲げにくい、堅い
sway：揺れる
make allowance for ... ：〜を考慮に入れる

問題文の訳

Questions 21-24

次の図面を完成させなさい。

問題 21-24 の解答欄に A-J のうち正しい文字を書きなさい。

公立図書館

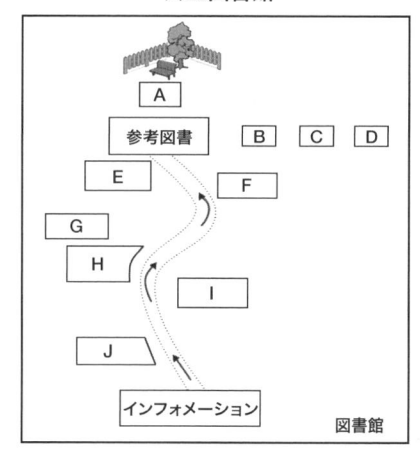

21 マルチメディア室
22 子ども向け小説
23 専門誌と雑誌
24 カフェ

Questions 25-27

次の図を完成させなさい。

囲みの中から3つ答えを選び、問題 25-27 の解答欄に A-E のうち正しい文字を書きなさい。

A	アンカーブロック
B	足場
C	金網のフェンス
D	デッキ
E	主塔間の長さ

マキナックつり橋

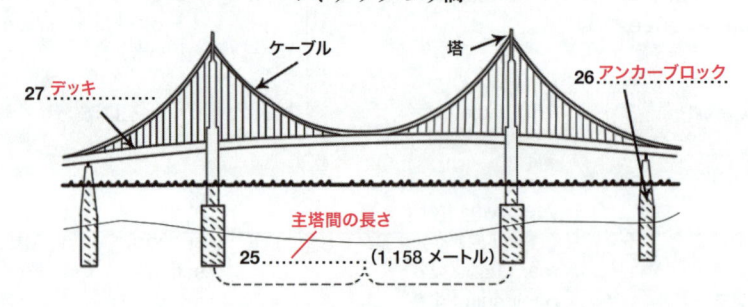

- 27 デッキ
- 26 アンカーブロック
- ケーブル
- 塔
- 主塔間の長さ
- 25 .... (1,158 メートル)

Questions 28-30

次の文を完成させなさい。それぞれ3語以内で答えを書きなさい。

28 発表には <u>事実や数字</u> を多く入れ過ぎるべきではないとゾーイは提案している。

29 1940年以降のつり橋の設計は、風と <u>気温の変化</u> と重量を考慮に入れているとギャリーは言っている。

30 マキナック橋はかなり動くことがあるが、これは <u>極端に風が強い状況</u> でのみ起こるとゾーイは説明している。

Activity 7 [解答]   本冊：p.41

1 shopping   **2** crime   **3** amenities   **4** transportation

解説 質問の順番を確認することで、話がどういった順に進むかを把握することが可能です。／**1** clubs, cafés と Arts & culture の間に登場するものを答えることになります。／**2** 空所の前後を確認し、more A (空所) and B (pollution) の並列関係を把握しましょう。／**4** cost と expense が言い換えられていることに反応しましょう。

スクリプトと訳 🎧 14

If you enjoy the hustle and bustle of the city, then sure, this is the place to be. This is where the action is — bars, nightclubs, cafés and restaurants — not to mention the **1 shopping**! There's everything from your favourite boutique to major department stores. If you're into arts and culture, you've got galleries, museums and theatres on your doorstep. If you work in the city, the best thing about urban living is the proximity to work — imagine a walk or a short bus ride to work instead of hours sitting in traffic jams or packed into trains.

However, if you can't stand the noise of people, traffic and the nightlife, then city living is not the right choice for you. Cities generally have higher rates of **2 crime** and traffic pollution, too. But one of the biggest arguments against urban living is the cost. If you want a large apartment, it's going to cost you much more than a suburban house.

Suburban living is for those of you who love peace and quiet. There is usually more greenery and more opportunities for children to play. Best of all, in the suburbs you can buy a home with **3 amenities** like a garage, pool or big back yard.

Suburban life is a long way from all that action in the city and, if you want to enjoy some of that city life, you have to

都会の喧噪（けんそう）が好きなら、絶対に都会で決まりです。都会は刺激に満ちています。バーにナイトクラブにカフェにレストラン。ショッピングは言うまでもありません。お気に入りのブティックから大手のデパートまで、何でもあります。芸術と文化に熱中しているなら、家を出ればすぐそこは画廊や美術館や劇場です。都会で働くなら、都会の生活の一番いいところは職住近接です。考えてもみてください。何時間も交通渋滞でじっとしていたり、電車ですし詰めにされたりするのではなく、徒歩やちょっとバスに乗るだけで会社に行けるんです。

ですが、人や車や夜の歓楽街の騒音に耐えられないのなら、都会の生活は正しい選択ではありません。都市の方が概して犯罪率が高く、交通公害もあります。しかし、都会の生活に反対する最大の論拠の1つは、コストです。広いマンションを欲しいと思っても、郊外で一軒家を買うよりはるかに高くつくでしょう。

郊外の生活は、平穏と静寂を愛する皆さんのためのものです。郊外の方がたいてい緑が多いですし、子どもたちが遊べる機会も多いです。何よりも郊外では、ガレージやプールや広い裏庭のような設備の整った一軒家を買うことができます。

郊外の生活は都会にあふれる刺激からは遠く離れていますから、その都会生活を少し楽しみたければ、交通

factor in the expense of **4 transportation** — every excursion to the city adds up. And let's not even think about the wasted time and frustration, not to mention expense, of the daily commute to work.

費、つまり都会へ遠出するたびに積み重なる費用を考慮しなければなりません。そして、日々の通勤にかかる費用は言うまでもありませんが、通勤で無駄にする時間やフラストレーションについては考えないようにしましょう。

語注
hustle：押し合い
proximity to ... ：～に近いこと
factor in ... ：～を考慮に入れる

問題文の訳
次の表を完成させなさい。それぞれ1語で答えを書きなさい。

都会の生活対郊外の生活		
	メリット	デメリット
都会	■ 刺激 — クラブ、カフェなど ■ **1** ショッピング ■ 芸術と文化 — 美術館など ■ 職場に近い	■ 騒音 ■ より多い **2** 犯罪 と公害 ■ 住宅の価格
郊外	■ 平穏と静寂 ■ 緑が多い環境 ■ 子どもにより良い ■ 裏庭など **3** 設備 が多くより広い家	■ **4** 交通 費 ■ 日々の通勤で失われる時間

Activity 8 [解答] 本冊：p.42

1 written offer　**2** contract　**3** deposit　**4** interest

解説 音声の流れを把握するために、空所がない部分の語句を手掛かりの1つとして活用します。1、2、3は空所の直前に a があることから、子音で始まる単数の可算名詞が必要だと分かります。／4 Should settlement be delayed ... と読み上げられる箇所は、If settlement should be delayed ... の倒置であることを理解しましょう。

スクリプトと訳 🎧15

In this country, the process of buying a house is straightforward. When you have found the place you want to buy, you put in a **1 written offer** — a verbal offer is not legally binding. Your offer is made in writing in the form of a Sales and Purchase Agreement. The offer may be conditional upon a builder's report or mortgage finance, for example. When all the terms of the sale have been agreed to by the buyer and the seller, a **2 contract** is signed. Once the Sales and Purchase Agreement has been signed and dated by both parties, the buyer is required to give a **3 deposit**. This is usually 10% of the purchase price. Once all conditions have been met, the sale then becomes unconditional and fully binding. At this point, the deposit is released to the owner and will not be refunded should you fail to settle. Should settlement be delayed for any reason, **4 interest** is charged on the outstanding amount, until settlement is made in full.

この国では、家を買う手順は単純明快です。買いたい物件が見つかったら、書面で申し込みをします。口頭での申し込みは法的拘束力がありません。申し込みは、売買契約書の書式で、文書で作ります。申し込みは、例えば建築専門家の報告書や住宅ローンの融資を条件とするかもしれません。買い手と売り手が販売条件全てについて合意すると、契約書に署名します。双方が売買契約書に署名して日付を記入すると、買い手は頭金の支払いを求められます。これはたいてい購入価格の10%です。全ての条件が満たされると、販売は絶対的なものとなり、完全に拘束力を持ちます。この時点で頭金は所有者の手に渡り、万一あなたが決済できなくても払い戻しはされません。万一何らかの理由で決済が遅れた場合、全額決済されるまで残額に利息が課せられます。

語注

straightforward：単純な、分かりやすい
verbal：口頭での
binding：拘束力のある
conditional upon ...：〜を条件として
terms：条件
settlement：決済

問題文の訳

次のフローチャートを完成させなさい。それぞれ2語以内で答えを書きなさい。

家を買う手順

気に入った不動産を見つける
↓
1 **書面で申し込み** をする
↓
販売条件に合意する
↓
2 **契約書** に署名する
↓
3 **頭金** を払う
↓
販売が絶対的で拘束力のあるものになる
↓
決済日が延びたら、購入価格の残りに 4 **利息** を払わなければならない

Activity 9 [解答]   本冊：p.42

1 organisation / organization　2 soldiers　3 emergency
4 disasters　5 Medical　6 shelter

解説 タイトルの The Red Cross から内容を予測しながら聞き取り、それぞれの空所に合う1語を判断しましょう。／ 1 文法上、母音で始まる単数名詞が入ります。また文脈から、その名詞は一般的な意味を持つ語だと考えられます。／ 2 複数名詞か不可算名詞が入ると考えられます。／ 3 事故の生存者に必要なのはどんな relief かを考えましょう。／ 4 前に and があるので、A and B のパターンです。accidents に関連する意味を持つ複数名詞が入ります。／ 5 空所＋ attention が文の主語で、空所は形容詞。けが人にはどんな attention が与えられるのかを考えましょう。／ 6 空所は文の主語。前に冠詞がなく動詞が is なので、不可算名詞が入ります。the Red Cross が the homeless に支給するものは何でしょう。

スクリプトと訳 🎧16

The Red Cross is a non-governmental **1 organisation** operating worldwide that aims to give service to those in need at any time and in any place. It plays a valuable role in wartime assisting **2 soldiers** in all kinds of ways — sometimes by delivering food parcels, clothing and first-aid supplies or by transferring messages between soldiers and their families into and out of the war zone. It is operational in peacetime too, providing **3 emergency** relief to survivors in the case of sudden misfortune — sometimes in the aftermath of a serious accident, or more commonly, in the event of natural **4 disasters**. The Red Cross is quick to

赤十字社は、貧困に苦しむ人たちにいかなる時もいかなる場所でも奉仕することを目的として世界中で活動する非政府組織である。戦時には、あらゆる方法を用いて兵士を支援するという貴重な役割を果たす。時には食糧の包みや衣服や救急用品を届け、また時には交戦地帯に出入りして兵士と家族のメッセージの受け渡しをする。赤十字社は平時にも活動しており、突然不幸な出来事が起きたとき、時には大事故の直後、あるいはもっと一般的には自然災害の場合、生存者に緊急援助を行っている。赤十字社の対応は素早く、しばしば各国政府が急いで活動を始めるよりずっと前から、

respond, often well before governments swing into action, providing **5 medical** care for the injured, delivering supplies of fresh water and food, and **6 shelter** for those who have been left homeless. The Red Cross also sponsors community programmes ...

けが人に医療を提供したり、住む場所をなくした人々のために新鮮な水や食糧といった必需品や宿泊施設を届けたりしている。また赤十字社は地域社会プログラムに資金援助を行っており…

語注
emergency relief：緊急援助　　aftermath：(災害などの)直後　　swing into action：迅速に行動に移る

問題文の訳
次の要約を見なさい。音声を聞く前に、解答を予測してみなさい。予測したものを鉛筆で空所に書きなさい。それぞれ1語で答えを書きなさい。

赤十字社

赤十字社は、貧しい人々を助ける **1 組織** である。戦時には **2 兵士** に救援物資を届けるが、平時にも活動しており、あらゆる種類の事故や **4 災害** の生存者に **3 緊急** 援助を行っている。けが人に **5 治療** をしたり、食糧と水を届けたり、住む所をなくした人々に **6 宿泊施設** を提供したりしている。

では音声を聞いて答えを確認しなさい。

SECTION 4 実践問題 [解答]　　本冊：p.43-44

31 fire　　**32** dog　　**33** mice　　**34** rabbit　　**35** red deer　　**36** cattle
37 hedgehog　　**38** ecological　　**39** dairy industry　　**40** genetic conservation

解説 Section 4 では、話にしっかりとついていくことが重要です。そのためには、小見出しや空所の周辺にある固有名詞や数詞、言い換えが難しい語句（動物の名前など）を押さえることがヒントになります。また、話の転換に使われる言葉を把握しておきましょう。例えば、パラグラフ冒頭の Let's move on now to ..., Moving on to ..., What about ..., This brings us to the next section ..., Last, but not least ... などによって話が転換することが分かります。／**32** Polynesians という固有名詞の登場と、空所の後ろを確認して A and B の並列関係をヒントにします。／**33** 音声で Captain Cook を聞き逃さないようにし、それに続く A and B から答えを特定します。／**34-37** 表がどのような順番で音声の中で説明されるかを設問の順番から把握し、空所以外の語句をヒントとして活用しましょう。／**38** 空所前後の関係から consequences を修飾できる形容詞で、financial と A and B の並列関係を形成するものを特定します。／**39** 空所の直前に the があることから、名詞が必要であることが分かります。

スクリプトと訳　🎧 17

You will hear a zoology lecturer giving a talk on the effect that introduced animals have had in New Zealand. First, you have some time to look at Questions 31 to 40.

動物学の講師が、外来動物がニュージーランドで与えた影響に関する講義をするのを聞きます。最初に、質問31-40を見る時間が少しあります。

[40 seconds]　　　　　　　　　　　　　　　　　[40秒]

Now listen and answer Questions 31 to 40.

では聞いて質問31-40に答えなさい。

Good afternoon and welcome to the Zoology Department. We're going to consider the effect of introduced species in New Zealand. I'd like to start with a quick look at ancient history. New Zealand is a tiny fragment of the ancient continent of Gondwanaland. Our diverse flora comes from two sources: first, the ancient species present when this

こんにちは、動物学部へようこそ。ニュージーランドの外来種の影響について検討します。初めに太古の歴史を手短に振り返ってみましょう。ニュージーランドは、ゴンドワナ大陸という太古の大陸の切れ端です。わが国の多様な植物相には2つの源があります。1つはこの国がまだゴンドワナ大陸の一部だったころ存在

country was still part of Gondwanaland, and the second, species which arrived after separation. The vegetation developed without browsing mammals. However, since human settlement, there has been considerable destruction or alteration of the landscape through **31 fire** and the introduction of mammals and exotic plants ('exotic' here meaning foreign, non-native).

There were three major invasions by humans. First were the Polynesians and they brought with them the 'kuri' **32 dog** and the 'kiore' rat. Much later, Captain Cook arrived followed by European sealers and whalers. European rats and **33 mice** came aboard their ships. Finally, European settlers started arriving from the 1840s onwards introducing all manner of birds, animals and plants into the still fairly pristine environment. Some species were introduced from Australia but most came from the British Isles and Europe.

Let's move on now to look at some of the introduced animals and the reasons for their introduction. The possum, a native of Australia, was introduced to establish a fur industry but is now the greatest wildlife pest of New Zealand. The second in the utility category is of particular interest because it became a pest almost as soon as it was liberated. The **34 rabbit** was much valued for its meat and fur but was soon out of control. Goats and pigs were brought in as a food supply and the Pacific or kiore rat was used both for food and for its pelt.

Moving on to sport now ... The hare was introduced for food and sport but unlike the rabbit has never become a significant pest. Wallabies were brought from Australia, six species became established and some of those populations are expanding. Both the Himalayan tahr and chamois were introduced into the South Island as game animals. Finally, in this category, **35 red deer** — liberated for sport but responsible for considerable habitat destruction.

What about feral farm animals? Sheep, along with **36 cattle** and horses were brought by early settlers as domestic stock but, because of a lack of fencing, some escaped and became feral. Unfortunately, ordinary house cats went off into the wild as well and established feral populations.

This brings us to the next section — biological control. The humble **37 hedgehog** was introduced from England to control insects and other garden pests but the hedgehog also eats native frogs and bird eggs. The three mustelids — the ferret, stoat and weasel — were brought in as biological control for rabbits. Having failed at that, they are busy exterminating rare native birds.

Last, but not least, the stowaways ... The unintentional introduction of rodents has had a huge impact on native birds and reptiles, the black rat alone responsible for the extinction of nine bird species.

So far, we've looked at human impact on the New Zealand environment brought about by the introduction of various animals. I've focussed on some of the worst examples and why they were brought here. Now, let's consider the economic impact and methods of control.

The establishment of introduced mammals is of considerable **38 ecological** and economic importance. Rabbits, for example, compete with sheep, depleting pasture and causing soil erosion. A virus, myxomatosis, was introduced back in 1951 but it failed to spread. Red deer in the forests prevent the regeneration of native trees but hunting and shooting allows reasonable control. Possums have a devastating effect on all native flora but they also thrive in pine plantations, orchards, pasture and even urban gardens. They pose a particular threat to the **39 dairy industry** as well because they infect cattle with tuberculosis. Despite enormous sums of money being spent on various means of eradication and control, from trapping to poisoning, the possum population is still unmanageable.

Do introduced species offer any financial benefits, you may ask? Surprisingly, yes. Possums are once again trapped for their fur; rabbit meat is back on the menu; the innovation of hunting deer and goats by helicopter has attracted tourist revenue; wild venison (deer meat) is sold in Europe and deer velvet is sold in Asia.

My concluding words are saved for feral farm animals — an interesting aspect of which is **40 genetic conservation**. Selective breeding programmes have narrowed the genetic base of domestic animals. However, some of the feral herds display advantageous characteristics that are now highly prized by animal breeders. Unfortunately, many feral herds have been successfully exterminated.

Thank you. Next week we'll look at bird life.

That is the end of Section 4.

語注

- flora：植物相
- vegetation：植物、植生
- alteration：変更
- settler：入植者
- isle：島、小島
- pest：害虫
- utility：有用性、実用性
- liberate：〜を解放する
- habitat：生息地
- feral：野生の
- deplete：〜を減らす
- pasture：牧草地
- regeneration：再生
- devastating：破壊的な、損害を与える
- thrive：栄える、繁栄する
- infect：〜を感染させる
- eradication：根絶、撲滅
- revenue：収益、収入

豆知識

ゴンドワナ大陸は、数億年前に南半球に存在したと考えられている巨大大陸。現在のアフリカ大陸、南米大陸、南極大陸、オーストラリア大陸、インド亜大陸などに分裂したとされる。

> 問題文の訳

Questions 31-33

次のメモを完成させなさい。それぞれ１語で答えを書きなさい。

外来種がニュージーランドの環境に及ぼす影響：
- ゴンドワナ大陸の一部としてのニュージーランド―古代の植物相
- 分離後―より多くの植物相が到着した
- 人間がやって来るまで、植物は手付かずだった。その後、**31** <u>火</u> や外来種の動植物によって被害を受けた。

人間の到着：
第１　ポリネシア人、ある種の **32** <u>犬</u> とネズミを持ち込んだ
第２　キャプテン・クックとヨーロッパのアザラシ猟師と捕鯨漁師、ネズミと **33** <u>ハツカネズミ</u> を持ち込んだ
第３　ヨーロッパ人の入植者、ほとんどの外来種を持ち込んだ（幾つかはオーストラリアから）

Questions 34-37

次の表を完成させなさい。
それぞれ２語以内で答えを書きなさい。

理由	持ち込まれた哺乳動物
有用性	ポッサム；**34** <u>ウサギ</u> ；ヤギ；豚；ナンヨウネズミ
スポーツ	野ウサギ；ワラビー；ヒマラヤタール；シャモア；**35** <u>アカシカ</u>
逃げ出した動物	野生化した羊；野生化した **36** <u>牛</u> ；野生化した馬；野生化した猫
生物的防除	**37** <u>ハリネズミ</u> ；フェレット；オコジョ；イタチ
貨物などに紛れ込んでいる動物	クマネズミ

Questions 38-40

次の要約を完成させなさい。それぞれ２語以内で答えを書きなさい。

経済的影響と防除の方法

ニュージーランドの環境への動物の導入は、重要な **38** <u>生態学的</u> 影響と経済的影響を与える。ウサギは羊の飼育に影響し、シカは森林に被害を与える。そしてポッサムは病気をまん延させるので、植物のみならず **39** <u>酪農業</u> にも影響するなど、広範な影響を与える。これらの「害獣」が、毛皮食肉産業、観光産業、健康商品の輸出にある程度の経済的利益をもたらすことは確かである。野生化した家畜は **40** <u>遺伝子の保存</u> に有用かもしれないが、多くの群は既に駆除されている。

完全対策 ■ LISTENING

READING

Activity 1 ［解答］　　　　　　　　　　　　　　　　　　　　　　本冊：p.50-51

1 four / 4　　**2** a menswear store　　**3** 5.15 a.m.　　**4** the roof collapsed
5 the kitchenette　　**6** defective wiring

解説 **1** How many と数が問われています。文中で時間以外の数字が登場するのは冒頭の Four だけです。firefighters がこの文では firemen と言い換えられています。／**3** When「いつ」が問われているので、まず文中で時間を表す表現を確認します。すると 2.40 a.m. と 5.15 a.m. が見つかり、これらを吟味すると 5.15 a.m. が正解だと分かります。When「いつ」が問われているときは、曜日や月のように、数字が答えとならないケースもあるので、数字を検討して、該当しなければ他を探すようにしましょう。

パッセージの訳

早朝の大火

今朝早く、紳士服店への出動要請に地元の消防隊が対応した後、4 人の消防士が軽度のやけどを負った。警報は午前 2 時 40 分に鳴ったが、火は数時間にわたり消し止めることができなかった。最終的に消火されたのは午前 5 時 15 分だった。消防隊員のけがは、屋根が崩れて数人の隊員が建物の中に閉じ込められたときに起こった。火元は店の奥の簡易台所だと消防署長は語った。火事の原因はまだ調査中だが、現場の初動調査によると、不良配線が原因だったと考えられる。

語注

suffer burns：やけどを負う　　flame：炎　　originate：生じる
call-out：呼び出し　　extinguish：～を消す　　kitchenette：簡易台所
fire brigade：消防団　　collapse：崩れ落ちる　　defective wiring：欠陥のある配線

問題文の訳

Questions 1-6

次の質問に答えなさい。
それぞれ 3 語以内か数字 1 つ、あるいはその両方をパッセージから選んで書きなさい。
解答用紙の解答欄 1-6 に答えを書きなさい。

1	何人の消防隊員がけがをしたか。	4 人
2	火事はどこで発生したか。	紳士服店
3	火事はいつ消されたか。	午前 5 時 15 分
4	隊員たちはどのようにしてけがをしたか。	屋根が崩れて
5	火事はどの部屋で起こったか。	簡易台所
6	火事の原因は何だと考えられているか。	不良配線

Activity 2 ［解答］　　　　　　　　　　　　　　　　　　　　　　本冊：p.51-52

1 TRUE　　**2** FALSE　　**3** TRUE　　**4** NOT GIVEN　　**5** FALSE

解説 **1** 本文の some people do work faster and more efficiently under time pressure と一致しています。／**2** 本文の Most often, though, procrastination turns out to be a serious problem と一致していません。／**3** 本文の costing big businesses millions of dollars every year と一致しています。／**4** 本文では Doctors, too, are known for it. と言っていますが、医師が他の人々よりも先延ばししがちとは言っていません。／**5** 本文では「上司または部下から依頼されたときに」となっており、上司でも部下でも同じ対応になっていますが、質問文では「boss（= superior）の依頼は断りづらいが、assistant（= subordinate）の依頼は断りやすい」となっているので、一致していません。

完全対策 ■ READING

> パッセージの訳

以下の抜粋を読み、次の質問に答えなさい。

先延ばし

「明日に延ばせることをどうして今日するのか」。先延ばしについて、人はしばしばこんな冗談を言う。一般的に言って、これは笑い事ではない。時には先延ばしが有益な結果を生むこともある。例えば、問題が時とともに自然に解決することもあれば、準備できていなかった会議が中止になることもある。また、時間のプレッシャーを受けている方が仕事が速く効率的な人もいる。しかし、ほとんどの場合先延ばしは、大企業に毎年何百万ドルもの大金を支払わせる深刻な問題となっている。

平均的な労働者は推定20%の時間を先延ばしにしており、その行為が慢性的行動であるということが調査で明らかになっている。そして、この行動はほとんど全ての職業に見られる。医師も先延ばしをすることが知られている。

ノーと言えないことが、しばしば先延ばしにつながる。重役ですら、既に過労であっても追加の仕事を断るのは難しい。上司や部下に頼み事をされれば、その特定の案件を処理することはつまり他の何かを捨てなければならないということだ、などと重役はめったにわざわざ説明しないものなのだ。

> 語注

procrastination：先延ばし
outcome：結果
chronic：慢性の
profession：職業、専門職
overwork：〜を過度に働かせる
subordinate：部下

> 問題文の訳

次の記述はパッセージで与えられている情報と合致するか。

　　記述が情報と合致するなら　　TRUE
　　記述が情報と矛盾するなら　　FALSE
　　これに関する情報がないなら　NOT GIVEN

と書きなさい。

1　土壇場になって力を発揮する人もいる。
2　先延ばしは通常無害である。
3　先延ばしによって大企業は毎年数百万ドルの損失を被っている。
4　医師は他の人々よりも先延ばししがちだ。
5　上司になかなかノーと言えない重役は、部下には問題なくノーと言える。

Activity 3 [解答]　　　　　　　　　　　　　　　　　　　　　　　本冊：p.52-53

1 FALSE　**2** TRUE　**3** TRUE　**4** NOT GIVEN　**5** FALSE　**6** NOT GIVEN

解説 **1** 質問文の lack confidence は本文の insecure や low self-esteem と似た意味ですが、seldom が否定的な意味「めったに〜ない」なので、本文とは意味が逆になります。／**2** 本文の Their targets are usually competent, honest and independent people と一致します。／**3** 本文の Bullies are often most concerned with gaining power and exerting dominance over people by causing fear and distress. と一致します。／**4** 第2パラグラフに stress, anxiety, excessive worry, loss of concentration, and irritability といじめを受ける人がかかり得る症状が列挙されていますが、睡眠に関する記述はないので NOT GIVEN を選びます。／**5** 第2パラグラフで The company may suffer ... と述べられており、この may と質問文の always が矛盾します。always, only, never などの強い限定的な表現が質問文に含まれているときは注意しましょう。／**6** 本文では人権委員会が対応する義務についてまでは触れられていません。

> パッセージの訳

職場でのいじめ

同僚が侮辱的行動や威嚇的行動を用いて他の従業員に恥をかかせるとき、それは虐待の1つの形態である。いじめをする人というのは、しばしば自尊心が低く自信のない人である（そうとははっきり分からないかもしれないが）。たいてい彼らの標的は、有能で誠実で自立した、同僚とうまく付き合っている人である。つまり、いじめをする人が自分に欠けていると感じているまさに

その特性を持つ人であることが多い。いじめをする人の一番の関心事は、しばしば、力を手に入れ、恐怖と苦痛によって人々に支配力を振るうことである。

この行為を受ける側の人は、結果的に、ストレス、不安、過度の悩み、集中力の欠如やいらいらを経験するかもしれない。会社側も、生産性と士気の低下、上昇する欠勤率によって被害をこうむるかもしれない。いじめられた人が仕事を辞め、結果的に従業員の回転率が高くなる場合もある。

職場で誰かにいじめられていると感じたら、1つ1つの出来事を日付とともに記録し、雇用主や労働組合の代表者や労働衛生安全管理者の目に留まるようにするのがよい。性別、年齢、信仰、人種、障害への差別によって虐待の対象に選ばれたと思えば、人権委員会に申し立てをすることもできる。

語注

bully：～をいじめる；いじめをする人	**exert**：～を行使する	**trade union**：労働組合
intimidating：脅迫的な、威圧的な	**dominance**：権勢、支配	**be singled out for ...**：～に選ばれる
humiliate：～に恥をかかせる	**distress**：苦しみ、心痛	**discrimination**：差別
abuse：虐待、いじめ	**irritability**：いらいら、怒りっぽさ	**decent**：きちんとした
insecure：自信のない	**absenteeism**：常習的欠勤	**insomnia**：不眠症
self-esteem：自尊心	**turnover**：（人員の）入れ替え率、回転率	

問題文の訳

Questions 1-6

次の記述はパッセージで与えられている情報と合致するか。

　　記述が情報と合致するなら　　TRUE
　　記述が情報と矛盾するなら　　FALSE
　　これに関する情報がないなら　NOT GIVEN

と解答用紙の解答欄 1-6 に書きなさい。

1　いじめをする人が自分に自信がないことはめったにない。
2　いじめをする人は一般的に、有能でまともな人たちに不要な注意を向ける。
3　いじめをする人はたいてい、他人を怖がらせ怒らせるときに力があると感じる。
4　いじめをする人の標的となる人は、不眠症や睡眠障害に苦しむかもしれない。
5　職場でのいじめは常に組織に悪影響を及ぼす。
6　差別のため標的にされる人がいたら、人権委員会は行動する義務がある。

Activity 4 ［解答］　　本冊：p.54

1 6,650	2 Lake Victoria	3 Amazon	4 Atlantic Ocean
5 Yangtze	6 Yellow Sea	7 6,275	8 Lake Itasca

解説　1&7 縦の列の見出しから、また他の2つが数字であることから、同様に距離を表す数字が入ると分かります。／2 これは、パッセージに出てくる情報とは順番が異なる一例です。しかし、答えはたいてい同じ文か、それほど遠くないところにあります。／3&5 パッセージでは、川の名前には the Nile のように the が付いていますが、表の他の項目のように、the は必要ありません。／4 答えに the を付けると、「2 語以内」という制限語数を超えます。表の他の項目でどのように書かれているかを確認しましょう。／8 Lake Itasca in Minnesota は長過ぎます。制限語数で収めるために必要最低限の要素は何か、他の項目を参考に考えましょう。

パッセージの訳

下の抜粋を読み、次の表の空所を埋めなさい。

世界で最も長い4つの川は、それぞれ異なる大陸に位置している。少なくともその点に関しては議論の余地がない。しかし、長さの順番についてはほとんどの科学者の見解が一致しているものの、このような巨大な川の長さを正確に測るのは難しく、川が

実際にどこから始まりどこで終わるかについては見解が相違することもある。ビクトリア湖から始まるナイル川はアフリカ最長の川で、6,000年以上ずっと使い続けられてきた陸地を抜け、地中海までの6,650キロメートルの長い道のりを越えて行く。

南米のアマゾン川は最大の川だが最長ではない。ペルーのアンデス高地から始まり、6,400キロメートルの長さの多くを、赤道から遠くない場所を赤道と平行して流れ、最終的に大西洋に注ぐ。

チベットの崑崙山脈に源がある長江は、中国で最も重要な内陸水路で、黄海まで6,300キロメートルの距離を流れている。

世界で4番目に長い川はミシシッピ・ミズーリ川で、源が発見されたのは、ミネソタ州のイタスカ湖までたどって調査された1832年のことである。この川は、6,275キロメートルの旅を終えてメキシコ湾に注ぐ地点である三角州に豊富な沈泥を堆積させている。

語注

undisputed：明白な
parallel to ...：〜と平行の
the Equator：赤道
empty into ...：（川などが）〜に注ぐ
waterway：水路
flow into ...：〜へ流れる

問題文の訳

次の表を完成させなさい。
それぞれパッセージから2語以内で答えを書きなさい。

世界で最も長い4つの川				
川	長さ(キロメートル)	大陸	源	終点
ナイル川	**1** 6,650	アフリカ	**2** ビクトリア湖	地中海
3 アマゾン川	6,400	南米	ペルーのアンデス	**4** 大西洋
5 長江	6,300	アジア	崑崙山脈	**6** 黄海
ミシシッピ・ミズーリ川	**7** 6,275	北米	**8** イタスカ湖	メキシコ湾

Activity 5 [解答]

本冊：p.55-57

1 inferior　**2** (fundamentally) misconceived　**3** (tight) deadline
4 (completely) eliminated　**5** subconscious (mind)　**6** coffee　**7** Snooze / Sleep
8 fifteen / 15　**9** feeling refreshed　**10** temperature light　**11** pump (button)
12 grouphead　**13** on/off switch

解説 1-5が文完成問題、6-9がフローチャート問題、10-13が図表完成問題です。空所の前後または周辺にある語句が解答を見つけるヒントとなるので、それらの言い換えに注目しましょう。

1 judge ... too harshly は too judgemental、think は view ... as の言い換えです。／**2** could be at fault は lacks the experience or ability to complete it の言い換えです。／**3** complete inaction は paralysing の言い換えです。／**4** disturbance は distractions の言い換えです。／**5** sort out a problem は problem-solving の言い換えです。

6-9 見出しのCaffeine Napからパッセージの範囲を絞り込みます。／**6** Drink は imbibe、quickly は swiftly の言い換え。次のLie down at once は stretch out immediately の言い換えです。／**7&8** caffeine goes into operation は the caffeine has had time to take affect の言い換えです。／**9** Get up は wakes up、go straight back to work は resume work without delay の言い換え。

10-13 見出しと同じものを見つけることで範囲を絞り込み、位置情報などを手掛かりに解答を導きましょう。例えば、**13** の on/off switch は at the bottom、**10** の temperature light は on the control panel at the top、**11** の pump (button) は in the middle of the control panel、**12** は最後の文の It が前文の portafilter を指していることから位置関係を把握すればよいでしょう。

パッセージの訳

次のパッセージを読み、質問1-13に答えなさい。

ライターズ・ブロック

あなたは上司に提出するその報告書を仕上げなければならない。あるいは論文や記事を書かなければならない。あるいは情報経済の分野で働いている。進行中の企画の締め切りが迫ってきているのに、画面の真っ白なページをぽかんと眺めるだけ。言葉が出てこない。

ライターズ・ブロックは何も変わった経験ではない。根本的な原因は不安である。書き手が不安を感じる理由はたくさんある。完璧主義はその1つだ。つまり、書き手が批判的になり過ぎて、自分の仕事が何らかの点で劣っていると考えてしまうのである。企画自体が根本的に見当違いだったのかもしれないし、企画を完成させるための経験や能力が書き手に欠けていることもある。もしかすると、厳しい締め切りが頭をまひさせるのかもしれない。不安を喚起する生活上のストレスや根深い問題は他にもある。重い病気、鬱、失恋、そして経済的困難は言うまでもない。気が散るものが多過ぎたり、単に書き手の発想力が尽きていたりすることもある。

このブロック(思考停止状態)を乗り越える方法はいろいろある。運動をすれば血液が体と脳を循環する。ジムに行く、近所を散歩する、ヨガポーズを幾つか取る、深呼吸をする。これらは全て、頭をすっきりさせ、リラックス効果を促し、創造的活力を湧き出させる助けとなる。体と脳は、健康的な食事ときれいな水で栄養補給される必要がある。ジャンクフードが知的生産力を高めることはありそうもない。言うまでもなく、気が散るものは完全に排除しなければならない。電話の電源を切り、インターネットの接続を切り、机や仕事場を整理整頓する。良い文章を書くには、集中力と全神経の傾注が必要だからである。

次の点も考慮したい。寝ている間も潜在意識は耐えず問題解決を行っているのだから、寝る前に20分書き物をしたり、眠りに落ちる前に難しい事を少し考えたりすることは、夜の間に問題を解決するよう潜在意識を誘導することになり、書き手は新鮮な考え方で翌朝目覚めるかもしれない。書き物をするのに最適な時間は早朝で、まず最も複雑な作業に取り組めば、簡単な部分は流れるように進むはずである。

書き手が疲れていれば達成できるものは少なく、ブロックに陥りやすくなる。8時間たっぷり睡眠を取るのが最善だが、いつもそうできるわけではない。この場合、最も成果の上がる最高の解決策は、カフェイン仮眠である。英国のラフバラー大学の研究者は、コーヒーを1杯飲み、続けて15分仮眠を取ることが、脳を再起動する効果的な方法だということを発見した。お勧めのやり方は、コーヒーをくいっと飲んですぐ横になり、たった15分昼寝することである。この時間が過ぎるころにはカフェインが作用し始めており、被験者はさわやかな気分で目覚め、たいてい遅滞なく仕事を再開できる。カフェインの興奮作用と組み合わせたマイクロスリープやパワーナップは、逆説的に思えるけれども、どうやら疲労に対する有効な手段のようである。

カフェイン仮眠の効果は、コーヒーがおいしければずっと強くなる。半自動のポンプ式エスプレッソマシンは素晴らしいコーヒーをいれることができ、操作も簡単である。マシンは一番下のオン・オフスイッチで電源を入れ、ポルタフィルターをしっかりセットして、少なくとも20分間温めておく。マシンの準備ができると、一番上のコントロールパネルの温度ランプが点灯する。それから、あらかじめひいた豆を計量してポルタフィルターに入れ、平らにならし、タンパーで圧力をかけて均等に押し固める。コントロールパネル中央の四角いボタンを押すとポンプが作動し、お湯がコーヒーの粉を通ってカップに抽出される。カップにエスプレッソが十分入ったら、ボタンをもう一度押してポンプを止める。それからポルタフィルターを外し、使用済みの粉をたたき出す。ポルタフィルターは、次のショットに備えてグループヘッドの下に戻す前に、よくすすいで乾かした方がよい。

語注

loom：(期限などが)不気味に迫る
perfectionism：完璧主義
judgemental(英) = judgmental：批判的な
view A as B：AをBと見なす
inferior：劣った
misconceived：見当外れの、誤った判断に基づく
paralyse(英) = paralyze：～をまひさせる
anxiety-provoking：不安を引き起こす
deep-seated：根深い
depression：鬱
distraction：気を散らすもの

induce：～を引き起こす
nourish：～に栄養を与える
output：生産物、出すこと
disconnect：～の接続を切る
unclutter：～を整頓する、散らかさない
subconscious：潜在意識の
perspective：見通し、考え方
tackle：(問題・仕事など)に取り組む
optimal：最適な、最善の
remedy：改善策、治療法
nap：うた寝
re-boot：～を再起動する
imbibe：～を飲む
swiftly：速やかに、直ちに

snooze：うた寝する
take effect：(薬などが)効く
resume：～を再開する
paradoxical：逆説的な
antidote to ...：～の解決手段
level off ...：～を平らにする
harshly：厳しく
inaction：活動停止
disturbance：邪魔
sort out：～を解決する
ward off ...：～を追い払う
go into operation：作用する

問題文の訳

Questions 1-5
下の文を完成させなさい。
それぞれパッセージから2語以内を選びなさい。
解答用紙の解答欄1-5に答えを書きなさい。

1 一部の書き手は自分が書いたものについての評価が厳し過ぎ、自分が書いたものは <u>劣っている</u> と考える。
2 文章を書く作業が <u>(根本的に)見当違い</u> だったのであれば、その作業自体に問題があったのかもしれない。
3 <u>(厳しい)締め切り</u> に間に合わせる時間が十分になければ、書き手は完全な機能停止に苦しむかもしれない。
4 考えられる全ての邪魔なものは <u>(完全に)排除される</u> べきである。
5 書き手が寝ているときに、<u>潜在意識</u> が問題を解決してくれるかもしれない。

Questions 6-9
次のフローチャートを完成させなさい。
それぞれパッセージから2語以内か数字1つを選びなさい。
解答用紙の解答欄6-9に答えを書きなさい。

カフェイン仮眠は疲労を追い払うためにどのように作用するか

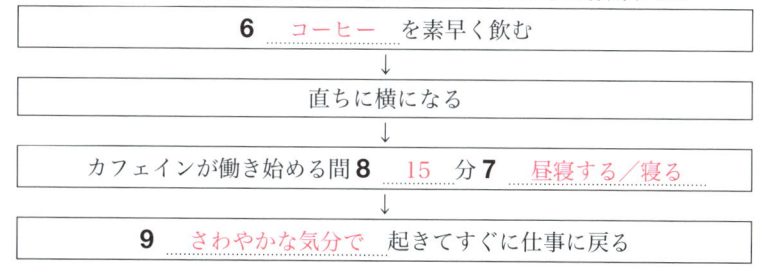

6 <u>コーヒー</u> を素早く飲む
↓
直ちに横になる
↓
カフェインが働き始める間 8 <u>15</u> 分 7 <u>昼寝する／寝る</u>
↓
9 <u>さわやかな気分で</u> 起きてすぐに仕事に戻る

Questions 10-13
下の図表を完成させなさい。
それぞれパッセージから2語以内を選びなさい。
解答用紙の解答欄10-13に答えを書きなさい。

半自動ポンプ式エスプレッソマシン

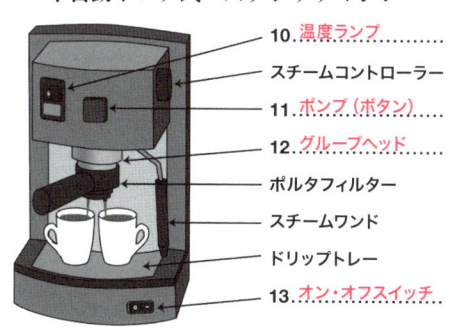

10. <u>温度ランプ</u>
・スチームコントローラー
11. <u>ポンプ(ボタン)</u>
12. <u>グループヘッド</u>
・ポルタフィルター
・スチームワンド
・ドリップトレー
13. <u>オン：オフスイッチ</u>

Activity 6 [解答]　　　本冊：p.58-59

| 1 C | 2 B | 3 A | 4 C | 5 A |

解説 選択肢A, B, Cをパッセージ中で見つけて○で囲むなど、目印を付けましょう。**1** does not require subjects to answer questions は no additional burden on the respondents の言い換え。／**2** not ... exact or accurate は not be as precise の言い換え。／**3** each individual in a group は every unit in a population の言い換え。／**4** track changes は the information is collected an on-going basis の言い換え。／**5** costly and lengthy は very expensive と protracted の言い換え。

パッセージの訳

次の抜粋を読み、質問に答えなさい。

データ収集に用いられる調査には、主に3種類ある。国勢調査は、母集団のあらゆる単位に関する情報を収集する。この手法のメリットは、全人口のデータを用いて計算されるので、標本誤差がゼロになることである。またこの手法では、下位集団についての詳細な情報を集めることも可能である。しかし、国勢調査を行うには一般に高額な費用がかかり、対象集団の全ての構成員から情報を得なければならないため、長期に及ぶ手続きになる。標本調査は、全人口の一部からしかデータを収集しないので、国勢調査ほど費用をかけずに行うことができる。結果はより早く得られる。接触する単位が少なく、処理する情報が少ないからである。標本誤差はゼロではない。つまり、データは集団全体ではなく標本からしか得られないので、国勢調査ほど正確ではないかもしれない。さらなるデメリットは、小さな下位集団に関する情報を得るには、標本の大きさが十分ではないかもしれないことである。3つ目のタイプの調査は、組織の日々の活動の結果収集されるだろう行政データから成る。例えば政府は、出生、死亡、結婚、車両登録やそれに類するものの記録を持っているだろう。このタイプの調査では標本誤差はゼロで、情報は傾向分析を考慮し継続的に収集される。またこのタイプでは、調査や国勢調査を計画する必要がないので時間と手間を節約でき、データは既に収集されているので回答者に余分な負担はかからない。しかし、集められた資料が基本的な行政情報に限られていたり、記録が保管されている一部の人口にデータが限られていたりするため、幾分柔軟性に欠ける。

語注

| census：国勢調査 | protracted：長期にわたる | subject：（調査の）対象者、被調査者 |
| variance：相違、誤差 | respondent：（調査・アンケートなどの）回答者 | track：〜を追跡する |

問題文の訳

以下の記述が次のどれを指しているか分類しなさい。

A　国勢調査
B　標本調査
C　行政データ

A, B, Cから正しい文字を選び、次の質問 1-5 の隣に書きなさい。

注　どの文字も複数回使用してよい。

1　被調査者が調査目的の質問に答えることを求めない。
2　完全には厳密で正確ではないかもしれない情報を含む。
3　集団の各個人に関するデータを収集する。
4　長期間にわたり変化を追跡することを可能にする。
5　費用も時間もかかる慣行である。

Activity 7 [解答] 　　　　　　　　　　　　　　　　　　　　本冊：p.60

1　This technique is much more effective than earlier methods of ... = 比較
2　Although the population is rising, the birth rate is declining ... = 対比
3　The increase in population is mainly due to immigration ... = 理由／原因
4　Birds like the kiwi are flightless ... = 例
5　This feature has led to their decline ... = 結果
6　The decline in numbers can be attributed to predation by dogs ... = 理由／原因

7	Predators <u>such as</u> stoats and rats are unmanageable ... =	例
8	This has <u>contributed to</u> the loss of many native species of ... =	理由／原因
9	Biomedical engineering <u>is</u> the application of engineering principles and techniques to the medical field ... =	定義
10	<u>In spite of</u> their efforts to save the stranded whales, ... =	対比
11	Deforestation <u>refers to</u> the cutting and clearing of rainforest ... =	定義
12	<u>As a direct consequence of</u> changes in microclimates ... =	結果

問題文の訳

例：標本調査はそれほど費用をかけずに行うことができる…
1 この技術は以前の手法よりもはるかに効果的で…
2 人口は増加しているが、出生率は減少している…
3 人口増加は主に移民によるもので…
4 キウイなどの鳥は飛ぶことができない…
5 この特徴がそれらの減少につながった…
6 数の減少は犬による捕食が原因と考えられ…
7 オコジョやネズミのような捕食動物は手に負えず…
8 これは多くの固有種が失われる一因となった…
9 生体医工学は工学の原理と技術を医療分野に応用したものであり…
10 浜に打ち上げられたクジラを助けようと努力したにもかかわらず…
11 森林伐採とは、熱帯雨林を切ったり伐採したりすることを指し…
12 微気候の変化の直接的な影響として…

Activity 8 [解答]

本冊：p.60-63

| 1 G | 2 C | 3 B | 4 A | 5 D | 6 B | 7 C | 8 D | 9 A | 10 C |

解説 1-5 は情報マッチング問題です。まずそれぞれの質問文のキーワードに下線を引きましょう。そして、短いパラグラフ（例えば A, E, F）からアプローチし、それぞれのキーワードが登場する箇所が特定できるかを検討しましょう。1 は always と excellence、2 は distinction、3 は cause と today、4 は ancient concept、5 は motivation をキーワードとし、それぞれがパッセージ中でどのように表現されているかを確認しましょう。

6-10 は特徴マッチング問題です。先に、選択肢 A-D の人名がパッセージのどこに登場するかに印をつけてみます。そして、6-10 のそれぞれの文のキーワードに下線を引きます。次に A-D で登場範囲が狭い人物（この問題ではシュワルツやサイモン）から、下線部を引いたキーワードが登場するかを検証していけばスムーズに解答できます。ギルバートは広範囲に登場するので後回しがよいでしょう。シュワルツはパラグラフ F にしか登場しません。キーワードのいずれかがパラグラフ F に登場しているはずです。6 の conflict はパラグラフ D の tension、7 の independent and free はパラグラフ F の freedom and autonomy、8 の People who seek perfection はパラグラフ G の who want the best と maximiser's pursuit of perfection、9 の same length はパラグラフ C の as ... enduring as、10 の Too much choice はパラグラフ F の an explosion of choice として表現されています。

パッセージの訳

質問 1-10 は次のパッセージに基づいています。

幸福とは…

『メリアム・ウェブスター・オンライン辞書』によると、幸福の定義はこうである。

　　　　　　——健やかで満たされた状態
　　　　　　——楽しい経験あるいは満足感を与える経験

A　「幸福」は今日では心理的現象として研究される。しかし、ギリシャの哲学者アリストテレス(紀元前384年-322年)にとって、幸福ははるかに広い意義を持っていた。エウダイモニア、すなわち「幸せ」や「幸福」に関する彼の説は、良く生きること、充実した生のさまざまな側面を数多く享受することを意味していた。つまり、公正で秩序ある社会に暮らすことだけではなく、健康と身体的健やかさ、物質的繁栄、豊かな家族関係と友人関係、知的必要と道徳的必要の充足といった側面である。

B　幸福に関する現在の多くの推測は、最近の研究によって確証されている。活発な恋愛関係、健康、裕福であること、人生の精神的次元の享受、これら全てが幸福を生み出す。人生でプラスの結果が出れば私たちは実際よりはるかに幸福になり、マイナスの結果が出れば実際よりはるかに不幸になる、というのが私たちの予想である。ハーバードの心理学者ダン・ギルバートは、過去2百万年の間に人間の脳は成長し、前頭前皮質という新たな構造物を手に入れたと説明する。前頭前皮質があることで私たちは経験をシミュレートできるのだが、私たちは1つのシナリオ(例えば試験に合格する)の結果を、衝撃という点で別のシナリオ(試験に落ちる)とは根本的に異なるものと想像する傾向にある。しかし、私たちには幸福感を合成する生得的能力があるのだから、この違いは私たちが思い描くほど重大ではないとギルバートは言う。

C　幸福には2種類あるとギルバートは主張する。「自然な幸福は欲しかったものを手に入れたときに手に入れるもので、合成された幸福は欲しかったものを手に入れられないときに私たちが作るものである」。合成された幸福は自然な幸福と同じくリアルで持続的だとギルバートは明言する。2つの幸福の出所は違うかもしれないが、同じように感じられる。彼は、合成された幸福の生産を心理的免疫システムにたとえている。心理的免疫システムは、自分が置かれている状況を気持ちよく感じられるよう、外界の捉え方の修正を容易にする無意識の認知プロセスから成るシステムである。私たちは、幸福を製造する能力を持っているのである。

D　生まれ持ったこの対処機構は失望を最小限にし、望みをかなえられないときでも幸福を経験することを可能にするのだが、ティモシー・ピッチル(カールトン大学、カナダ)は、これが生じるときは、私たちは「本当の自分と理想的な自分の間に知覚される距離」を最小限にする、と警告する。この「認知的不協和」は私たちの生活において、刺激の重要な源泉である。例えば、金メダルを取るつもりでいたのに銅メダルだったアスリートを考えてみるといい。幸福が合成されればこのアスリートは満足することになるが、向上への刺激はどこにあるのか。私たちは合成された幸福を認識できるようにならなければならないし、自らの振る舞いを変えるために、本当の自分と理想の自分の不一致が生む緊張を利用しなければならない、とピッチルは考えている。そのアスリートの場合は、この不一致がより厳しい練習への推進力となるだろう。

E　ギルバートによると、欲しいものを手に入れれば自然な幸福が続く。欲しいものを手に入れられなければ心理的免疫システムが作動し、合成された幸福が機能を開始する。しかし、私たちは多くの選択肢から自由に選べるときは、合成された幸福を自分に許さなかったことで機会を無駄にしたと苦悩する傾向にある。合成された幸福が続くのは、他に選択肢がない場合だけだと彼は考えている。

F　しかし、バリー・シュワルツが指摘するように、「私たちは、選択とは自由と自律を有することの決定的なしるしなのだと解釈する」。直観に反するように思えるかもしれないが、選択肢が一気に増えた先にあるのは、高揚した解放感ではなく、まひである。まひを克服したとしても、急増した可能性に伴い期待感が高まり、別の選択肢の方が良かったかもしれないと想像して消費者は後悔を味わうことになる。

G　H・A・サイモンは、消費者を「そこそこ良い」で手を打つ「サティスファイサー(満足する人)」と最高を求める「マキシマイザー(最大限を求める人)」に分類した。絶えず不満と失望に至るのは、ずらりと並ぶ圧倒的な数の選択肢の中で完璧を追求するマキシマイザーの方である。なぜだろうか。選択したのは自分であり、従って自分に責任があるからである。選択の余地がなければ、私たちは外部の要因に責任を負わせる傾向がある。サティスファイサーの戦略は実用的で賢明に思えるが、選択肢が増えれば最大限を求める圧力が強まり、人生はより困難でストレスの多いものになる。多くの人にとって、選択の自由は決して自由ではないのである。

語注

prosperity：繁栄
robust：強い、活発な
envisage：
　～を(将来の可能性として)想像する
innate：生得の、生まれながらの
synthesise(英) = synthesize：
　～を合成する、統合する
enduring：永続的な、長続きする

liken A to B：AをBにたとえる
dissonance：不調和、不一致
divergence：(意見などの)相違、不一致
discrepancy：不一致、相違
impetus：起動力、刺激
ensue：続いて起こる
agonise(英) = agonize：
　苦悶する、もだえ苦しむ

squander：
　(金銭・時間など)を浪費する
autonomy：自律、自主
counterintuitive：直感に反した
proliferation：急増、拡散
amidst：～の間に

問題文の訳

Questions 1-5
パッセージには A から G まで 7 つのパラグラフがある。
どのパラグラフが以下の情報を含んでいるか。
A-G から正しい文字を選んで解答用紙の解答欄 1-5 に書きなさい。

1 常に優れたものを探すことの結果
2 合成された幸福と自然な幸福の区別
3 今日の幸福の原因
4 古代の幸福概念の定義
5 合成された幸福がモチベーションの欠如に終わることの例

Questions 6-10
以下の記述（質問 6-10）と下の研究者リストを見なさい。
記述の 1 つ 1 つを正しい研究者 A-D と組み合わせなさい。
A-D から正しい文字を選んで解答用紙の解答欄 6-10 に書きなさい。
注　どの文字も複数回使用してよい。

6 人々は、実際の自分がどうであるかと自分がどうなりたいかとの葛藤を用いて成果を向上させることができる。
7 人々は、選択の自由の力が、自分が自立しており自由であることの証明だと思っている。
8 完璧を求める人々は、結果が完璧でなければ自分自身を責める。
9 合成された幸福は自然な幸福と同じ長さの時間持続する。
10 選択肢が多過ぎると結果的に行動を起こせなくなる。

研究者リスト
A ギルバート
B ピッチル
C シュワルツ
D サイモン

Activity 9 ［解答］　　本冊：p.65-68

| 1 B | 2 A | 3 D | 4 C | 5 B | 6 E （5 と 6 は順不同） |
| 7 B | 8 E | 9 C | | | |

解説 1-4 の問題形式は、基本的にパッセージの流れと同じ順番で質問が作られています。この問題の場合、Riggio という固有名詞が含まれる 3 から取り組むことで、他の質問のヒントがどのエリアにあるかを特定しやすくなります。

1 difficult to describe が第 1 パラグラフ 4 行目で difficult to arrive at an exact definition と言い換えられており、その直後の due to 以下が選択肢 B と一致しています。／**2** 第 2 パラグラフ 3 行目に they have discovered that と書かれており、それ以下の the stereotypes ... populace が選択肢 A の主語と一致し、only partially true が incomplete と一致しています。／**3** 第 3 パラグラフ 7 行目の fosters long-standing emotional bonds が D の interact appropriately with others と一致しています。／**4** 質問文の fake「～のふりをする」は、第 4 パラグラフ 2 行目の affect「～を装う」に対応し、because が同じ 1 行目の explains why に対応します。従って、その前の「真の感情的関わりがカリスマを支えている」が答えの根拠となり、それを言い換えた C が正解。／**5&6** 第 5 パラグラフ 2 行目の natural mimics が B と一致、5 行目の revealing vulnerability が E と一致しています。／**7** カリスマの必要性について書かれている箇所を探すと、第 6 パラグラフ 1 行目に vital role が見つかります。そして 2 行目後半から 3 行目の内容が B と一致しています。／**8** 質問文の difficult は「骨の折れる」（= requiring much work）の意味で使われており、カリスマ的であることが大変な理由を探しながら読みます。第 7 パラグラフ 1 行目の high-octane「精力的な、要求の高い」、2 行目の taxes the social stamina「社会的スタミナを搾り

取る」がこれに相当し、その後（カリスマ性のある）弁護士や政治家でも日常生活においては…という例が挙げられており、これを言い換えたＥが正解。／**9** 研究が役立っているという記述を探すと、第８パラグラフ２行目から valuable contribution of the studies と書かれており、４行目がＣと一致していると言えます。

> パッセージの訳

質問 1-9 は次のパッセージに基づいています。

カリスマ性に隠された科学

どんな社会でも一握りの人が、聴衆の心をつかみ、人々の間に忠誠心を鼓舞し、ほとんど努力を要しない天賦の才能で共同体を率いることを可能にする特別な個性を有していることは、昔から知られている。今日、私たちはこの特別な能力を「カリスマ性」と呼んでいる。カリスマ性は人々から容易に気付かれるのだが、この語の厳密な定義を見出すのは以前から困難だった。主な理由は、この語に関する私たちの理解の中に、数々の多様な基準が含まれているからである。

この困難にもかかわらず、一部の学者はこのテーマに着目し、カリスマ性はいったいどのように作用するのか、カリスマ性の基本的構成要素は何なのかを突き止めようと試みてきた。こうした調査を行った結果、彼らは次のことを発見した。口のうまいハリウッドの映画スターや政治家といった、一般大衆の間に広まっているステレオタイプは部分的にしか真実ではなく、最終的には、カリスマ性のある人々がなぜカリスマたり得ているのかの核心に到達することはできないのである。

心理学教授ロナルド・リッジオは、カリスマ性の鍵となる要素を３つの主要な特性に細分化した。表現力、抑制力、感受性である。彼の意見では、この中で３つ目の特性が、軽く扱われることが多い。「1970 年代末、カリスマというのは部屋を明るく照らすような元気がよくて活気にあふれたタイプの人だと私は思っていた」とリッジオは述べ、今では感受性が決定的に重要だと考えていると付け加える。カリスマは感受性に助けられて、幾つもの社会的機能を、ある程度の如才なさと理解力を用いて巧みに果たすからである。時に感受性は、社会環境の中心から少し距離を置いて争い事から身を引くよう人に求めるものの、長期的には、この感受性は長く続く情緒的絆を培うのである。

この本物の情緒的関わりは、真の意味でのカリスマ性を補強し、また、人をだます目的でカリスマ性を装えたとしても、その装いの程度にはなぜ限界があるのかを説明する。明らかに利己的なもくろみを持つ人たち——数多い例の中でも販売員とマーケティング担当者がしばしば引き合いに出される——は、アイコンタクトや打ち解けた印象を与える姿勢を使う回数を増やすといった、より有用なカリスマ性の構成要素をやすやすと取り入れるかもしれないが、本当の関心を欠いているため、慇懃無礼で魅力がないというイメージを与えがちである。

もちろんカリスマ性には、真摯な意図以外にもはるかに多くの側面がある。カリスマには天性の物まねの才能があり、姿勢や言動の癖を容易に聴衆の姿勢や言動の癖に切り替えることを研究が証明している。カリスマはほとんど空白を置かずためらうこともなく、滑らかに話す傾向があり、比較的活発なテンポで会話を進行させる傾向がある。研究者の好奇心をそそったもう１つの発見は、弱さを見せることは話者のペルソナにもっと人間くさい一面を加えることになり、実際はカリスマ性を高め得るということである。しかし、やり過ぎると効果は失われる。全ての上に立つ権威に傷があってはならないからである。最後に、カリスマ性のある人物は、注目の的となっているときでも、一般に議論の話題を自らの人生からそらし、代わりに共通の情熱を強調する。

研究がカリスマ性のこれらの要素を細部にわたって検証し始めると、カリスマが社会で果たす極めて重要な役割が明瞭になる。カリスマだからといって機械的に虚栄心や権力欲が強いわけでは決してなく、カリスマは共同体の社会的結束を促したり、出会う人たちの間に強い自尊心を植え付けたりする。こうした仕事をする人がいなければ、大きな争いも小さな争いも、はるかに高い頻度で突発するかもしれない。

しかし、カリスマ性に暗い面がないわけではない。カリスマ性は疑問の余地なく強力な性格特性であり、強力な特性であるが故に、それを有する人の社会的スタミナを搾り取る。例えば、大成功を収めている弁護士は法廷では自分の思い通りにできるかもしれないが、仕事を離れれば、友人関係の維持に悪戦苦闘するかもしれない。同様に、政治集会で何千人もの人を鼓舞できる政治指導者が、家に帰ると自分の世界に入り込む必要があることから、結婚生活にほころびが生じているかもしれない。

そうすると、カリスマ性のある１人の指導者が人々を行動へと駆り立てたものの、それは最終的に関係者全員に不幸をもたらす目的のためだった、という状況が生じることになる。カリスマ性に関する研究と実験が最も価値のある貢献を果たすのは、この点においてかもしれない。これらの研究は、他者の望みに従うよう私たちがいかに操作され得るのかという認識を深めることによって、私たちが自らの決定についてより批判的に考え、そうすることによって過去の過ちを避けるよう、私たちを促すことになる。

完全対策 ■ READING

語注

personality trait：個性	underpin：〜を補強する、支える	persona：ペルソナ、仮面《人が他人に見せるうわべの人格》
flair：天賦の才能、直感力	intent：意思、意図	extinguish：〜を失わせる
circulate：広まる	mimic：まねがうまい人	vain：虚栄心の強い
populace：大衆、民衆	posture：姿勢	cohesion：結束
effervescent：活気に満ちた、活発な	fluid：流暢な	unravel：失敗する、破綻する
tact：機転、如才なさ	pique：（好奇心・興味など）をそそる	calamitous：災難をもたらす、不幸な
foster：〜を促進する	vulnerability：傷つきやすさ	

問題文の訳

Questions 1-4

A, B, C, D から正しい文字を選んで書きなさい。
正しい文字を解答用紙の解答欄 1-4 に書きなさい。

1 カリスマ性を説明するのは難しい。なぜなら、カリスマ性は
A 社会のわずかな人にしか存在しないからである。
B 多くの異なる性質が組み合わさったものだからである。
C 最近研究が開始されたばかりだからである。
D ほとんどの人には簡単に気付かれないからである。

2 研究者が発見したのは、
A カリスマ性の本質に関する一般に広まっている考え方は不完全だということである。
B 権力と名声を持つ人が最もカリスマ性を持つ傾向があるということである。
C カリスマ性は多くの人が考えるほど神秘的ではないということである。
D 全ての俳優と政治家がカリスマ性を持つわけではないということである。

3 リッジオの考えでは、感受性は
A 関係を短期間改善する。
B カリスマ性の他の側面ほど重要ではない。
C 人が注目の的になることを可能にする。
D 人が他者と適切に交流する手助けをする。

4 カリスマ性を持つふりをするのは難しい。なぜなら、
A カリスマ性の身体的側面を学ぶのは困難だからである。
B カリスマ性の使い方を学ぼうと試みている人が多過ぎるからである。
C カリスマ性は真の感情の伝達に基づいているからである。
D 物売りとマーケティング担当者は利己的過ぎるからである。

Questions 5 and 6

A-E から 2 つの文字を選んで書きなさい。
正しい文字を解答用紙の解答欄 5 と 6 に書きなさい。
以下の記述のうちどの 2 つがカリスマに当てはまるか。
A 彼らは自分自身を会話の中心にする。
B 彼らは他人の行動をまねる。
C 彼らは頻繁に間を置いてゆっくり話す。

D 彼らは人々の相違を強調する。
E 彼らは個人的弱みを見せる。

Questions 7-9
次の A-E から正しい締めくくりを選び、それぞれの文を完成させなさい。
A-E から正しい文字を解答用紙の解答欄 7-9 に書きなさい。
7 カリスマ性のある人は必要である。なぜなら、彼らの行動方法は
8 カリスマになるのは難しいことがある。なぜなら
9 カリスマ性に関する研究は有益である。なぜなら

A 社会の幸福に害となり得る誤った意思決定につながるからである。
B 人々をまとめ、自分自身についていい気持ちにさせるからである。
C 自分がどのように影響されているかを人々に気付かせる助けとなるかもしれないからである。
D 他人のカリスマ性を発達させることに貢献するからである。
E 人の人生の全ての関係において維持するのは不可能だからである。

Activity 10　[解答]　　　　　　　　　　　　本冊：p.68-69

A ⅱ　　B ⅱ　　C ⅲ

解説 例えばパラグラフ A には ⅰ や ⅲ と同じ内容が書かれていますが、これらはパラグラフの主旨を示すものではありません。パラグラフの 1 文目はそのパラグラフのテーマを示すトピックセンテンスであることが多く、最後の文はパラグラフのまとめであることが多いことから、パラグラフの最初と最後の文をまとめたものを選ぶと解答を得やすいと言えるでしょう。

問題文の訳
以下のパラグラフの主旨は何か。

A　野生動物の全ての種を保護することが重要である。ピューマやコヨーテが絶滅した地域では、手に入る食料の供給量に対してシカの群れが増え過ぎている。その結果、多くのシカが餓死している。一見有害な動物が生存し続けられるようにすることで、自然のバランスをより良く保つことができる。

ⅰ　コヨーテは絶滅した。
ⅱ　自然のバランスが一番である。
ⅲ　食料不足は動物の餓死を引き起こす。

B　鉄は今日の社会で最もよく使われている金属である。幾つか例を挙げると、建設業、車両の製造、機械類、調理器具、武器、道具に使われている。外科用メスや超高層ビルの鋼鉄の梁を思い浮かべるといい。手元にあるリングノートの針金でもいい。どこにいても、鉄や鉄の形態を見つけることができる。鉄は高い強度を持つ素材であるだけでなく、磁化することもできる。磁石の中の鉄は、コンピューター、テレビ、エレキギターやおもちゃにまで使われている。この多用途性は鉄を価値ある商品としている。

ⅰ　鉄はとても豊富にある。
ⅱ　鉄は役に立つ金属である。
ⅲ　鋼鉄の梁は鉄でできている。

完全対策 ■ READING

C 寒い天気のとき、人は、もっと暖かい格好をしたり、屋内から出ないでいたり、暖房を強くしたりすることができる。しかし野生の動物は、生き延びるための他の方法を見つけなければならない。より暖かい気候の場所に移住する動物もいれば、春が来るまで冬眠する動物もいる。また他の動物は、冬には厚い毛皮を身にまとう。動物には、極端に寒い状況下でも生き延びる力が備わっているようだ。

i 動物は寒さに苦しむ。
ii 人間は冬期の方が屋内にいることが多い。
iii 動物は人間とは異なる方法で冬を乗り切る。

【語注】
starvation：飢餓　　　　scalpel：外科用メス　　　　hibernate：冬眠する
surgeon：外科医　　　　commodity：商品

Activity 11 [解答]　　　　　　　　　　　　　　　　　　　　　　　本冊：p.70

1　erratic：一貫しない、予測できない、不規則な、ころころ変わる
2　recidivism：過去の望ましくない振る舞い、特に犯罪に逆戻りする傾向
3　affable：感じのいい、気立てのいい、親しみやすい
4　permeates：何かの中に入り、あらゆる部分が影響を受けるよう全体に広がる
5　conduit：経路または通路；パイプまたはチューブ；情報を運ぶもの
6　reimbursement：返済、返金、払ったお金を返すこと

解説　4 entire が手掛かりです。／5 cord と messages が手掛かりです。／6 refunded が手掛かりです。

【問題文の訳】
1　この春の天候はかなり気まぐれだ。暑くて無風の日があると思えば、翌日は寒くて風が強い。
2　常習的犯行率が上昇し続けているので、処罰としての懲役は機能していない。ほとんどの犯罪者は、刑期を終え釈放されるとすぐに、また犯罪を繰り返す。
3　皆その新入りの見習いを気に入っていた。彼はとても愛想のいい人だった。
4　呼吸をすると肺に酸素が吸い込まれ、酸素は全身に行き渡る。
5　脊髄は、神経メッセージを脳に伝える主要な伝達経路である。
6　講座の開始前に受講取り消しを通知すれば、料金は全額返金される。しかし、開始日を過ぎると料金の払い戻しはない。

Activity 12 [解答]　　　　　　　　　　　　　　　　　　　　　　　本冊：p.71-74

1 iv　　2 ii　　3 viii　　4 i　　5 v
6 NO　　7 NO　　8 YES　　9 NOT GIVEN　　10 YES　　11 NOT GIVEN
12 order (and) reason　　13 classicist　　14 passionate young love

解説　1-5 が見出しマッチング問題、6-11 が筆者の見解を特定する問題、12-14 が要約完成問題です。1 つのパッセージに対して 3 つの問題形式が与えられています。出題順に解答する必要はありません。見出しマッチング問題は、各パラグラフの全体像や主旨を把握する必要があり、解答に時間を要します。全体像を把握することが求められる問題は一度保留にして、先に 6-11 や 12-14 などの問題に取り掛かってみましょう。6-14 の問題に取り組んでいる間に、パラグラフの主旨や全体像がおのずと把握できることが少なくありません。
以下のキーワードをそれぞれ見てみましょう。

41

i	Long-term effects, expression
ii	Celebrity status, quickly
iii	life experience
iv	old and new story-telling
v	resents long-term association
vi	modern-day readers
vii	innovative love story
viii	youthful male readers

6 パラグラフAの3行目後半から4行目に反対の記述があります。nor に注意しましょう。
7 パラグラフAの9行目に反対の記述があります。forgo「～なしで済ませる」の意味がポイントです。
8 パラグラフBの4行目から5行目の文と意味が一致するのでYES。
10 パラグラフCの3行目の文と一致するのでYES。emulate「～を模倣する」の意味がポイント。
9と**11**はパッセージに明確に記述されていないことからNOT GIVENとなります。**9**のように、記述をパッセージに探しても見つからない場合は一度保留とし、次の問題（ここでは**10**）に取り組みましょう。そして**10**の該当箇所が見つかれば、**8**と**10**の間に**9**に関する記述がなければNOT GIVENだと確定させることができます。
6-11がパラグラフA-Cに関連していたことから、**12-14**の問題は手付かずのパラグラフD-Eに関連するのではないかという仮説を立てることができます。
12 空所の前のa revoltから空所までが、パラグラフD 4行目のa rebellion against prior artistic dictates of serenityの言い換えです。／**13** an academic andの次が空所なので、空所には名詞が必要です。academicはパラグラフE 8行目のserious scholarの言い換えです。／**14** 直前のhis tale ofはパラグラフE 最終文のhis story ofの言い換えです。制限語数以内であれば、名詞の前についている形容詞や、動詞の前についている副詞をつけたまま書くのが原則です。

> [!NOTE] パッセージの訳

約20分間で以下のページのリーディング・パッセージ1についての質問1-14に答えなさい。

最初のベストセラー

A 『若きウェルテルの悩み』は、ドイツの作家ヨハン・ヴォルフガング・フォン・ゲーテの最初の主要な文学作品である。書簡体で書かれており、既に他の男性と婚約している女性に対する気性の激しい若い芸術家の深い恋慕を描いている。ストーリーの構成も全体的な物語曲線も、当時は特に革新的ではなかった。書簡体の小説ははるか以前から人気の頂点に達していたし、破滅的な報われない恋という観念は、ローマの詩人オウィディウスがそのような欲望の克服法を詩『レメディア・アモリス（恋愛治療）』を通して若い男性に助言した紀元前5年ごろから探究されていた。それにもかかわらず、『若きウェルテルの悩み』はジャンルに革命を起こし、幾つかの新しい基準を確立した。その中で最も注目すべきなのは、作者が自ら進んで家族と共同体の広範な社会的基盤を諦め、ほとんどもっぱら個人と、自己についての個人の思考に焦点を当てたことだった。

B この小説が出版された当時、「瞬く間にベストセラーになる」という考えはヨーロッパ社会には無縁だった。ほとんどの書物は高い評価を受けている作者から生まれ、小規模な文人グループの間にひっそりと広まってから、より広い読者層へ徐々に浸透していった。こうした状況は『若きウェルテルの悩み』の出版で一変した。ゲーテはほとんど何の文学的業績も持たない24歳の若者で、出版時にはほぼ無名だったが、彼の小説はたちどころに有名になり、ほとんど一夜にして彼を文学界のスーパースターに変貌させた。『ウェルテル』は伝統的な門番を通り越し、ターゲットである読者層、つまり、タイトル名の登場人物と自分自身を結び付けて考える繊細な若い男性たちへ直進した。このような事情から、この小説をマスマーケットにおける最初のベストセラーと見なす文学史家もいる。

C しかし、『ウェルテル』の衝撃は読者の急増にとどまらなかった。若い男性は、この小説を読んでサロンなど人が集まる場所で熱く議論するだけでは満足しなかった。多くの者が、主人公ウェルテルを手本にし始めたのである。ウェルテルの服装をまね、自分の感情について独善的な長広舌を振るいたがるところをまね、そして、これが当時の権力者を最も懸念させたのだが、この登場人物が持つ絶望の自己破壊的表現への傾向をまねたのである。「ウェルテル熱」と呼ばれたこの現象は、以後の研究に裏付けられ、身体的にうつる病気と同様に人間の行動は「伝染する」ことがあるという意見を生んだ。

D 『ウェルテル』は突如として文学的・大衆的センセーションとなったが、つかの間の流行に終わることもなかった。主人公の心理的な両極端と落ち着きのない内省を含むゲーテのドラマチックで凝りに凝った文体は、平穏と秩序と理性というそれまでの芸術的原則に対する反乱として出現したドイツのシュトゥルム・ウント・ドラング運動に強い影響を与えた。この変化の影響は長く続いており、今日でもなお幅広い文学や社会メディアに見て取ることができる。告白調の曲作りのおびただしさ、有名人

を話題にする報道のお祭り騒ぎ、インターネットのソーシャルネットワークが広める多数の自己省察と感情の共有、これらは全て、『ウェルテル』が設定した初期の例に多くを負っている。

E しかし、『若きウェルテルの悩み』の成功にもかかわらず、ゲーテは幾つかの理由で、この小説の出版に対して受けた広範な称賛や注目を完全には受け入れなかった。作者は出版当時、この小説の自伝的性質を公然と告白していた。小説はシャルロット・ブッフという若い女性への熱烈な愛に触発されたものであり、この若いころの恋を公に知らしめたことを彼は後年後悔した。またゲーテは、『ウェルテル』に続き相当数の文学作品を書き、他にも科学や政治に関する作品を多数書いたにもかかわらず、文学者人生を通して、ヨーロッパの多くの人が彼を『ウェルテル』とばかり結び付けることに不満を抱いていた。ゲーテは晩年自身を真摯な学者で古典学者と見なし、植物学やさらには解剖学研究といった多様な分野に手を染めた。しかし一般大衆の間では、彼は『ウェルテル』と情熱的な若い恋の物語のイメージに堅く固定されたままだった。

語注

- epistolary：手紙の、書簡の
- depict：〜を描く
- infatuation：夢中になること
- temperamental：気性の激しい、興奮しやすい
- zenith：（権力・繁栄・幸福などの）頂点、絶頂
- forgo：（楽しみなど）をなしで済ませる、慎む
- publication：出版
- meteoric：急速な
- feverishly：熱烈に
- emulate：〜を見習う
- protagonist：（劇・小説などの）主人公
- pontificate：尊大な態度で話す
- contagious：伝染する
- fad：一時的な流行
- overwrought：凝り過ぎた
- embrace：〜を包含する、受け入れる
- introspection：内省、内観
- rebellion：反逆、反乱
- serenity：平穏、平静
- profusion：豊富
- ardent：激しい
- peg：〜を固定する

問題文の訳

Questions 1-5

リーディング・パッセージ1にはA-Eの5つのパラグラフがある。
パラグラフA-Eに対する正しい見出しを下の見出しリストから選んで書きなさい。
解答用紙の解答欄1-5に正しい数字i-viiiを書きなさい。

見出しリスト

i 文化的表現に対する長期的影響
ii あっという間に獲得した有名人の地位
iii 作者自身の人生経験に基づいた『ウェルテル』
iv 物語を伝える新旧の要素の混合
v 長期間『ウェルテル』と結び付けられることをゲーテは憤る
vi 現代の読者にもなお愛される『ウェルテル』
vii 革新的なラブストーリーと見なされる『ウェルテル』
viii 若い男性読者の狂信的な反応

Questions 6-11

下の記述はリーディング・パッセージ1での筆者の見解と合致するか。
解答用紙の解答欄6-11に
記述が筆者の見解と合致するなら YES
記述が筆者の見解と相違するなら NO
この点に関して筆者がどう考えているか判断できなければ NOT GIVEN
と書きなさい。

6 『若きウェルテルの悩み』が書簡体小説の潮流の始まりだった。

7 この小説は人間関係を大規模に探究している。
8 一般大衆は、ゲーテがこの小説を書くまでは彼をよく知らなかった。
9 『ウェルテル』は肯定的な批評を受けなかった。
10 主要な登場人物の個性の側面をまねようと試みた読者もいた。
11 『ウェルテル』は今日でもとても人気のある小説である。

Questions 12-14

下の要約を完成させなさい。
それぞれパッセージから3語以内を選んで書きなさい。
解答用紙の解答欄12-14に答えを書きなさい。

『ウェルテル』の人気が社会と作者に与えた影響

『若きウェルテルの悩み』は当時の創造的様式を変容させ、穏やかさと **12** <u>　秩序　</u>と<u>　理性　</u>というそれまでの芸術の作法に対する反乱と見なされた。その影響は今日でも見られる。この小説は大成功を収めたが、作者は学者と **13** <u>　古典学者　</u>と認められる方を好んだだろう。しかし、彼は **14** <u>　情熱的な若い恋　</u>の物語で普通の人々からいつまでも記憶されるだろう。

完全対策 ■ READING

WRITING

TASK 1

本冊：p.91-95

解答例　実践問題①

The bar chart shows the proportion of men and women who taught in seven different faculties of a particular university in 2012. The figures varied significantly with some faculties primarily dominated by either sex, and more even distribution between the genders in others.

There was a large gender disparity in some faculties: engineering was dominated by male academics whereas education had the highest percentage of female academics. Notably, 85% of engineering teachers were male and only 15% female. Three quarters of the academic staff in education were women, with just 25% males.

However, other faculties were more balanced in their composition. In medicine, gender representation was almost equal, while in arts slightly more than half the academics were female (55%). It is interesting to note that business and science had the same proportions of men and women, with 65% male to 35% female academics in those faculties. Law had a slightly higher percentage of women at 40%.　　　　(157 words)

語注

proportion of *A* and *B*：
　AとBの比率、割合
faculty：学部
figure：数値
vary significantly：大きく異なる

primarily：主に
more even distribution：
　より均等な分布
a large disparity：大きな差異
whereas ...：～であるのに

notably：とりわけ、際立って
composition：構成
have a slightly higher percentage of ...：
　～がわずかに高い割合を占める

● **問題文の訳**

このタスクは約20分で終えなさい。

> 下のグラフは、2012年のある一流大学の全学部における男女の教員の比率を表しています。
> 主な特徴を選んで説明することで情報を要約し、関連がある箇所を比較しなさい。

少なくとも150語で書きなさい。

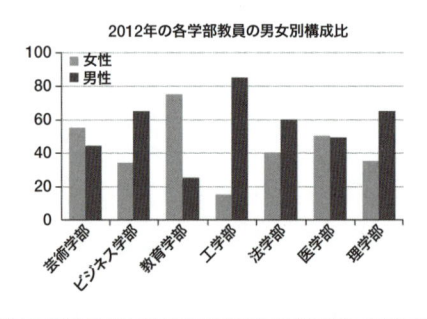

2012年の各学部教員の男女別構成比

(1) トピックの理解と分析
トピック：7つの学部における教員の男女比
横軸：7つの学部
縦軸：割合（単位：％）
時制：2012年と明確に示されているので、過去形が適切と判断できます。
(2) アウトラインを決める
3つのパラグラフに分ける：①トピック紹介＋全体の要約　②男女差が大きい学部　③その他の学部

完全対策 ■ WRITING

解答例の訳

この棒グラフは、2012年にある特定の大学の7つの異なる学部で教えた男女の比率を表しています。その数値は大きく異なり、一部の学部では男女のどちらかがかなり優勢であるのに対して、他の学部は男女がより均等になっています。

幾つかの学部では、男女間で大きな差異がありました。工学部が男性教員にほぼ独占されていた一方で、教育学部では女性教員が最も高い割合を占めました。特に、工学部の教員の85％は男性で、女性は15％のみでした。教育学部の教員の4分の3は女性で、男性はわずかに25％でした。

しかし、他の学部の構成はもっとバランスが取れていました。医学部では男女はほぼ等しい割合でしたが、芸術学部の学科では教員の過半数強が女性でした（55％）。興味深いことに、ビジネス学部と理学部では男女の割合が同じで、この2つの学部では女性教員の35％に対して男性が65％でした。法学部では女性が40％と、それらよりわずかに高い割合でした。

解説

〈詳しいアウトライン〉
①イントロ
（トピック紹介）
the proportion of men and women who taught in seven different faculties of a particular university in 2012
（全体の要約）
・some faculties = dominated by either sex
・others = more even distribution
②ボディー1：faculties- large difference between male and female
・engineering (male-dominated) and education (highest percentage of female)
・engineering (male: 85% / female: 15%)
・education (female: 75% / male: 25%)
③ボディー2：others
・other faculties were more balanced
・medicine=gender representation was almost equal
・arts=slightly more than half the academics were female (55%)
・business, science (same proportions = male: 65% / female: 35%)
・law (female: 40%)

①まずトピックを紹介するために、percentage を proportion、male / female を men / women などに言い換えて、うまく問題指示文をパラフレーズしています。そして、全体の要約では、some 〜 と others を使うことで、男性と女性の教員の差が大きい学部と男女比率がより均等な学部があることを対比して表現しています。

②男女差が大きい工学部と教育学部を比較・対比するパラグラフです。まず男女差が大きい学部があることを説明し、whereas を使って工学部と教育学部を対比しています。そして具体的な数値を使い説明を加えます。three quarters (75%) という表現のように、パーセント以外の表現を使って数値を説明することも効果的です。

③その他の学部の男女比を、while を使って対比したり、the same proportions を使ってグルーピングしたり、more than half や a slightly higher percentage などを使って比較したりすることで、数値を説明しています。

解答例　実践問題②

The graph gives information about population growth in China and India from the year 2000 with predicted changes to 2050.

In 2000, China's population stood at 1.25 billion and this number rose steadily to where it is currently at just under 1.4 billion(∗). It is projected to peak at 1.45 billion in 2030, when the number will level off and start to decline. It is expected that by 2050 the population will have dropped slightly to 1.4 billion.

In contrast, although the population of India started at just one billion in 2000, it has increased rapidly to around 1.25 billion today(∗). The data indicate it will continue its upward surge, overtaking China in 2030 and reaching a peak of 1.6 billion by 2050.

Overall, the major difference between the two population trends is that the number of people in China is forecast to start falling after 2030 whereas the population of India will continue to soar.　　　(155 words)

(∗)2015年現在

語注

the graph gives information about ... : グラフは～についての情報を示している
population growth : 人口増加
predicted changes : 予測される変化
stand at ... : (数・量)である、に達する
be projected to *do* : ～すると推定される

peak at ... : ～でピークに達する
level off : 横ばいになる
start to decline : 減少し始める
It is expected that : ～と予想される
drop slightly to ... : 微減して～になる
surge : 急増

overtake : ～に追い付く
be forecast to *do* : ～すると予測される
soar : 急上昇する

● 問題文の訳

このタスクは約20分で終えなさい。

> 下のグラフは、2000年から現在までのインドと中国の人口を、2050年までの増加予測と共に表しています。
> 主な特徴を選んで説明することで情報を要約し、関連がある箇所を比較しなさい。

少なくとも150語で書きなさい。

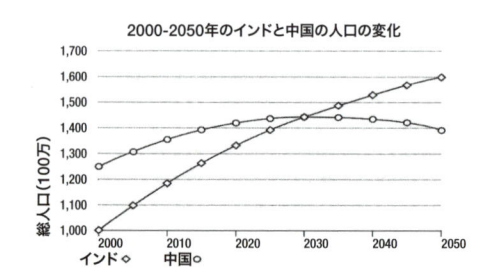

2000-2050年のインドと中国の人口の変化

(縦軸)総人口(100万)　(横軸)2000〜2050
インド◇　中国○

---

(1) トピックの理解と分析
トピック：インドと中国の人口の変化
横軸：2000年から2050年まで10年単位
縦軸：人口(単位：million)
時制：2000年から現在までは過去形もしくは現在完了形、現在から未来に関しては未来形を使います。
重要なデータ：2000年の開始年、中国の人口がピークに達し減少し始める点、インドが中国の人口を追い越す点、2050年の終着点
特徴：2030年以降、中国の人口は減少すると予測されているのに対し、インドの人口は増加すると予測されています。
(2) アウトラインを決める
4つのパラグラフに分ける：①トピック紹介　②中国の人口　③インドの人口　④全体の要約

完全対策 ■ WRITING

> 解答例の訳

このグラフは、2000年から、2050年までに予測される変化を含めた、中国とインドの人口増加に関する情報を示しています。

2000年の中国の人口は12.5億人で、この数は着実に上昇して現在の14億人弱に達しました。中国の人口は2030年に14.5億人でピークに達すると推定され、その年に数字は横ばいになり減少し始めます。2050年には、人口は微減して14億人になると予想されます。

対照的に、インドの人口は2000年はちょうど10億人から始まりましたが、今日の12.5億人前後まで急増しました。このデータによると、インドの人口は急上昇を続け、2030年に中国に追い付き、2050年にはピークの16億人に到達します。

全体的に、2つの人口傾向の主な違いは、中国の人口は2030年以降減少し始めると予想されるが、一方インドの人口は急上昇し続けるということです。

> 解説

〈詳しいアウトライン〉
①**イントロ**：トピック紹介
population growth in China and India from 2000 to 2050
②**ボディー1**：China
・2000-current:
・2030: peak at 1.45 billion then level off
・2050: drop to 1.4 billion
③**ボディー2**：India
・2000-current: increase to 1.25 billion
・2030: increase and overtake China
・2050: peak at 1.6 billion
④**コンクルージョン**：全体の要約
・major difference
・after 2030: the population of China will fall but that of India will soar

①タスクの説明文を的確に言い換えています。この問題の焦点の1つである、これまでの変化とこれからの変化についてのグラフであることを明確に示しています。

②中国の人口の変化についてのパラグラフです。まず開始点である2000年から現在までを説明していますが、過去の時点は過去形、現在については現在形で記述されています。次に2030年、ピークに達する時点を捉え、be projected to do（〜すると推定される）を使って未来を表現しています。

③インドの人口の変化についてのパラグラフです。まず開始年である2000年の数値を捉え、開始年から現在までの変化を表すために現在完了形を使っています。現在以降の数値に関しては未来形を使い、2030年に中国に追い付くこと、ピークに達することを説明しています。

④まとめとして、中国とインドの人口変化の差で目立つ部分として、2030年以降の変化をwhereasで対比しながら説明しています。このように、全体の要約をエッセイの最後に記述しても問題ありません。

解答例　実践問題③

The pie chart illustrates the proportion of energy consumed by different appliances in an average Australian home. In general, the pie chart shows that temperature control, both for heating and cooling, is the major user, followed by water heating, and the table shows that energy consumed per capita drops as household size increases.

Heating and cooling devices account for almost 40% of total energy, and water heating consumes a quarter of total household power. Other appliances, such as dishwashers, televisions and smaller items, make up 16% of energy consumption. Slightly less than half that amount (7%) is used for both refrigeration and lighting. Standby power comprises a remarkable 3% compared with stoves, ovens and other cooking equipment that expend only 4% of household energy.

The table shows that a single person's electricity usage is 5,000 to 6,500 kWh per annum, whereas two people use a similar amount or not much more. A three-person Australian household typically uses about the same as two people (6,000-8,000) or perhaps up to 10,000 kWh. Six people or more living in the same house only double the consumption of a two-person household.

(188 words)

語注

the pie chart illustrates ...：円グラフは〜を示している
consume：〜を消費する
appliance：設備、器具
followed by ...：〜が続く
per capita：1人当たりの
device：器具
account for ...：〜を占める
make up ...：〜を構成する
consumption：消費
comprise：〜を構成する
remarkable：注目に値する
expend：〜を消費する
electricity usage：電気使用量
per annum：年間の

● 問題文の訳

このタスクは約20分で終えなさい。

> 下の円グラフは、典型的なオーストラリアの家庭におけるエネルギーの用途を示し、表は、居住人数による電力使用量を示しています。
>
> 主な特徴を選んで説明することで情報を要約し、関連がある箇所を比較しなさい。

少なくとも150語で書きなさい。

オーストラリアの家庭におけるエネルギー使用

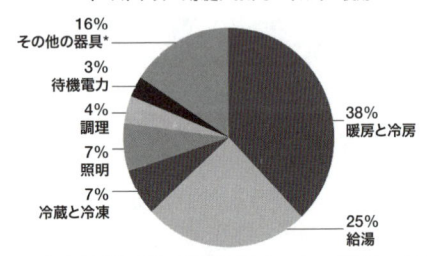

- 16% その他の器具*
- 3% 待機電力
- 4% 調理
- 7% 照明
- 7% 冷蔵と冷凍
- 25% 給湯
- 38% 暖房と冷房

*洗濯機と食器洗浄機、娯楽、小型器具（例：トースター、ドライヤー、アイロン）

典型的なオーストラリア家庭の電気使用量

世帯人員	電気使用量：年間キロワット時(kWh)
1人	5,000-6,500
2人	6,000-8,000
3人	7,500-10,000
6人以上	12,000-16,000

(1) トピックの理解と分析
トピック：円グラフは、オーストラリアの典型的な家庭で電力がどの設備によって消費されているかを示し、7つのカテゴリーが与えられ、それぞれの割合を示しています。表は、世帯人員による電気使用量を表し、左列は世帯人員、右列は年間の電気使用量がkWhで表されています。
単位：％とkWh
時制：明確な時間枠が与えられていないことから、現在時制で書けばよいと分かります。
(2) アウトラインを決める
3つのパラグラフに分ける：①トピック紹介＋全体の要約　②円グラフ　③表

解答例の訳

この円グラフは、オーストラリアの平均的な家庭でさまざまな設備によって消費されるエネルギーの割合を図示しています。総じて、円グラフは、暖房と冷房両方の温度調節が主な消費源で、給湯がそれに続くことを示しており、表は、世帯の規模が大きくなるにつれて一人当たりの消費エネルギー量は減少することを示しています。

冷暖房器具は全エネルギーの40％を占め、給湯は総世帯電力の4分の1を消費しています。食器洗浄機、テレビや小型の器具などその他の設備がエネルギー消費の16％を占めています。その量の半分弱（7％）が冷蔵と照明に使用されています。こんろやオーブンなどの調理設備が家庭用エネルギーの4％しか消費していないのに比べ、待機電力は驚くべき3％を占めています。

表は、単身者の電気使用量は年間5,000から6,500キロワットである一方、2人世帯ではそれに近いかやや多い使用量であることを示しています。オーストラリアの3人世帯は概して2人世帯とほぼ同じ使用量(6,000-8,000)か、最大でも10,000キロワットくらいです。6人以上が同じ家に住んでいる場合は、2人世帯の消費量の2倍にすぎません。

解説

〈詳しいアウトライン〉
①イントロ
（トピック紹介）
the proportion of energy consumed by different appliances in an average Australian home
（全体の要約）
pie chart: temperature control, both for heating and cooling, is the major user
table: energy consumed per capita drops as household size increases
②ボディー1：pie chart
・heating and cooling almost 40% / water heating 25%
・other 16%
・refrigeration and lighting 7% (each)
・standby 3% / stoves, ovens and other cooking equipment 4%
③ボディー2：table
・single: 5,000-6,500 / two people: almost the same
・three people: up to 10,000
・six people or more: double a two-person family

①円グラフに関するトピックの紹介、そしてIn generalを使って全体の要約を導入しています。要約では、円グラフで最も大きな割合を占めるものを取り上げ、表については、世帯人員が増えるほど一人当たりの消費量が減るという特徴を説明しています。

②円グラフについて説明するパラグラフです。最大の割合を占めるheating and cooling devicesから順に説明しています。このパラグラフでのポイントは、a quarter(25%)、slightly less than half that amount（その量の半分弱）などの表現を使いながら割合を表現している点です。

③表について説明するパラグラフです。世帯人員1人から順に説明しています。a similar amount or not much more（同等の量もしくは少し多いだけ）やabout the same as ...（〜とほぼ同じ）、double the consumption of ...（〜の消費量の2倍）などの表現を用いながら、数値を説明している点に注目しましょう。

解答例　実践問題④

The diagram illustrates how aluminium cans are recycled. This process can be divided into three main stages: collection, processing and recycling. Finally, the new cans are sold in vending machines.

First of all, people throw used cans into a recycle bin. After being thrown away, they are sorted out into two types: aluminium and steel. Next, a van takes these different boxes to a recycling centre.

At the recycling centre the aluminium cans are crushed and made into large blocks, which are sent to an aluminium recycling plant in order to be melted down. The recycling process at the aluminium plant can be broken down into four main steps. The compacted cans are melted down and the molten metal is cast into new bars of aluminium. These bars are then flattened to make an aluminium roll from which new cans are produced.

The cycle is completed when the new cans are sold in drinks machines. In this way, aluminium can be used over and over again.

(166 words)

語注

be divided into stages：段階に分けられる	**bin**：ごみ箱	**break down ...**：〜を細分化する
processing：加工、処理	**sort out ...**：〜を分類する	**cast**：〜を型に流し込む
vending machine：自動販売機	**melt down ...**：〜を溶かす	**flatten**：〜を平らにする

● 問題文の訳

このタスクは約20分で終えなさい。

> 下の図は、アルミニウム飲料缶のリサイクルの工程を示しています。
> 主な特徴を選んで説明することで情報を要約し、関連がある箇所を比較しなさい。

少なくとも150語で書きなさい。

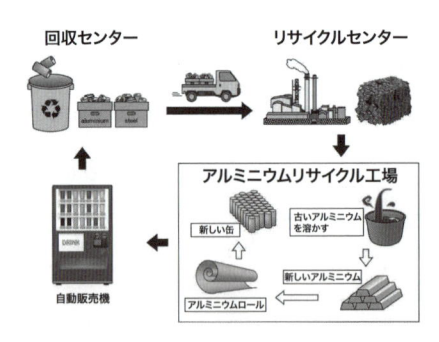

---

(1) トピックの理解と分析

図の問題の場合も、タスクへのアプローチはグラフとほぼ同じなので、まずタスクの説明文と図を確認して、トピック（何の図であるか）を確認しましょう。そしてその図を明確にパラグラフ分けするために、どのように図を切り分けるとよいかを検討しましょう。全体の要約としては、幾つのステップで図が構成されているかを書くとよいでしょう。

図の問題もグラフの問題と同じく、最も大切なことは、この図を見ていない人に図のイメージを文字で伝えることです。図の問題では、キーとなる名詞が図中に与えられていますが、多くの場合動詞は与えられていません。図を見ながら適切な動詞を考えることが大切です。

トピック：アルミニウム缶のリサイクルプロセス
時制：普遍的な工程なので、現在時制を使います。
特徴：図がシンプルなので、1つ1つの過程について説明しながら工程の流れを明確にする必要があります。

(2) アウトラインを決める
4つのパラグラフに分ける：①トピック紹介＋全体の要約　②回収からリサイクルセンターへ　③リサイクルセンターと工場　④自動販売機

解答例の訳

この図は、アルミニウム缶がどのようにリサイクルされるかを図示しています。この工程は3つの主な段階に分けられます。回収、加工、そしてリサイクルです。最後に、新しい缶が自動販売機で販売されます。

最初に、人々が使用した缶をリサイクル用のごみ箱に投げ入れます。捨てられた後、缶は2種類に分別されます。アルミニウムとスチールです。そして、トラックがこれらの別々に分けられた箱をリサイクルセンターに運びます。

リサイクルセンターで、アルミニウム缶はつぶされて大きな塊にされ、溶かされるためにアルミニウムリサイクル工場に運ばれます。アルミニウム工場でのリサイクル工程は4つの主なステップに分けられます。圧縮された缶は溶かされ、溶けた金属は型に入れられて新しいアルミニウムの棒になります。それからこれらの棒は平らに伸ばされ、新しい缶を製造するためのアルミニウムロールが作られます。

このサイクルは、新しい缶が自動販売機で販売されたときに完結します。こうして、アルミニウムは何度も再利用することができます。

解説

〈詳しいアウトライン〉
①イントロ
（トピック紹介）
- the diagram illustrates how aluminium cans are recycled.

（全体の要約）
- three main stages: collection, processing and recycling
- the new cans are sold in vending machines.

②ボディー1：from collection to a recycling centre
- people throw used cans into a recycle bin
- sorted out into two types: aluminium / steel
- a van takes to a recycling centre

③ボディー2：processing in the recycling centre and a plant
- the recycling centre: crushed and made into large blocks
- sent to an aluminium recycling plant and melted down
- aluminium plant: four main steps
- melted down
- cast into new bars of aluminium
- flattened to make an aluminium roll
- new cans are produced

④ボディー3：drinks machines
- the cycle is completed when new cans are sold in drinks machines
- aluminium can be used over and over again

①説明文を言い換えることでトピックを明確にしています。そしてプロセスを図と同じように、3つの主な段階と最後の再び販売されるまでの段階の合計4段階に分けて説明しています。

②缶の収集について説明しています。図の問題では、主語が物になることが多いので、通常受動態を動詞の軸とすることになります。first of all, next, after being 〜ed などを使ってプロセスの流れを分かりやすく説明するのが効果的です。

③リサイクルセンターでの工程を説明しています。動詞に注目すると、主に受動態が使われていることが分かります。アルミニウムリサイクル工場でのステップを4つに分けて説明していますが、4つのステップを1文ずつに分けて書くのではなく、and や which を使って文をつないでいる点に注目しましょう。

④ The cycle is completed when ... と述べることで、ここが最後の段階であることを示しています。そして最後に、サイクルが回る様子を述べてまとめています。

解答例　実践問題⑤

The diagram demonstrates how a solar powered water pump is used to supply water for a village. There are three main components to the system: a solar panel, an underground bore or well with a water pump inside it, and a tank for holding the water after it has been pumped up from the underground source.

The first part of the process involves collecting sunlight to power the pump. A solar panel consisting of photovoltaic cells is mounted facing the sun on a raised pole well above the ground. DC electricity is collected when the panel is exposed to sunlight. This DC current travels from the panel to power a water pump, which is suspended below the water level inside an underground well or bore.

The DC power is used to pump water from the well into an outlet pipe which runs from the pump up the well through the bore cap and into the top of a water tank which is situated on the ground nearby. The water then runs in a pipe to a village.

(177 words)

語注

the diagram demonstrates ... : 図は～を説明する
pump up ... : ～をポンプでくみ上げる
underground : 地下の
bore : 穴
well : 井戸
power : ～に動力を供給する
consist of ... : ～から成る
mount : ～を据え付ける
suspend : ～をつるす
be situated on ... : ～の上に位置する

●問題文の訳

このタスクは約 20 分で終えなさい。

> 下の図は、太陽光発電送水ポンプがどのように作動するかを表しています。
>
> 主な特徴を選んで説明することで情報を要約し、関連がある箇所を比較しなさい。

少なくとも 150 語で書きなさい。

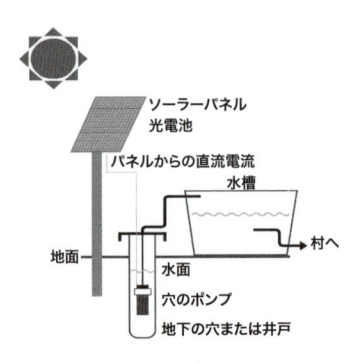

(1) トピックの理解と分析
トピック：太陽光発電送水ポンプの作動プロセス
時制：普遍的な内容なので、現在時制を使います。
特徴：作動プロセスだけでなく、設備の位置関係などの特徴を含めて書いていきます。

(2) アウトラインを決める
3つのパラグラフに分ける：①トピック紹介＋全体の要約　②パネルからポンプへ　③ポンプから村へ

解答例の訳

この図は、村に水を供給するために太陽光発電送水ポンプがどのように使われるかを説明しています。この仕組みには3つの主な構成要素があります。ソーラーパネル、中に送水ポンプのある地下の穴または井戸、地下水源から吸い上げられた水をためておく水槽です。

プロセスの最初の部分は、ポンプに電力を供給するための太陽光を集めることです。光電池から成るソーラーパネルが地上高く、立てられたポールの先に太陽に面して設置されます。パネルに日光が当たると、直流電流が集められます。この直流電流がパネルから流れ、送水ポンプに電力を供給します。送水ポンプは地下の井戸または穴の内部で水面下につるされています。

直流電力は、井戸から水をくみ上げて排出パイプに流すために使われますが、このパイプは、井戸を上って穴のふたを抜け、近くの地面に設置された水槽の上部までつながっています。水はそれからパイプを流れて村に届きます。

解説

〈詳しいアウトライン〉
①イントロ
(トピック紹介)
・diagram (how a solar powered water pump is used to supply water for a village)
(全体の要約)
・three main components: a solar panel, an underground bore or well (a water pump inside it), and a tank for holding the water (after pumped up)

②ボディー1：solar panel to pump
・collecting sunlight
・panel facing the sun / on a raised pole / well above the ground
・DC electricity is collected when the panel is exposed to sunlight
・from the panel to power a water pump
・pump is suspended below the water level / inside an underground well or bore

③ボディー2：pump to village
・the DC power is used to pump water from the well into an outlet pipe
・the outlet pipe runs from the pump up the well through bore cap / into the top of a water tank
・a tank is situated on the ground
・the water runs in a pipe to a village

①まずはトピック紹介として、説明文の内容を言い換えています。そして内容の要約として、仕組みが3つの設備に分かれると説明しています。動詞は主に受動態が使われている点に注目しましょう。

②ソーラーパネルから地下の井戸までどのように電流が流れるかを説明しながら、ソーラーパネルの役割と位置関係を説明しています。このように装置や設備について説明するときは、役割と流れだけを説明するのではなく、形状や位置関係などの情報を加えることが求められます。on a raised pole, well above the ground, below the water level, inside an underground well or bore は位置関係を示しています。名詞を説明するために関係代名詞 which を使って説明を追加している点にも注目しましょう。

③地下の井戸からタンクまでの流れと装置の位置関係を説明しています。関係代名詞 which を使って名詞を修飾し情報を追加している点に注目します。図では動詞が与えられていないので、最適な動詞を選ぶことが求められますが、難しい語ではなく基本的な語を正しく使うことが大切です。

TASK 2

本冊：p.113-114

解答例　実践問題①

In many countries throughout the world, young people are pushed into careers that they have no aptitude for, or do not want to do, and there are two main reasons for this situation.

The first reason is lack of tertiary study options. In some countries, there are limited places available for tertiary study, and those who do not manage to earn a place at the institution of their choice often find themselves studying a subject which does not interest them, or which is a poor match for their skills and aptitudes. The other main reason, which is closely aligned to the former point, is parental aspirations. Many parents push their children into a limited set of career options because these choices represent social success, security and money in later life. In many cases, the skills and needs of the children are ignored, as their parents encourage them to earn places in prestigious, if inappropriate, institutions and to study subjects that are acceptable to their friends and extended family.

Some of those children who do manage to jump through all the required hoops find that they are trapped in a career which does not suit their needs or abilities, and that they can see no escape from the life sentence imposed by well-meaning family. This can have both personal and social consequences. Firstly, unsatisfied workers can suffer from job stress, which drains human potential and may lead to physical and psychological illness. Dissatisfaction and distress also impacts on their chosen profession and on society as a whole, as unhappy and disaffected workers tend not to give their best, and this affects the quality of their work.

In conclusion, a person who is pushed into uncongenial work because of social constraints or family pressure is not likely to be a productive and happy member of society. We need to ensure that individual talents and skills are recognised and catered for if we are to have a harmonious and well-developed society.　(328 words)

語注

throughout the world：世界中で
aptitude：適性
tertiary study：高等教育
be a poor match for ...：～に合わない
be aligned to ...：～と連携している
aspiration：熱意、情熱
prestigious：権威のある
extended family：拡大家族、親戚
jump through hoops：困難を切り抜ける
life sentence：終身刑
well-meaning：善意の
consequences：結果、成り行き
drain：～を枯渇させる、奪う
distress：苦悩
profession：職業
disaffected：不満を抱いた
uncongenial：適さない
social constraint：社会的制約
ensure：～を確実なものにする
cater for ...：～の要求を満たす

● 問題文の訳

このタスクは約 40 分で終えなさい。
次のトピックについて書きなさい。

> 今日多くの国では、若者は向いていない仕事や情熱を持てない仕事に就くことを強いられています。
> この理由にはどんなものがあり得ると思いますか。これはどんな問題を引き起こす可能性があるでしょうか。

解答では理由を述べ、自分の知識や経験から関連する例があればどんなものでも含めなさい。
少なくとも 250 語で書きなさい。

> **プランニング**
> トピックは、若者が適性のない職に就かされているということです。タスクはその理由と引き起こされる問題を述べることを要求しているので、両方を論じることになります。ボディー1でその理由についてまとめ、ボディー2でどのような問題を引き起こす可能性があるかを述べることにします。

完全対策 ■ WRITING

> **解答例の訳**

世界の多くの国で、若者は、何の適性もない職業ややりたくない職業を無理強いされていますが、この状況には主な理由が2つあります。

1つ目の理由は、高等教育の選択肢がないことです。高等教育を受けられる場所が限られている国もあり、希望する教育機関に入学できない人たちは、しばしば、関心の持てない教科や自分のスキルや適性に合わない教科を学ぶことになります。もう1つの主な理由は、前述の内容とかなり近いものですが、親の熱意です。多くの親は限られた職業の選択肢を子どもに強制しますが、それは、こうした選択が社会的成功、安全、年を取ってからの財産を意味するからです。たとえ不適切でも権威のある教育機関に入学し、友人や親戚に認められる科目を学ぶよう親は子どもを促すので、多くの場合、子どものスキルとニーズは無視されます。

課せられた困難を全て何とかやり抜いている子どもの中には、自分のニーズや能力に合わない職業に捕らわれ、善意の家族によって負わされた終身刑からの逃げ場を見いだせないと感じている人もいます。これは、個人的な結果と社会的な結果の両方をもたらし得ます。1つに、不満を抱いた労働者は仕事のストレスに苦しむかもしれず、それによって人間としての可能性が奪われ、身体的病や精神的病につながるかもしれません。不満と苦悩は、彼らが選んだ職業と社会全体にも影響を与えます。不幸で不満を抱いている労働者は全力を尽くさない傾向にあり、これは彼らの仕事の質に影響するからです。

結論として、社会的制約や家族のプレッシャーによって性分に合わない仕事をさせられている人は、生産的で幸福な社会の一員とはなりそうもありません。調和が取れ十分に発達した社会を作ろうとするなら、個人の才能とスキルが確実に認知され、生かされるようにする必要があります。

> **解説**

〈アウトラインの作成〉
①イントロ
（トピック）・young people are pushed into careers (no aptitude for / do not want to do)
（主題文）・two main reasons
②ボディー1：Reasons
・lack of tertiary study options — studying a subject which does not interest them or a poor match for their skills
・parental aspirations — a limited set of career options — earn places in prestigious institutions
③ボディー2：Problems
・find that they are trapped in a career — no escape from the life sentence
・personal and social consequences
・job stress — physical and psychological illness
・workers tend not to give their best — the quality of their work
④コンクルージョン
・social constraints or family pressure
・not likely to be a productive and happy member of society
・individual talents and skills should be recognised and catered for

① イントロダクション
まずトピックを言い換えながら明確に述べ、タスクに答えるために、主に2つの理由があると述べています。

② ボディー1
1つ目の理由として選択肢の欠如を挙げ、その理由及び具体例として、教育機関の少なさについて説明しています。そしてもう1つの理由として、親の影響を挙げて説明しています。The first reason is で1つ目の理由、The other main reason から2つ目の理由を挙げていることが明確に分かる構造になっています。

③ ボディー2
引き起こされる問題について、まず無気力になることを挙げています。そして、そのことが個人と社会の両方に影響があることを明確にし、それらを具体的に説明しています。

④ コンクルージョン
第1文で理由を簡潔にもう一度述べ、その引き起こされる問題についても言及しています。最後に個人的な見解を示してエッセイを締めくくっています。

解答例　実践問題②

Solar power as a source of domestic household energy is becoming more desirable because many individuals and governments are concerned that burning fossil fuels adds carbon dioxide to the atmosphere and thus accelerates global warming and climate change. Others feel that nuclear power is potentially unsafe, and do not like its associated pollution from radioactive waste. Therefore, many researchers and consumers have looked at alternative sources of energy and have found that solar power has many benefits and few drawbacks.

The main advantage of solar energy is that after the initial installation, it is entirely free and renewable, and there are no extra costs involved in producing the energy. Solar energy is silent and environmentally friendly as well — it does not destroy or poison the eco-system. This is because the raw material, sunshine, does not need to be extracted or refined, so there are no pollutants or toxic residue produced. Another major advantage is that it is produced where it is needed so there is no energy wasted on transport. This decentralisation of the power source not only leads to savings on transmission, but also to more self-reliant communities — the ability to produce their own power is a significant advantage for remote populations. There are also employment opportunities in the design and development, manufacture, installation and maintenance of the new technology for solar panels, which are consequently becoming less expensive, more available and much more efficient.

The greatest drawback of solar power is that it is totally reliant on sunlight, which is not always constant; in fact, there are some regions where it may not be practicable. As it does not work at night, power from daytime sunshine must be stored in large batteries. In addition, the panels tend to be big and cumbersome. A major drawback for some is that the initial purchase and installation of the equipment is costly.

In my view, the benefits of a clean, quiet, renewable, eco-friendly source of energy far outweigh the drawbacks, provided that there is sufficient sunlight available to make this source of power feasible.　　　　(344 words)

語注

fossil fuel：化石燃料
unsafe：安全でない、危険な
associated：関連する
radioactive waste：放射性廃棄物
drawback：欠点
extract：〜を抽出する

raw material：原料
refine：〜を精製する
pollutant：汚染物質
toxic residue：有毒な残留物
decentralisation：分散
transmission：伝送

self-reliant：自立した
practicable：実用的な
cumbersome：扱いにくい
outweigh：〜より重要である
provided that ...：〜という条件で
feasible：実現可能な

●問題文の訳

このタスクは約40分で終えなさい。
次のトピックについて書きなさい。

> 太陽エネルギーは、世界中の多くの国で、家庭用のエネルギー源としてどんどん普及しています。
> これはなぜですか。太陽エネルギーのメリットとデメリットは何でしょうか。

解答では理由を述べ、自分の知識や経験から関連する例があればどんなものでも含めなさい。
少なくとも250語で書きなさい。

プランニング

問題を確認すると「太陽光発電の家庭での利用の増加」がトピックであり、1「太陽光発電の家庭での利用がなぜ増えているか」、2「太陽光発電のメリット」、3「太陽光発電のデメリット」を論じることが求められていると分かります。

イントロダクションで、1「太陽光発電の家庭での利用が増加していること」、そして1つ目のタスクである2「その理由」について述べ、このエッセイの主題文として3「メリットがデメリットを上回っていること」を説明することにします。

ボディー1では太陽光発電のメリットを、ボディー2ではデメリットを論じることにします。

そしてコンクルージョンでは、メリットがデメリットを上回るという立場を再度示しながらエッセイをまとめます。

完全対策 ■ WRITING

> **解答例の訳**

化石燃料を燃やすと大気中の二酸化炭素が増え、それにより地球温暖化と気候変動が加速されることを多くの個人と政府が懸念していることから、家庭用エネルギー源としての太陽光発電はより望ましいものとなっています。原子力は潜在的に安全ではないと感じ、放射性廃棄物による原子力関連の汚染を好まない人もいます。従って、多くの研究者と消費者は代替エネルギー源に目を向け、太陽光発電には多くの利点があり欠点はほとんどないことに気付きました。

太陽エネルギーの主なメリットは、最初に設置した後は完全に無料かつ再生可能で、エネルギー生産に関わる追加費用がかからないことです。また太陽エネルギーは静かで環境に優しく、生態系を破壊したり汚染したりすることはありません。なぜなら、原料である日光は抽出したり精製したりする必要がないので、汚染物質や有毒な残留物が生産されないからです。もう1つの主要なメリットは、太陽エネルギーは必要な場所で生産されるので、輸送で浪費されるエネルギーがないことです。電源のこの分散は送電の節約になるだけでなく、より自立した共同体形成にもつながります。自分で電力を生産できる力は、遠隔地に住む人々にとって重要なメリットだからです。また、ソーラーパネルの新技術の設計と開発、製造、設置、保守において雇用機会があり、ソーラーパネルはその結果価格が下がり、手に入りやすく、はるかに効率的になっています。

太陽光発電の最大の欠点は日光に完全に依存していることで、日光は常に一定ということはありません。実際、太陽光発電が実用的でないかもしれない地域もあります。太陽光発電は夜には機能しないので、日中の日光から得られる電力は大きな電池に蓄えなければなりません。さらに、パネルは大きくて扱いにくいのが一般的です。一部の人にとっての大きな欠点は、最初の設備の購入と設置が高価なことです。

私の見解では、この電力源を現実に可能にするのに十分な日光を利用できるという条件で、きれいで、静か、再生可能で、環境に優しいエネルギー源の利点は欠点を大きく上回ります。

> **解 説**

〈アウトラインの作成〉
①イントロ
（トピック）・solar power (a source of domestic household energy) — becoming more desirable
（理由）・many are concerned about burning fossil fuels — carbon dioxide to the atmosphere and global warming and climate change
・others — nuclear power is potentially unsafe / do not like pollution from radioactive waste
・many researchers and consumers have looked at alternative source
（主題文）・many benefits and few drawbacks
②ボディー1：advantages of solar energy
・free and renewable — no extra costs
・silent and environmentally friendly — no poison for eco-system, because of not extracting or refining
・produced where needed — no transport costs — self-reliant communities
・employment opportunities — design, manufacture, maintenance of solar panels — cheaper and more efficient
③ボディー2：disadvantages of solar energy
・totally reliant on sunlight — not always constant　・panels — big and cumbersome
・not work at night — daytime sunlight must be stored　・initial purchase and installation — costly
④コンクルージョン
・the benefits outweigh the drawbacks　・a clean, quiet, renewable, eco-friendly source of energy　・if there is sufficient sunlight

① イントロダクション
イントロダクションでは、トピックである太陽光発電の家庭利用の増加について述べ、because を使ってそれ以下で化石燃料や原子力を例に出しながら、その増加の理由をまとめています。そして最後にこのエッセイの構成を示す主題文として、多くのメリットがあり、デメリットは少ないことを述べています。

② ボディー1
メリットのパラグラフとして、コスト面での優位性が main advantage だと述べています。次の文では as well を使って、もう1つのメリットを付け加えています。また、3つ目のメリットを説明するために another major advantage を使っています。4つ目のメリットを示すために also を使い、情報を追加していることを明確にしています。いずれのメリットもただ列挙するだけでなく、それぞれを紹介した後に具体的な情報などを追加して展開している点に注目しましょう。

③ ボディー2
デメリットについて述べるパラグラフですが、イントロダクションでデメリットはほとんどないと述べているので、このパラグラフはボディー1と比べるとコンパクトにまとまっています。まず The greatest drawback として1つ目のデメリットを紹介し、2つ目のデメリットを in addition で付け加えています。そして3つ目のデメリットを a major drawback for some として紹介しています。

④ コンクルージョン
コンクルージョンでは、太陽光発電の優れた点を示すさまざまな形容詞を列挙して、条件付きではあるもののメリットがデメリットを上回ると述べています。provided that ... は条件を表す表現です。

SPEAKING

PART 1

回答例　実践問題　　　　E=Examiner（試験官）　　C=Candidate（受験者）

本冊：p.128　🎧21

E: Now, first, tell me something about yourself. Tell me about where you live in your country. Is the place where you live large or small?

C: I live in Hamilton, which is what I suppose you would call a small city. There are about 140,000 people, and it's a quiet little place which serves the local farming community. We don't have any heavy industry in Hamilton, but there is a university. 情報の追加

> 関係代名詞を使って、名詞の説明を加えていることから文法も評価されます。

E: Is it a beautiful place?

C: To me it is. There are some people who would say it's not beautiful, but I like it. 意見の表明 There aren't any big mountains or anything, but it has lots of green trees and grass, and there's a beautiful big river running right through the centre of it ... flowers everywhere, and lots of gardens. 具体例での展開 I think it's lovely. 強調

> まず質問に簡潔に答え、but を使い意見や情報を対比させて答え、そして具体例を加えています。

E: Is there anything you don't like about this city?

C: Well, the fact that it's small, of course, means that you don't get a lot of the amenities that you'd find in a bigger city. If you're interested in art galleries, or the symphony, or opera, which I am, Hamilton is not exactly a good place to be. 具体例での展開 You have to jump in a car and drive for an hour or so to the big city for those kinds of things. 情報の追加

> if を使うことで条件を設定しながら答えを展開しています。

E: Next we'll talk about numbers. What numbers are considered to be lucky or unlucky in your culture?

C: I would say there are an awful lot of individual people who consider that some numbers are lucky, or unlucky, 思考時間稼ぎ but if you mean society-wide, sure, there are a few. The number 13, for example, is widely regarded as being unlucky particularly if it refers to a date when something will happen, and especially if it's Friday the 13th. 具体例での展開、強調

> 一般的な意見を述べながら少し時間を稼ぎ、そして具体的な例を述べています。関係代名詞や if 節などを効果的に活用しています。

E: Do you think that some numbers are luckier or unluckier than others?

C: No, I don't think any numbers are lucky or unlucky.

> 比較表現を使うことができるかを試そうとしています。

> 答えが短いと、会話を促すために質問を追加しています。

E: Why not?

C: Well, it's difficult to imagine any number having any influence at all on the physical world. 理由での展開 But, I guess it could affect someone's emotional state if they thought a number was lucky or unlucky.

> physical world と emotional state を対比して答えを展開しています。また、imagine something -ing や have an influence on などの表現を効果的に活用しています。

E: Let's talk about scooters now. Have you ever owned a scooter?

C: Well, I haven't actually owned a scooter, but I do have a bicycle. When I began university I borrowed my older brother's old bike so I could cycle there. He had a girlfriend at the time and he had bought a new car so he didn't need the bike anymore. ストーリー It's nice to cycle in the fresh air. 見解

> Have you ...? の時制に注意しましょう。

> 現在完了形の質問に的確に答え、過去の体験を過去形を用いて具体例として説明しながら答えを展開しています。

完全対策 ■ SPEAKING

E: What are some of the advantages of scooters in the city?
C: I think there are a lot of obvious advantages; very good fuel efficiency, easy parking, being able to get around in traffic easily and quickly, 理由 but they come with a number of drawbacks too, of course. 情報の追加 You are vulnerable not only to the weather but to injury. 理由

> 幾つかのメリットを列挙することを求めています。

> メリットを列挙しながらも、デメリットも複数あるという方向に話を移しています。

E: Do you think scooters are a safe form of transport?
C: Absolutely not! 強い意見 Not in the society we live in, where people love their cars, and have no respect for others on the roads. 理由

> 強く否定しています。そしてその理由を簡潔に述べています。have no respect for の表現をうまく活用しています。

E: Thank you.

回答例の訳

E: では最初に、あなたについて教えてください。あなたの国のどこに住んでいるかを教えてください。住んでいる場所は大きいですか、小さいですか。
C: 私はハミルトンに住んでいて、小都市と呼ばれる所だと思います。人口は約14万人で、地元の農業社会を支える小さな町です。ハミルトンには重工業はありませんが、大学が1つあります。
E: 美しい所ですか。
C: 私にとってはそうです。美しくないと言うだろう人もいますが、私は好きです。大きな山もなければ、何もありませんが、たくさんの緑の木や草、町の中心を流れる大きな美しい川があります。至る所で花が咲き、たくさんの庭園があります。素敵だと思います。
E: この町の嫌いなところはありますか。
C: そうですね、もちろん、小さい町だということは、もっと大きな都市にあるような娯楽施設がないということです。美術館や交響楽団やオペラに興味があるなら、私がそうなのですけれども、ハミルトンは必ずしも住むのにいい場所ではありません。そうしたものを見るには、車に飛び乗って、1時間かそこら運転して都会に行かなければなりません。
E: 次は数字の話をします。あなたの国の文化では、幸運あるいは不運だと考えられている数字は何ですか。
C: ある数字が幸運だとか不運だとか考えている個人はものすごくたくさんいるのでしょうが、社会全体ということでしたら、確かにそうした数字は少しあります。例えば数字の13は、特に何かが起こる日を指す場合は不運だと広く考えられていて、とりわけ13日の金曜日の場合はそうです。
E: 他の数字より幸運な数字、あるいは不運な数字があると思いますか。
C: いいえ、どんな数字も幸運だったり不運だったりすることはないと思います。
E: なぜですか。
C: うーん、物質世界にそもそも何らかの影響を与える数字を想像することは難しいです。ですが、ある数字が不運あるいは不運だと考える人なら、数字が感情に影響を与え得るでしょう。
E: では、スクーターの話をしましょう。自分のスクーターを持ったことはありますか。
C: えー、実際に自分のスクーターを持っていたことはありませんが、自転車は持っています。大学に入ったとき、大学まで自転車で行けるよう、兄の古い自転車を借りました。当時兄には恋人がいて、新しい車を買ったので自転車はもう必要なかったんです。さわやかな空気の中で自転車に乗るのはいいものです。
E: 都会におけるスクーターの利点にはどんなものがありますか。
C: 明白な利点がたくさんあると思います。燃費がとても良いこと、駐車が簡単なこと、渋滞でも楽に素早く走り回れることですが、もちろん幾つかの欠点も伴います。天候の影響を受けやすいだけでなく、けがもしやすくなります。
E: スクーターは安全な移動手段だと思いますか。
C: 全くそうは思いません。私たちが住んでいる社会では安全ではありません。この社会の人たちは車好きで、路上では車以外に一切配慮しないんです。
E: ありがとうございました。

解説

さまざまな質問のタイプが試されていることが読み取れます。すぐに考えがまとまる場合は、直接的に答えを述べてから、さまざまなパターンを活用して答えを展開しています。また、but を使って一般的な意見と自分の意見を対比すると、展開が容易になります。

PART 2

本冊：p.138　22

回答例　実践問題

E=Examiner（試験官）　　C=Candidate（受験者）

E: Now, I'm going to give you a topic. I would like you to talk about it for one to two minutes. You'll have one minute to think about what you're going to say before you begin talking. Before you talk you can make some notes if you wish. Here is a pencil and some paper. Do you understand?

> ここでトピックが書かれたカードと鉛筆、そして紙が手渡されます。

C: Yes.

E: I'd like you to talk about a city you would like to visit one day. Remember, you have one to two minutes for this. Don't worry if I stop you. I'll tell you when the time is up. Can you start speaking now, please?

> 試験官が口頭でテーマを確認します。

C:

One city I've always wanted to visit is Rome. I think I'd go by myself, since when you travel with friends or family you often disagree about what to do, or where to go.

> which city this is に対する回答です。

> who you would like to go with に対する回答です。

There is so much to see and do there. First of all, there are the ancient buildings and landmarks. You can take loads of pictures and walk around the ruins, seeing how people lived and worked in ancient times. Next, there's the food, of course. I love Italian cooking, so I would definitely visit some authentic restaurants, and order some real Italian food. I've eaten pizza and pasta before, but it would be great to eat them in Rome and enjoy the city's atmosphere. I don't speak any Italian, but I would also like to learn how to read some of the names of the dishes on the menu. Finally, Rome is famous for opera, so I would love to go to one of the famous opera houses and listen to a live performance in one of the front row seats. It would be very expensive, but it would be a once-in-a-lifetime experience.

> what you would like to do there に対する抽象的な回答で、この後に詳細を説明することを示唆しています。

> 1つ目の具体例を説明します。

> 2つ目の具体例を説明します。

> これまでの経験とこれからの希望を対比させることで、説得性を高めています。

> 3つ目の具体例を説明します。

I think the main reason I would choose Rome is because of the history. As I said, the ancient ruins are fascinating. I can eat Italian food at home, but I've heard it tastes much better in Rome! But it's important to experience a country's culture too, so visiting the opera would be thrilling and a chance to broaden my mind.

> why you would choose this city to visit に対する回答です。

> これまでに述べたことをまとめながら、ローマを訪れたい理由を説明しています。

E: Why do large cities often have so many old and impressive buildings?

C: Well, a big city has a lot of history. There are often old universities or important government offices that have been there for a long time because of the large population of the city. These buildings are designed to be impressive because the people who built them had a lot of power or money and education.

> 質問に対し、まず端的に、明確に答えています。そして具体的な例を挙げながら情報を追加しています。

E: Do you think cities are more exciting places to live than smaller towns and villages?

C: Well, I suppose it would depend on the city. But in most cities there are more places to see and more things you can do. It's exciting to go out and visit Internet cafés or sports clubs where you can make new friends or meet new people. I love eating out in good restaurants, so I guess city life is more interesting and more fun.

> さまざまな可能性がある場合は、このようにはっきりとした答えではなくても問題ありません。しかし、その後で、多くの場合について具体的な例を挙げて説明を述べ、最後に結論を述べています。

E: Thank you. Can I have the pencil and paper back, please?

完全対策 ■SPEAKING

● 問題文の訳

いつか訪れてみたい都市について話してください。
以下の内容を含めてください：
・それはどの都市か
・誰と一緒に行きたいか
・そこで何をしたいか
そして、なぜその都市を訪れることを選ぶのかについて話してください。

回答例の訳

E：では、トピックを与えます。そのトピックについて1分間から2分間話してほしいと思います。話し始める前に、何を言うかを考える時間が1分間あります。希望するなら、話す前にメモを取っても構いません。ここに鉛筆と紙があります。分かりましたか。
C：はい。
E：いつか訪れてみたい都市について話してほしいと思います。話す時間が1分から2分だということを忘れないように。私が話を止めても心配しないでください。時間が来たら教えます。では話を始めてもらえますか。
C：
訪れてみたいとずっと思っている都市は、ローマです。友人や家族と旅行すると、何をするかやどこへ行くかでもめることが多いので、行くなら一人で行くと思います。

ローマには見るものとすることがとてもたくさんあります。まず何より、古代の建物と建造物があります。古代の人々がどんなふうに生活して働いていたのかを見ながら、写真を山ほど撮って遺跡を巡ることができます。次はもちろん料理です。私はイタリア料理が大好きなので、絶対に本格的なレストランに行って、本物のイタリア料理を注文したいです。ピザとパスタは食べたことがありますが、ローマでそうした料理を食べて町の雰囲気を楽しむのは素晴らしいだろうと思います。イタリア語は全く話せませんが、メニューに載っている料理名の幾つかの読み方も覚えたいです。最後に、ローマはオペラで有名なので、ぜひ有名なオペラハウスの1つに行って、最前列の座席で生の公演を聴いてみたいです。料金はとても高いでしょうが、一生に一度の経験になるでしょう。

私がローマを選ぶ主な理由は、歴史があるからだと思います。先ほど言ったように、古代の遺跡は魅惑的です。イタリア料理は自国でも食べられますが、ローマで食べるとずっとおいしいと聞いています。ですが、国の文化を経験することも重要ですから、オペラに行くのは胸がときめく経験でしょうし、視野を広げてくれる機会になるでしょう。

E：なぜしばしば大都市にはとてもたくさんの古い印象的な建物があるのでしょう。
C：えー、大都市にはたくさんの歴史があります。都市の人口がとても多いので、ずっと昔から存在する古い大学や重要な官庁がしばしばあります。これらの建物は、建てた人たちがたくさんの権力やお金と教育を持っていたので、印象的であるように設計されています。
E：都市は、もっと小さな町と村よりも刺激的な生活を送れる場所だと思いますか。
C：えー、どんな都市かによると思います。ですがほとんどの都市の方が、見るべき場所やできることは多いです。新しい友人を作ったり新しい人たちと会ったりできるインターネットカフェやスポーツクラブに出掛けていくのは刺激的です。私はおいしい店で外食するのが大好きなので、都会の生活の方が面白くて楽しいと思います。
E：ありがとうございました。鉛筆と紙を戻していただけますか。

解 説

メモ例）
City
・which city － Rome 質問①
・who with － by myself 質問②
・what to do － ancient buildings and landmarks, food, opera 質問③
・why － history, Italian food, opera 質問④

トピックカードで示されている、トピック及び4つの項目を的確に捉えながら分かりやすい構成でスピーチを組み立てています。特にローマで何をしたいか、といった項目が話を展開しやすいポイントであると判断し、具体的な説明を複数加えながら簡潔に説明していることが、スピーチをスムーズにしています。

使える表現

loads of：many や much 以外に「たくさんの、多量の」を表現したいとき活用できます。
would love to：「ぜひとも～したい」という表現です。
one of the famous opera houses：「～の1つ」と表現するときは、of の後ろは複数形名詞になります。
broaden my mind：「視野を広げる」に該当する表現です。

PART 3

本冊：p.146　🎧23

回答例　　実践問題　　　　　　　　　E=Examiner（試験官）　C=Candidate（受験者）

E: We've been talking about a person who you admire, and now we're going to have a more general discussion about this. Let's think about personal qualities. What qualities make a person admirable? 列挙

> 簡単な質問ではないので、一定のポーズを取ることは自然なことです。

C: Oh, well, um ... first of all, I think honesty is a very important quality that most people admire, oh, and also, kindness. My friend was very kind to me, and I think that being kind is one of the most admirable qualities in a friend, or in anyone, really. Sometimes it's very hard to put other people first, especially if it is inconvenient, and people who are prepared to do that are very rare and special people.

> 質問で列挙することを求められたので、列挙するための表現を使っています。

> 最後のsを忘れないようにしましょう。

E: I see. Can you think of any other qualities that are considered admirable? 答えを拡張

C: Well, I suppose that competence is always admirable.

> 答えに広がりがなかったため、試験官は追加の質問をしました。

E: Yes, can you tell me any more about that? 具体化させる

C: Most people look up to those who do things well. Successful people are usually admired, aren't they? It doesn't really matter what they have succeeded in. Oh, and I suppose that hard work is part of that, so being hard-working can make you an admirable person.

E: Do you think that men and women tend to respect different qualities? 比較

C: Oh, I'm not sure. I think that men probably admire competence more than women do, and maybe women prefer personal qualities, such as kindness.

> 質問が比較を要求していたことをきちんと踏まえて答えています。

> preferも比較の表現です。

E: Why do you think that is? 理由を述べる

C: Well, I suppose it's because of their traditional roles. You know, women traditionally looked after the children and men worked to earn the money, so they grew to admire different qualities. Oh, and I think women are more prepared to acknowledge their feelings, so maybe that's why they admire those qualities. But I also think this is changing and that men and women are becoming more similar in their work and attitudes.

> 質問で問われている理由をまず答えています。

E: Right, let's move on to think about the media and admirable people. Do you think that the media has a big influence on the qualities that people admire? 意見を述べる

C: Oh, yes I do. I think it has a huge influence, especially with people like sports stars and movie actors.

> 質問の核となる部分を少し表現を変えて述べています。

E: Why is that? 理由を述べる

C: Well, we see them all the time, and we read about them on the Internet, and so we're all encouraged to admire the same people, in fact, to think the same way.

E: OK, and do you think that the influence of media will change in the future? 将来の変化の推測

> 質問に直接的に答えています。

C: Yes, I'm sure it will. With the growth of social media websites, I think it's going to become harder and harder to be an individual, and to have your own opinions, unless you cut yourself off altogether of course. I think it could become quite a serious problem, if the media is able to control and influence global opinions and attitudes.

E: Thank you, our time is up now. That's the end of the speaking test.

> 回答例の訳

E：あなたが尊敬する人物について話してきましたが、次はそれについて、より一般的なディスカッションをします。個性について考えましょう。尊敬される人はどのような性質を持っているでしょうか。

C：えー、まず、誠実さが、ほとんどの人が敬うとても重要な性質だと思います。そして優しさもです。私の友達は私にとても優しくしてくれて、友達として、もしくは誰にとっても、親切であることは最も尊敬すべき性質の一つだと思います。時々、特に何か不都合があるときは、他人を優先させるのはとても難しいですし、進んでそうする人はとてもまれで、特別な人です。

E：なるほど。尊敬に値すると考えられる他の性質は思い付きますか。

C：えー、能力はいつでも尊敬できると思います。

E：はい、それについて何かもっと話してもらえますか。

C：ほとんどの人は、うまく物事をする人を尊敬します。成功者はたいてい尊敬されますよね。その人が何に成功したのかは、あまり重要ではありません。あー、そして努力はその一部だと思うので、努力することで尊敬される人になれるのかもしれません。

E：男性と女性は異なる性質を尊敬する傾向にあると思いますか。

C：あー、よく分かりません。たぶん男性は女性より能力を尊敬すると思いますし、女性は親切さのような個性の方を好むかもしれません。

E：なぜそうだと考えますか。

C：えー、それが男女の伝統的な役割だからだと思います。ご存じのように、女性は伝統的に子どもの世話をし、男性はお金を稼ぐために働きましたから、男女は異なる性質を尊敬するようになりました。あー、そして、女性の方が進んで自分の気持ちを認めますから、女性がそのような性質を尊敬するのはそのためだと思います。ですが、これは変わりつつあり、男性と女性は仕事や考え方が似てきているとも思います。

E：分かりました。では次に、メディアと尊敬できる人について考えてみましょう。人々が尊敬する特性に、メディアが大きな影響を与えていると思いますか。

C：はい、そう思います。特に、スポーツのスター選手や映画俳優には大変大きな影響があると思います。

E：それはなぜですか。

C：えー、私たちはそうした人たちをいつも目にしますし、インターネットでそうした人たちの話を読みますから、私たちは皆同じ人たちを尊敬するよう促されていて、実は同じように考えるよう促されています。

E：はい、メディアの影響は将来変化すると思いますか。

C：はい、間違いなく変化すると思います。ソーシャルメディアサイトの成長により、もちろん周囲から自分を完全に切り離さなければ、独立した個人になることや、自分自身の意見を持つことはますます難しくなると思います。メディアが世界中の意見や考え方を支配し、影響を与えることができるのなら、かなり深刻な問題になるかもしれません。

E：ありがとうございます、制限時間が来ました。これでスピーキングテストを終わります。

> 解 説

質問の意図を的確に捉えて、接続詞などのつなぎ語、動名詞、比較表現などを交えながら回答を展開しています。アイデアがすぐに出てこない質問に対しても、推量を表す probably や maybe などを使って、考え得る意見を述べることができています。

使える表現
look up to ... : 〜を尊敬する
It doesn't really matter ... : 〜は関係ない
look after ... : 〜の世話をする
acknowledge : 〜を認める、受け入れる
have a 形容詞 influence : 〜な影響を持つ
all the time : いつも

模擬試験
解答・解説

LISTENING 解答・解説 ································ 70
READING 解答・解説 ································· 87
WRITING 解答・解説 ································· 96
SPEAKING 解答・解説 ······························ 100

※模擬試験のライティングとスピーキングの解答例は、バンドスコア7.0の解答例を想定してブリティッシュ・カウンシルにより作成・提供されたものです。実際のテストでの解答を考慮し、解答には間違いなども含まれています。

模擬試験　解答一覧

Listening

1	kitchen hand		21	B
2	salads		22	A
3	Friday		23	B ⎫ (順不同)
4	18.50		24	D ⎭
5	5.30 / five thirty		25	revision seminars
6	(a) cap		26	questions
7	November / Nov		27	weak(er) subjects
8	Barrie		28	relaxation
9	(a) reference		29	format
10	tax		30	recall
11	B		31	domestic
12	C		32	equipment
13	education block		33	(heavy) freight
14	Blue Lake		34	central Australia
15	aviary		35	200 / two hundred
16	rainforest / rain forest		36	sacred (sites)
17	B ⎫		37	remote communities
18	D ⎬ (順不同)		38	windmills
19	F ⎭		39	pet-meat / pet meat
20	A		40	transport

Reading

#	Answer	#	Answer
1	thalamic neurons	21	a violent force / violent
2	male sex hormones	22	Portraits
3	(various) stimuli	23	Sculpture
4	the left hemisphere / the left brain	24	(nationalist) political movements
5	B	25	the Enlightenment
6	B	26	(dramatic) (movie) soundtracks
7	A	27	F
8	B	28	B
9	C	29	A
10	A	30	E
11	C	31	A
12	B (順不同)	32	F
13	D	33	C
14	C	34	D
15	A	35	NO
16	C	36	NO
17	satire	37	YES
18	the supernatural	38	NO
19	Music	39	NOT GIVEN
20	(burgeoning) middle-class audiences	40	YES

LISTENING

SECTION 1 — Questions 1-10

本冊：p.150　24

スクリプト

You will hear a number of different recordings and you will have to answer questions on what you hear. There will be time for you to read the instructions and questions and you will have a chance to check your work. All the recordings will be played once only.
The test is in 4 sections. At the end of the test you will be given 10 minutes to transfer your answers to an answer sheet.
Now turn to Section 1.

SECTION 1

You will hear a telephone conversation between a receptionist at a restaurant and a man who is making enquiries about a job there. First, you have some time to look at Questions 1 to 5.

[20 seconds]

You will see that there is an example that has been done for you. On this occasion only, the conversation relating to this will be played first.

WOMAN: Hello, Marina Restaurant and Reception Rooms, how can I help you?
MAN: I'm ringing about the advertisement I saw on the Internet. Uh, 例 you were advertising for **casual** staff?
WOMAN: Yes, that's right. Just a moment, I'll put you through to the manager ...

The woman says the advertisement was for *casual* staff, so **casual** has been written in the space. Now we shall begin. You should answer the questions as you listen because you will not hear the recording a second time. Listen carefully and answer Questions 1 to 5.

WOMAN: Hello, Marina Restaurant and Reception Rooms, how can I help you?
MAN: I'm ringing about the advertisement I saw on the Internet. Uh, you were advertising for **casual** staff?
WOMAN: Yes, that's right. Just a moment, I'll put you through to the manager ...

[sound of phone ringing]

スクリプトの訳

これからいろいろな録音を幾つか聞き、聞いたことに関する質問に答えてもらいます。指示文と質問を読む時間があり、解答を確認する機会があります。全ての録音は1度だけ再生されます。

テストは4つのセクションに分かれています。テストの最後に、答えを解答用紙に書き写すために10分間が与えられます。

ではセクション1に移りましょう。

セクション1

レストランの受付係と、レストランでの仕事について問い合わせている男性の会話を聞きます。最初に、質問1-5を見る時間が少しあります。

[20秒]

皆さんの代わりに答えが書かれている例があるのが分かります。この場合に限り、この例に関する会話が最初に再生されます。

女性：はい、マリーナレストランとレセプションルームです。どういったご用件でしょうか。
男性：インターネットで見た広告の件で電話しているのですが。えー、臨時のスタッフの広告を出されていましたよね。
女性：はい、そうです。支配人につなぎますので、少々お待ちください。

臨時のスタッフを募集する広告だったと女性は言っているので、空所には casual と書かれています。それでは始めます。録音を2回聞くことはないので、聞きながら質問に答えなければなりません。よく聞いて質問1-5に答えなさい。

女性：はい、マリーナレストランとレセプションルームです。どういったご用件でしょうか。
男性：インターネットで見た広告の件で電話しているのですが。えー、臨時のスタッフの広告を出されていましたよね。
女性：はい、そうです。支配人につなぎますので、少々お待ちください。

[電話が鳴る音]

	I'm sorry, there's no answer on her line. Perhaps I can help you with some of the details and you could talk to her later.
MAN:	Yeah, that'd be good. First of all, can you tell me what jobs are available?
WOMAN:	Well, we advertised for an assistant cook, a kitchen hand and a cleaner but the cook and the cleaner's positions have been filled already ...
MAN:	Not to worry, I'm not qualified to cook anyway. I can barely make toast.
WOMAN:	Well, we still have the **1 kitchen hand** job available. Do you have any experience?
MAN:	No, I haven't worked as a kitchen hand before — what would I have to do?
WOMAN:	Mainly dishes — lots of dishwashing — and anything the chef tells you to do while he's preparing the meals. We get pretty busy, so you'd have to be able to deal with some pressure, and there's a fair bit of noise and shouting sometimes too. You'd be responsible for making **2 salads** and other cold platters.
MAN:	I could do that. How many shifts would I have to work every week?
WOMAN:	A minimum of two and a maximum of five — we're open seven days a week, and our casual staff are usually asked to do a lot of weekend shifts. You probably won't have to do many Mondays or Tuesdays, but you'll have to be able to work on **3 Friday** nights, that's our biggest day of the week.
MAN:	Mmm, there goes my social life.
WOMAN:	Sorry?
MAN:	Nothing. I was wondering what the pay is like.
WOMAN:	It's very good really. The youth rate is $15 an hour ... Oh, I didn't ask — how old are you?
MAN:	22.
WOMAN:	Well, that's an even better rate — **4 over 18** we pay $**18.50** an hour — and that includes a meal if you work a five-hour shift.
MAN:	I like the sound of that. What time is the meal break?
WOMAN:	It's very early — before you actually start work — at 5 o'clock. Oh, and I should tell you, if you are even 5 minutes late, you won't get any dinner at all. The chef is very strict about that. You need to start your meal at five because you have to begin work promptly at **5 5.30** p.m.
MAN:	I'll be sure to get there before five then — I'm always starving in the afternoon and I don't mind how early I eat dinner.

Before you hear the rest of the conversation, you have some time to look at Questions 6 to 10.

[20 seconds]

Now listen and answer Questions 6 to 10.

MAN: Aah, I have a question — would I need to wear a uniform of some sort?

WOMAN: Not as such ... but you'll need a good <u>strong pair of shoes</u>, not sneakers (that's in case you drop something on your foot), a clean <u>shirt and trousers</u> ... and the restaurant provides you with a long white <u>apron</u> and **6** <u>a cap</u>.

MAN: When can I start?

WOMAN: Not so fast — you'll have to formally apply to the manager first — but I can tell you that the position becomes available on Monday, the 14th of **7** <u>November</u> — that's when we really start to get busy — in the lead up to Christmas and the holiday season.

MAN: When can I see the manager?

WOMAN: Umm, let me see, I have her diary here ... What about tomorrow at 11 a.m.?

MAN: Not really, not unless I skip class — is there something later in the day?

WOMAN: 4.30 p.m.? Would that do?

MAN: Yeah, great, so that's 4.30 tomorrow, Thursday, with ... uh, what's her name?

WOMAN: Oh, the manager, yes ... her name is Lola Barrie.

MAN: Just a minute, while I write that down ... B-A-double-R-Y?

WOMAN: There's no 'Y' ... it's **8** <u>B-A-R-R-I-E</u>.

MAN: Lola Barrie. I've got it now.

WOMAN: Good. You've got her name but I haven't got yours!

MAN: Jack Lee — that's L-E-E.

WOMAN: Thanks, Jack. When you come to meet with Ms Barrie tomorrow, bear in mind that she'll want to know all about your work history so you'll need to have your <u>CV</u>. If you have one, we'd really like to see **9** <u>a reference</u> as well, so bring that with you, if you can. If you haven't got one, then we'll need a referee's name and a phone number instead. Oh, and one more thing ...

MAN: What's that?

WOMAN: She'll probably ask you about your eligibility to work in this country so bring your <u>passport</u> and, if you have one, your **10** <u>tax</u> number.

MAN: Thank you, you've been really helpful. Will I see you tomorrow?

WOMAN: Yes, come straight through the front door and you'll see me at Reception. Ms Barrie will meet you there.

MAN: Great. Till tomorrow then ...

That is the end of Section 1. You now have half a minute to check your answers.

では聞いて質問6-10に答えなさい。

男性： あー、質問があります。何か制服を着る必要はあるんでしょうか。

女性： そういったものは必要ありません。ですが、スニーカーではなく丈夫ないい靴（足に物を落とした場合に備えてです）、清潔なシャツとズボンが必要です。そして、レストランから長い白エプロンと帽子が支給されます。

男性： いつから始められますか。

女性： まあ慌てないでください。まず支配人に正式に応募してもらわなければなりません。ですが、この仕事に入れるのは11月14日の月曜日からということはお伝えできます。本当に忙しくなり始めるのはその時からです。クリスマスと年末年始の前哨戦ということですね。

男性： 支配人さんにはいつお会いできますか。

女性： うーん、そうですね、ここに彼女の手帳があるんですが。明日の午前11時はどうですか。

男性： 駄目ですね、授業をサボらないと無理です。その日のもっと後でいい時間はありますか。

女性： 午後4時半は？　それで大丈夫ですか。

男性： はい、結構です、それじゃ明日木曜日の4時半ということで。あー、彼女のお名前は？

女性： ああ、支配人ですね、はい、ローラ・バリーです。

男性： ちょっとお待ちください、メモしますので。B-A-R2つ-Yですか。

女性： 「Y」はありません。B-A-R-R-I-Eです。

男性： ローラ・バリー。了解しました。

女性： はい。彼女の名前はお伝えしましたが、あなたの名前を聞いていないですね。

男性： ジャック・リー。L-E-Eです。

女性： ありがとうございます、ジャック。明日バリーさんと面談に来るときは、彼女はあなたの職歴を全て知りたいと言いますから、履歴書を用意する必要があることを忘れないでください。もしお持ちなら推薦状もぜひ見たいので、できれば持ってきてください。推薦状がないのなら、代わりに推薦者のお名前と電話番号が必要になります。ああ、それからあと1つ。

男性： 何でしょうか。

女性： たぶん彼女は、あなたがこの国で就労資格があるか聞くでしょうから、パスポートと、もしあれば納税者番号をお持ちください。

男性： ありがとうございます、とても助かりました。明日お目にかかれますか。

女性： ええ、正面のドアから真っすぐ入ってきてもらえれば、私は受付におります。バリーさんもそこでお会いします。

男性： 大変結構です。ではまた明日。

これでセクション1は終わりです。答えを確認する時間が今から30秒あります。

模擬試験 ■LISTENING

語注
- casual：臨時の
- put A through to B：(電話で)A を B につなぐ
- be qualified to do：〜する資格がある
- barely：かろうじて
- platter：大皿料理
- there goes ....：〜がなくなる
- in the lead up to ...：〜に至る前段階として
- skip class：授業をサボる
- bear in mind that ...：〜を心に留める
- CV：履歴書
- reference：推薦状
- referee：推薦者
- eligibility：適格であること、資格があること

Questions 1-10 [解答]

1 kitchen hand	2 salads	3 Friday
4 18.50	5 5.30 / five thirty	
6 (a) cap	7 November / Nov	8 Barrie
9 (a) reference	10 tax	

● 問題文の訳

次のメモを完成させなさい。
それぞれ 2 語以内か数字 1 つ、あるいはその両方で答えを書きなさい。

マリーナレストランとレセプションルーム

例	答え
・インターネット広告	臨時のスタッフ

- 求人のある仕事： 1 厨房係
- 作業内容： 皿洗い
  シェフの手伝い
  2 サラダ などの冷たい料理を作る
- 勤務日： 3 土曜日と日曜日と 金曜日 の夜
- 大人の時給： 4 18.5 ドル
- 勤務開始時間： 5 午後 5時半 から(その前に食事が支給)
- 制服： (自前の)丈夫な靴、シャツ、ズボン；
  6 (支給される)エプロンと 帽子
- 勤務開始日： 7 11月 14 日
- 予約： 8 木曜日の午後 4 時半にローラ・ バリー
- 持ってくるもの： 9 履歴書とあれば 推薦状
  10 パスポートと 納税者 番号

解説

例題から、仕事に応募した男性が、レストランのスタッフである女性の話を聞いてメモを取っていると分かります。男性の立場になって、女性が説明する仕事の内容を注意深く聞きましょう。

1 女性は、3 つの職種があるが、そのうち 2 つは埋まっていると説明しています。さらに女性は the kitchen hand job available と言っているので、残っているのは kitchen hand だけとなります。「2 語以内」という語数制限があるので、冠詞 a や the を付けると誤りです。

2 男性の what would I have to do? が Duties を尋ねる質問です。女性の説明の中に preparing the meals とありますが、これは男性の仕事ではなく、シェフの仕事です。making salads and other cold platters の make は prepare と同義なので、salads が正解となります。s を落とさないよう注意しましょう。

3 臨時のスタッフは a lot of weekend shifts をすることを求められると女性は言っていますが、Saturday, Sunday はこの weekend を言い換えたものです。他に勤務しなければならない曜日として、女性は Friday nights を挙げています。従って Friday が正解です。

4 時給に関して、女性は The youth rate is $15 an hour と over 18 we pay $18.50 an hour の 2 つを挙げています。男性は 22 歳なので、over 18 の時給 $18.50 となります。既にドル記号が書かれているので、eighteen fifty などとせず、数字で 18.50 と書きましょう。

5 女性が言っている at 5 o'clock は、食事の時間についての男性の質問に答えたもので、仕事の開始時間ではありません。女性は you have to begin work promptly at 5.30 p.m. と説明していますから、仕事は 5 時半開始です。答えは数字で書いても、five thirty と書いても構いません。

6 (own) と (supplied) とあるので、自分で用意するものと支給されるものがあることになります。女性は a long white apron and a cap を支給すると言っています。メモの shirt と apron には冠詞がないので cap と書くのが妥当ですが、a cap としても正解と見なされます。

7 仕事を始められるのは Monday, the 14th of November と女性は言っているので、November が正解です。略語でも構いません。

8 男性は B-A-double-R-Y と言いながら書き留めていますが、女性は、Y ではなく B-A-R-R-I-E が正しいと訂正しています。つまり、Barry ではなく Barrie が正解となります。

9 支配人との面接に持っていくものに注意して聞きます。女性は If you have one, we'd really like to see a reference as well と言っていますが、メモの if available はこの If you have one の言い換えです。reference または a reference が正解です。

10 女性は a phone number と言っていますが、これは男性の電話番号ではなく、推薦者の電話番号を指します。ここでのキーワード passport に注意すると、女性は次の発言で bring your passport and, if you have one, your tax number と言っていますから、tax が正解となります。

SECTION 2　　Questions 11-20

スクリプト

Now turn to Section 2.

SECTION 2

You will hear a teacher talking to a group of students who are visiting the City Zoo. First, you have some time to look at Questions 11 to 16.

[20 seconds]

Now listen carefully and answer Questions 11 to 16.

How many of you have visited the City Zoo before? No one? Well, this is going to be a treat. Before we get off the bus, let me give you a bit of background information. When this city was founded in 1860, it was the intention right from the start to set aside some land for what would become today's zoo. Unfortunately, the plans were lost somewhere in the town planning department and the whole idea was almost forgotten until one of the town's founding fathers died just after the turn of last century — **11** 1902 it was — and he bequeathed to the city a stretch of unused land. He had given the land to the council with the express wish that it be used to build a zoo, but it would be another half century before construction began in 1950. The gentleman who gifted the land simply wanted a place that his grandchildren and future generations would **12** take pleasure in, and so, that was the idea behind the design and construction of the zoo. Later, researchers set up a science lab here and started a project to save animal species that are in danger of extinction.

OK, everyone off the bus — please follow me — I'll go through the entrance first because I have all the tickets. Right, is everyone with me? Good. Now, when families come here at the weekend, they normally head straight for the monkey enclosure here on our right but we're going to head north past the nursery — yes, this is where all the zoo babies are born — to the **13** education block. Please take note of where we are because we'll come back to this centre after we've had a look at the animals and there'll be a member of the zoo staff to answer your questions and show us a DVD.

Now, if we turn and walk east, you'll see a lake on your right and the polar bears on your left. As you know, they like colder temperatures and the waters of the **14** Blue Lake are kept chilly, just for them. See? They can get to the lake by going under this bridge we're standing on. If we go straight on, we'll come to another

スクリプトの訳

ではセクション2に移りましょう。

セクション2

これから、市立動物園を訪ねる生徒の一団に教師が話しているのを聞きます。最初に、質問11-16を見る時間が少しあります。

[20秒]

ではよく聞いて質問11-16に答えなさい。

皆さんの中で市立動物園に来たことのある人は何人いますか。誰もいないの？　では、これから楽しい経験をすることになります。バスを降りる前に、少し予備知識を話しておきましょう。この市が1860年に創設されたとき、現在の動物園になる土地を少し取っておこうというのが当初からの意図でした。あいにくその図面は都市計画課のどこかで行方不明になり、そのアイデアはほとんどすっかり忘れられていたのですが、ある時、前の世紀の変わり目直後、1902年のことですが、町の創設者の1人が亡くなり、一区画の未使用の土地を市に遺贈しました。その方は、動物園の建設に使われることという明確な希望でその土地を自治体に寄付したのですが、1950年に建設が始まるまでさらに半世紀が過ぎることになりました。土地を寄贈した紳士はとにかく孫たちや将来の世代が楽しめる場所が欲しかったので、動物園の設計と建設にはその考えが生かされました。後に研究者がここに科学研究所を設立して、絶滅の恐れがある動物種を救うプロジェクトを始めました。

さあ、みんなバスを降りて、付いてきてください。入場券は私が全部持っているので、まず私が入り口を通ります。さあ、全員いますか。いいですね。さて、週末に家族連れがここに来ると、右手にある猿の囲いに真っすぐ向かいますが、私たちは北に向かって保育室——そうです、動物園の赤ちゃんがみんな生まれる場所ですね——を通り過ぎ、教育棟に行きます。今いる場所をメモしてくださいね、動物を見た後このセンターに戻ってきて、動物園のスタッフの方が質問に答えたりDVDを見せてくれたりしますから。

さて、向きを変えて東へ歩いていくと、右手に池、左手にホッキョクグマが見えます。みんなも知っているように、ホッキョクグマは低い温度の方が好きなので、ブルーレイクの水はホッキョクグマだけのために冷たく保たれています。見えますか。ホッキョクグマは私たちが立っているこの橋の下を通って池に行くことができます。さらに真っすぐ行くと別の池まで行けま

lake, but that is for the reptiles and amphibians to lounge around in.

Let's head north again — are you all with me? All right, we'll stop here for a quick look at the children's petting zoo on our right — yes, this is one enclosure where the people and the animals can mix. There are lots of small farm animals here and they are all very tame because the idea is that city children can get up really close and touch them if they want. You might like to come back here when we've finished our tour. Okay ... let's step out of the petting zoo now and next up is the **15** aviary — right in front of us — it's divided into a roofed-in section in the northern part, and the bigger birds are kept in the southern half.

Let's follow the path to the west now ... Please try to keep up, I don't want to lose any of you ... On our right is the African savannah which, as you can see, is very large so the big cats have plenty of room to roam. You can spend more time here later. Keeping west now, we walk alongside the savannah towards the Asian **16** rainforest. Sometimes you have to stay very still if you want to see the animals that live here.

All right, I'm going to leave you now — you can either retrace your steps or continue around the zoo until you get back to where we're scheduled to watch the DVD in exactly one hour's time. See you then.

....

Before you hear the rest of the talk, you have some time to look at Questions 17 to 20.

[20 seconds]

Now listen and answer Questions 17 to 20.

It's good to see that you all made it here on time. How many of you went back to the petting zoo? All of you! I'm not surprised — it would've been my choice as well. The miniature **17** pigs are my absolute favourite! You know, they used to have a larger variety of animals in there but they decided to remove the domestic pets, like cats and dogs, because most kids have access to those in their neighbourhoods, if not at home. The **18** goats and **19** sheep are always popular and the rabbits used to be too, but they were found to have some kind of disease and had to be taken away. There were farm birds once, as well — hens — but they didn't like being cuddled and they used to peck the children who picked them up, so they were returned to the farm where they came from.

So, time now for the DVD; we've arranged for you to watch it because, as you know, the breeding and nursery facility is off limits to the public — for very good reasons — but we all want to see the **20** zoo babies, don't we? This DVD, as well as books on exotic and endangered animals and leaflets about the history of the zoo, are all available in the bookshop, which we'll stop and have a look at on our way out.

That is the end of Section 2. You now have half a minute to check your answers.

の施設は一般の人は立ち入り禁止だからです。これは全く当然のことです。だけど、みんな動物園の赤ちゃんを見たいですよね。珍しい動物や絶滅の恐れがある動物についての本や、動物園の歴史が載った小冊子と同じように、このDVDも、全部書店で手に入ります。書店には帰る途中で立ち寄って見てみます。

これでセクション2は終わりです。答えを確認する時間が今から30秒あります。

語注
- □ treat：楽しみ、喜び
- □ background information：背景的情報
- □ set aside ...：〜を取っておく
- □ bequeath A to B：AをBに遺贈する
- □ a stretch of ...：〜の一続きの広がり
- □ express：明確な、はっきりした
- □ enclosure：囲い
- □ nursery：託児所、保育室
- □ chilly：冷たい
- □ reptile：爬虫類
- □ amphibian：両生類
- □ lounge around：のんびり過ごす
- □ tame：飼いならされた
- □ aviary：鳥のおり
- □ roofed-in：屋根で覆われた
- □ roam：〜を歩き回る
- □ retrace：〜を引き返す
- □ cuddle：〜を抱き締める
- □ peck：〜をつつく
- □ breeding：繁殖
- □ off limits：立ち入り禁止の
- □ endangered：絶滅の危機にある
- □ leaflet：小冊子

Questions 11-12 ［解答］
11 B　　**12** C

● 問題文の訳
A, B, C から正しい文字を選んで書きなさい。

11 動物園の用地が市に寄付されたのは
- A　1950年である。
- **B　1902年である。**
- C　1860年である。

12 動物園の本来の目的は
- A　絶滅危惧種の保護だった。
- B　科学的研究だった。
- **C　娯楽だった。**

解説
11 質問のキーワードは gifted です。選択肢から、幾つかの年が出てくると予想されるので、その中から土地が市に寄贈された年を選びます。1902 は市の創設者の1人が亡くなった年ですが、続けて聞いていくと、その人が亡くなる際に、動物園用の土地を市に遺贈したことが述べられています。つまり、1902年に土地が市に寄付されたことになり、Bが正解です。

12 この質問のキーワードは originally です。動物園の「当初の」意図に注意します。土地を寄付した男性の望みは、孫たちが take pleasure するような場所を作ることでした。つまり、単なる娯楽施設としての動物園を考えていたことになり、それを entertainment と言い換えた C が正解です。

Questions 13-16 ［解答］
13 education block　　**14** Blue Lake
15 aviary　　**16** rainforest / rain forest

● 問題文の訳
次の地図を完成させなさい。
それぞれ2語以内で答えを書きなさい。

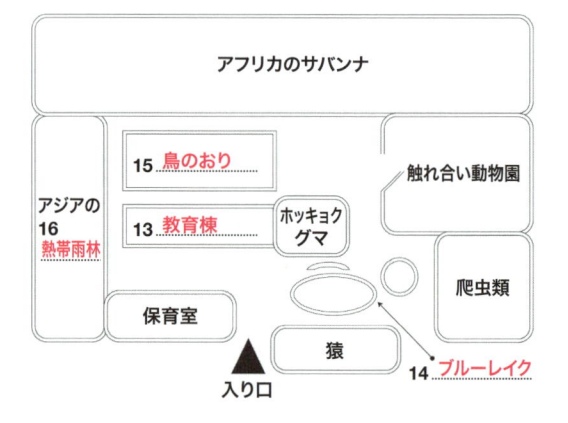

```
           動物園
┌─────────────────────────────┐
│     アフリカのサバンナ          │
│                              │
│   ┌──────┐                   │
│   │15 鳥のおり│    ┌触れ合い動物園
│   └──────┘    │
│アジアの┌──────┐ ┌────┐│
│16     │13 教育棟│ │ホッキョク││
│熱帯雨林└──────┘ │グマ  ││ 爬虫類
│                  └────┘│
│                   ○ ○    │
│   ┌────┐  ┌──┐         │
│   │保育室 │  │猿 │         │
│   └────┘  └──┘   14 ブルーレイク
│        ▲                    │
│       入り口                  │
└─────────────────────────────┘
```

解説
13 the monkey enclosure here on our right と言っているので、一番下の ENTRANCE にいることを地図で確認します。続けて head north past the nursery ... to the education block なので、左側の Nursery の前を通って正面の education block 方向に向かうことになります。なお、head north から、地図の上が北だと分かります。これは、地図を見る上でとても重要な情報です。

76

14 女性は if we turn and walk east と言っているので、東、つまり地図では右方向の話をしていることになります。右側に lake、左側に polar bears ですが、少し後で the Blue Lake と正確な名前を言い直しています。地図には既に The と書かれているので、単に lake ではなく Blue Lake が正解となります。

15 petting zoo の説明に続いて、let's step out of the petting zoo now and next up is the aviary — right in front of us と言っています。地図の Petting Zoo に書かれている出入り口がポイントです。ここを出て真正面なので、aviary ということになります。

16 続いて African Savannah を右手に見ながら西、つまり地図で左に向かって歩くと Asian rainforest だと言っています。rainforest は rain forest と2語でつづっても正解です。

解 説

20 see the zoo babies が DVD の内容を表しています。A が the zoo babies の言い換えです。books on exotic and endangered animals と leaflets about the history of the zoo は DVD と一緒に販売されている、と言われているだけです。選択肢と同じ表現に惑わされないようにしましょう。

Questions 17-19 ［解答］

17 B   **18** D   **19** F   （順不同）

● 問題文の訳

A-G から3つの文字を選んで書きなさい。
どの3つの動物が子ども触れ合い動物園にいるか。

A 猫
B ヤギ
C めんどり
D 豚
E ウサギ
F ヒツジ
G 犬

解 説

17-19 いろいろな動物名が出てくるので、petting zoo にいるかいないかに絞って聞きましょう。miniature pigs は先生のお気に入りなので、いると考えられます。cats and dogs はペットとして普通に飼われている動物なので、petting zoo からはいなくなりました。goats and sheep はいつでも人気があるので、いると考えられます。rabbits は病気を持っているので今はいません。hens は子どもをつつくので農場に戻されました。従って、今 petting zoo にいるのは pigs と goats と sheep ということになります。

Questions 20 ［解答］

20 A

● 問題文の訳

A, B, C から正しい文字を選んで書きなさい。
DVD の上映内容は

A 動物園の若い動物である。
B 動物園の歴史である。
C 絶滅の危機にある動物である。

SECTION 3　　Questions 21-30

スクリプト

Now turn to Section 3.

SECTION 3

You will hear a conversation between a student called June and her academic counsellor. First, you have some time to look at Questions 21 to 24.

[20 seconds]

Now listen carefully and answer Questions 21 to 24.

COUNSELLOR: Thanks for coming to see me, June. I understand that you've been referred to academic counselling because of a rather **21 poor outcome on your mid-year exams**. Is that right?

JUNE: Yes. I manage quite well with the course assessments but I just seem to go to pieces at exam time. And passing the exam is an essential criterion.

COUNSELLOR: Yours is quite a familiar situation. Exams often trigger stress and anxiety amongst students but, believe me, they're not intentionally designed to do so.

JUNE: I don't know why we have to have exams in the first place.

COUNSELLOR: Well, I guess the main reason is to test students under controlled conditions **22 so they can demonstrate what they're capable of, themselves, as individuals**, without any outside assistance.

JUNE: But I find them such a strain. And it's not because I don't study.

COUNSELLOR: Well, let me run through some exam preparation tips with you. We'll see if you can learn how to maximise the effectiveness of your preparation and reduce exam anxiety to get a better outcome.

JUNE: All right.

COUNSELLOR: Now, you're given a course outline that tells you when you'll be sitting the exam and how much it will contribute to your overall grade.

JUNE: Yes ... But they give that out in the first week of the course.

COUNSELLOR: Precisely ... Once you have it, you begin to set your exam goals. And from the very first day of lectures, you make sure you take good notes because these are essential for good exam preparation.

スクリプトの訳

ではセクション3に移りましょう。

セクション3

ジューンという名前の学生と担当の学習相談員との会話を聞きます。最初に、質問21-24を見る時間が少しあります。

[20秒]

ではよく聞いて質問21-24に答えなさい。

相談員： 会いにきてくれてありがとう、ジューン。中間試験の結果がかなり悪かったので学習相談に行くよう言われたと聞いているけど、それで間違いない？

ジューン： はい。授業の評価は結構うまくいっているんですが、試験のときはぼろぼろになっちゃうみたいなんです。それに、試験に受かることは必須の基準ですから。

相談員： 君の状況はかなりよくある状況ですね。試験はしばしば学生の間にストレスと不安を誘発するものだけど、わざとそうしようと意図されたものではないよ、本当に。

ジューン： そもそもどうして試験を受けなければいけないのか分かりません。

相談員： うーん、主な理由は、管理された状況で学生をテストして、外部からの助力は一切なしで、学生が自分で、個人として、どんな能力があるのかを証明できるようにすることだと思う。

ジューン： だけど試験はとても重圧になるんです。それも、私が勉強していないからというわけじゃないんです。

相談員： じゃあ、試験準備のこつを幾つか一緒に検討してみましょう。準備の効果を最大にする方法と、もっといい結果を得られるよう試験への不安を減らす方法を覚えられるかどうかやってみましょう。

ジューン： 分かりました。

相談員： さて、いつ試験を受けるのか、総合的な成績に試験がどれだけ反映されるのかを説明する、授業の概略を聞いているとします。

ジューン： はい。だけどそれは授業の最初の週に知らされます。

相談員： その通り。概略をつかんだ段階で、試験の目標設定を始めます。そして講義の初日から、確実にしっかりメモを取ります。良い試験準備にはメモが必須ですから。

JUNE:	Oh, I've got heaps of notes.	ジューン：	ああ、メモなら山のように取っています。
COUNSELLOR:	But ... ah ... did you make summaries?	相談員：	しかし、あの、要約は作りましたか。
JUNE:	Well, no. Anyway, some lecturers use PowerPoint presentations and they give you a handout with the slides on.	ジューン：	うーん、いいえ。何しろ、パワーポイントでの説明を使う講義もあって、スライドが載ったプリントを渡されるんです。
COUNSELLOR:	Yes, but slides alone are not sufficient. You still need to write down explanations and examples and add your own notes to the slides.	相談員：	うん、しかしスライドだけでは十分ではないですね。さらに説明や例を書き留めて、スライドに自分のメモを書き加える必要があります。
JUNE:	Oh, I see.	ジューン：	ああ、なるほど。
COUNSELLOR:	As you progress through the semester, it's important to keep up-to-date with your summaries — not just of the **23** lecture notes but chapters of any books you've read or **24** articles in journals. Be selective though; there's just so much information on the Internet, and it's very difficult to discern what's valuable and what is not, and it's probably not worth the effort to summarise what you read there.	相談員：	学期が進むにつれて、要約を最新のものにしておくことが重要です。講義のメモの要約だけではなく、読んだ本の章とか専門雑誌の記事とか。ですが、よく選ぶようにしてください。インターネットには情報があふれているから、価値があるものとないものを見分けるのはとても難しいし、インターネットで読んだものを要約するのはたぶんやるだけ無駄でしょう。
JUNE:	Still, that seems like a lot of summarising.	ジューン：	それでも、要約するものはたくさんありそうですね。

Before you hear the rest of the conversation, you have some time to look at Questions 25 to 30.

会話の残りを聞く前に、質問 25-30 を見る時間が少しあります。

[20 seconds]　　　　　　　　　　　　　　　　　　　　　　　　　　　　[20 秒]

Now listen and answer Questions 25 to 30.

では聞いて質問 25-30 に答えなさい。

COUNSELLOR:	Yes, June, but that's the key to exam preparation — at revision time, you make a summary of all your summaries! And be sure to start revision before the end of lectures because lecturers often hold a couple of **25** revision seminars before the end of the course.	相談員：	そう、ジューン、だけどそれが試験準備の鍵です。復習の時間には、全ての要約の要約を作るんです。そして、全講義が終了する前に必ず復習を始めなさい。科目が終了する前に、講師はよく復習講習を2、3回行いますから。
JUNE:	Do I need to go to those? I thought they were optional.	ジューン：	それは出る必要がありますか。任意だと思っていました。
COUNSELLOR:	They are, but you should attend. It's often in those seminars that you get really useful information to help you with the exams. And, before you go, you must have gone through all the course material. Read critically and carefully, and have **26** questions prepared if there's anything you don't understand.	相談員：	そうですが、出席するべきです。試験に役立つ本当に有用な情報を得られるのは、そうした講習のことが多いから。それから、行く前には授業の資料全てに目を通しておかなければなりません。批判的に丁寧に読んで、理解できないことがあれば質問を用意しましょう。
JUNE:	Yes, that sounds like a good idea. So the secret is to start revision really early — is that what you're saying?	ジューン：	はい、それはいい考えに思えます。つまり、秘訣は復習をとても早く始めることだと、そうおっしゃりたいんですよね。
COUNSELLOR:	Yes, but you can also set goals for your exams and, in your case, this is pretty straightforward because, no matter how well you've done on continuous assessment tasks, you still need to get 50% in each exam, right?	相談員：	そうですが、試験の目標を設定することもできるし、君の場合はかなり分かりやすいですよね、というのも、継続的な評価課題でどれだけいい成績を残せても、各試験で50％取る必要があるわけですよね。
JUNE:	Yes, passing the exam is compulsory in	ジューン：	はい、取っている授業はどれも試験に受かること

	each of my courses.
COUNSELLOR:	Then I suggest you target your **27 weaker subjects** and focus more effort on them in the lead-up to exams. Get a copy of your exam schedule as ... as soon as it's available and make yourself a timetable. Fill in every day from the beginning of study week to the last exam. Write down all the tasks you have to do ...
JUNE:	You mean like sorting lecture notes, revision and practising past papers?
COUNSELLOR:	Yes, although any sorting should be done straight after the last day of lectures ... and don't forget to build in some **28 relaxation** time. I'm glad you practise past papers; that's a really good strategy. You know that different examiners like different styles of exams.
JUNE:	Really?
COUNSELLOR:	Yes, ah, of course. Multiple choice, essay, short answer, open book, problem solving ... all those formats require different strategies, and you need to be aware of the **29 format** that your examiners prefer. What have you noticed so far?
JUNE:	Well, multiple choice is popular ...
COUNSELLOR:	Ahh, yes. Good old multiple choice! Do you like that format?
JUNE:	I'm not sure, really. I sometimes get a bit confused with those ones, and there are always so many questions.
COUNSELLOR:	Yes, examiners like those because they are easy to mark, but of course they are harder to write. But from your point of view, you need to remember that multiple choice exams usually rely on recognition rather than **30 recall**.
JUNE:	What does that mean?
COUNSELLOR:	Well, you only have to know your subject matter well enough so that you can recognise the right answer when you see it.
JUNE:	So that means it's easier?
COUNSELLOR:	Not exactly; you can get a lot more questions, which means that you need to cover the breadth of the subject but you don't need to study it in great depth.
JUNE:	Thanks, you've been really helpful.

That is the end of Section 3. You now have half a minute to check your answers.

	が義務です。
相談員：	それなら、苦手な科目をターゲットにして、試験の前段階ではそちらに力を注ぐことにしたらどうでしょう。試験の日程が手に入り…入るようになり次第、1部もらって、自分で予定表を作るんです。勉強を始める週から最後の試験まで、1日1日の予定を記入します。やらなくてはならない課題を全部書き留めて…
ジューン：	つまり講義のメモを整理したり、復習したり、過去の試験問題で練習したりといったことですか。
相談員：	そう、ただしメモの整理は講義の最終日の直後にするべきですが。それから、少し息抜きの時間を組み込むのを忘れないように。過去の試験問題で練習するのはとてもいいですね。とてもいい戦略です。出題者が違えば好きな試験の方式も違うことは知っていますよね。
ジューン：	本当ですか。
相談員：	ええ、あー、もちろんです。選択式、小論文、制限語数で書かせるもの、教科書・ノート持ち込み可、問題解決式。これらの形式は全て違う戦略を要するので、出題者が好む形式を知っている必要があります。これまで何か気付いたことはありますか。
ジューン：	そうですね、選択式が一般的です。
相談員：	ああ、はい。昔ながらの選択式ね。その形式は好きですか。
ジューン：	よく分かりません、実は。あれには少し混乱することがあります。それにいつも問題の数がとても多くて。
相談員：	そうですね、採点しやすいので出題者は選択式が好きなんですが、もちろん選択式の方が問題を書くのは難しいです。ですが君の観点からだと、選択式試験はたいてい再生より再認にかかっていることを覚えている必要がありますね。
ジューン：	どういうことですか。
相談員：	ええと、正解を見たときにこれが正解だと認識できるためには、テーマを十分よく知っていさえすればいいんです。
ジューン：	その方が簡単だということですか。
相談員：	必ずしもそうではありません。もっとたくさんの問題を出されるかもしれません、つまり、科目の範囲全体をカバーする必要はあるけれど、ものすごく深く勉強する必要はないということです。
ジューン：	ありがとうございます、とても参考になりました。

これでセクション3は終わりです。答えを確認する時間が今から30秒あります。

模擬試験 ■ LISTENING

語注

- refer A to B：AをBに差し向ける
- assessment：評価
- go to pieces：取り乱す、うろたえる
- criterion：基準
- trigger：〜を引き起こす、誘発する
- intentionally：わざと
- design：〜を意図する
- demonstrate：〜を証明する
- strain：重圧
- run through ...：〜をざっと検討する
- maximise（英）＝ maximize：〜を最大限に増やす
- outline：概略
- overall：総合的な
- handout：プリント
- keep up-to-date with ...：〜を常に最新の状態にする
- selective：厳格に選択する
- discern：〜を見分ける、識別する
- revision：復習
- optional：任意の
- compulsory：義務的な
- sort：〜を分類する
- build in ...：〜を組み入れる
- strategy：戦略
- open book：教科書・ノート持ち込み可の試験
- subject matter：テーマ、題材

豆知識

再生と再認は心理学用語。再生は、ある事柄の内容をそのまま思い出すことと、再認は、ある事柄を知っていると認識することを言う。小論文や記述式の試験は再生に基づき、選択式の試験は再認に基づく。つまり相談員は、狭い範囲を深く学習するより、浅くてもいいから広い範囲を学習して、できるだけ多くの情報を見た記憶を持つことが、選択式の対策としては有効だと言っていることになる。

Questions 21-22 ［解答］

21 B　　22 A

●問題文の訳

A, B, C から正しい文字を選んで書きなさい。

21　ジューンが相談員といるのは
- A 授業の勉強で重圧を受けているからである。
- B 試験の出来が良くなかったからである。
- C 授業の評価で苦労しているからである。

22　相談員の示唆によると、試験の目的は
- A 学生の個人的能力をテストすることである。
- B 学生の自制心をテストすることである。
- C 外の世界で学生を支援することである。

解説

21 poor outcome on your mid-year exams が学習相談に来た理由で間違いないか、と尋ねる相談員に、ジューンは Yes. と答えています。poor outcome を didn't do well と言い換えている B が正解です。ジューンは、授業の評価はうまくいっている、と続けて言っているので、A と C は誤りです。

22 なぜ試験を受けなければならないのか、と尋ねるジューンに対して、相談員は the main reason is ... と「試験の目的」を話しています。その中の what they're capable of ... as individuals を A が personal ability とまとめています。B の self-control は controlled conditions との引っ掛け、C の outside world は outside assistance との引っ掛けです。

Questions 23-24 ［解答］

23 B　　24 D （順不同）

●問題文の訳

A-E から2つの文字を選びなさい。
ジューンは次の資料のうちどの2つの要約を作るべきか。

- A パワーポイントでの説明
- B 講義のメモ
- C インターネットの情報
- D 学術雑誌の記事
- E 説明と例

解説

23&24 相談員が要約を作るべきだと言っているのは lecture notes と chapters of any books you've read と articles in journals の3つで、このうち選択肢にあるのは lecture notes と articles in journals の2つです。他の選択肢については、要約を作るべきだとは言っていません。

Questions 25-30 ［解答］

25 revision seminars　　26 questions
27 weak(er) subjects
28 relaxation　　29 format　　30 recall

●問題文の訳

次のメモを完成させなさい。
それぞれ2語以内で答えを書きなさい。

試験の準備をするためには：
- 要約の要約を作る
- 講義の終了前に復習を始める
- 25 復習講習 に出席する（あらかじめ 26 質問 を準備する）
- 目標を設定する（全てにおいて 50％ を超える）
- 27 苦手な科目 に力を注ぐ
- 試験の日程を手に入れて1日1日の学習計画を作るが、28 息抜き の時間も予定する
- それぞれの試験の 29 形式 を熟知する
- 注意　選択式は 30 再生 ではなく再認次第なので、集中的にではなく広範囲に科目を学習する

解説

25 キーワード attend だけに集中して聞くと、最初に出てくるのは相談員の They are, but you should attend. ですから、これでは解答できません。メモは実際に話された表現と違う表現に言い換えられている可能性が高いことを念頭に置いて、音声を聞く必要があります。ここでは、ジューンが言っている go to those の go to が attend と同義ですが、those はその前に言われている a couple of revision seminars を指しています。「2語以内」なので、revision seminars が正解です。s が必要です。書き落とさないようにしましょう。

26 before you go 以下が、あらかじめしておくべきことです。その中に have questions prepared とあるので、空所には questions が入ります。

27 ここでも、キーワード focus だけに注意していると、focus more effort on them ですから、正解を聞き逃してしまいます。その前の target your weaker subjects の target が focus と同義だと気付けば、weaker subjects が正解だと分かります。比較級 weaker ではなく、weak subjects としても正解です。

28 会話の中で study plan という表現は使われていませんが、timetable を作ってするべきことを記入する、という内容がそれに当たります。続いて build in some relaxation time を忘れないように、と相談員が言っているので、空所にはこの部分が入ります。ただし、メモでは空所の前が time for なので、relaxation time だと time が重複し、誤りとなります。

29 会話は試験の形式に移ります。相談員は、出題者が好む試験の format を知っている必要がある、と言っているので、空所には format が入ります。

30 相談員は multiple choice exams usually rely on recognition rather than recall と、ほぼメモの表現通りに話しています。従って recall が正解です。

SECTION 4　　Questions 31-40

スクリプト

Now turn to Section 4.

SECTION 4

You will hear a lecturer giving a talk on feral camels in Australia. First, you have some time to look at Questions 31 to 40.

[40 seconds]

Now listen carefully and answer Questions 31 to 40.

Today we're going to be looking at the ecological impact of the feral camel in Australia. As you know, a feral animal is one that survives in the wild even though it originally lived with people, in a **31 domestic** situation. Camels are not native to Australia, so how did they get here or, more importantly, why?

The importation of camels began in 1840 and continued through to 1907. They were brought here to aid in opening up the arid and semi-arid regions of inland Australia. Initially they provided transport for people and goods involved in exploration or mining in the outback. They were also used to carry **32 equipment for the construction** of railways and telegraph lines. And often, they were the only way many remote settlements could receive supplies.

Where did they come from? Well, curiously enough, from as far afield as China and Mongolia — that was the large, woolly, two-humped Bactrian camel — and of course there were dromedaries (the typical Arabian camels used primarily for riding); but most of them were from lowland India. These ones, in particular, were very large and powerful and they were used to carry or move **33 heavy freight**. What we have now are feral camels that are mixtures of these different breeds.

Why are they feral? Well, once the railways were up and running and motor vehicles were becoming more common in the outback, they weren't needed any more. So, many of the 20,000 or so domesticated camels that were around in 1930 were just let go. And because they were so well adapted to desert conditions, they thrived and bred and spread right across **34 central Australia**.

Pause [2-3 seconds]

スクリプトの訳

ではセクション 4 に移りましょう。

セクション 4

講師がオーストラリアの野生化したラクダについて話をするのを聞きます。まず質問 31-40 を見る時間が少しあります。

[40 秒]

ではよく聞いて質問 31-40 に答えなさい。

今日は、オーストラリアの野生化したラクダが生態系に与える影響について見ていきます。ご存じのように、野生化した動物とは、もともと人と暮らしていた、つまり飼われている状況で暮らしていたにもかかわらず、野生の状態で生き続けている動物です。ラクダはオーストラリア原産の動物ではありませんから、どうやってここに来たのでしょうか。あるいは、もっと重要なのは、なぜここに来たのでしょうか。

ラクダの輸入は 1840 年に始まり、1907 年まで続きました。ラクダがここに連れて来られたのは、オーストラリア内陸の乾燥地帯と半乾燥地帯の開拓を助けるためです。当初ラクダは、奥地での探検や採掘に関わる人と品物の運搬に充てられました。鉄道と電信線の建設用設備を運ぶのにも用いられました。そしてしばしばラクダは、多くの遠く離れた入植地が物資を受け取ることのできる唯一の方法でした。

ラクダはどこから来たのでしょうか。さて、不思議なことなのですが、はるか遠い中国とモンゴルから――これは大型で長毛のフタコブラクダでした――そしてもちろんヒトコブラクダ（主に人が乗るために用いられる典型的なアラビアのラクダです）もいました。しかし、ラクダのほとんどはインドの低地から来たのです。特にこのラクダはとても大型で力が強く、重い積み荷を運んだり移動したりするのに用いられました。今いるラクダは、これらの異なる種類が混ざって野生化したものです。

なぜラクダは野生化しているのでしょうか。さて、鉄道が順調に機能し自動車が奥地でだんだん一般的になってくると、ラクダはもう必要がなくなりました。そういう訳で、1930 年ごろに 2 万頭ほどいた家畜化されたラクダの多くが、そのまま放されたのです。そしてラクダは砂漠の環境にとてもよく適応していたので、よく育って繁殖し、オーストラリア中部全体に生息域を広げました。

ポーズ［2-3 秒］

What's the problem? You might ask. After all, they're just camels living in the desert. The problem is that they are an introduced animal — a very large one at that — and they do extensive damage to the desert eco-system. They wander up to 70 kilometres in one day, grazing on whatever vegetation is available — that might be grass, shrubs or trees up to 3.5 metres high. In times of drought, when water is scarce, they are capable of drinking up to 35 200 litres each in three minutes, although if they're consuming a lot of green moist plant material, they don't need that much. They gather around precious water holes to get this water, and the degradation of these water holes is of serious concern. They are crucial for the survival of a wide variety of native animals and plants. Many of these are now threatened to the point of extinction.

Let me also point out that these watering places have a long-standing cultural significance, and many of them are 36 sacred sites for the Aboriginal people. Feral camels are literally trampling all over and violating Aboriginal traditions and history. In periods of extreme drought, like Australia has experienced in recent years, there is no limit to their quest for water. Camels are big animals, and they go pretty much wherever they please. They are not primarily interested in hurting people, but it's not advisable to get in their way. They have gone into 37 remote communities and damaged domestic infrastructure such as washing facilities in laundries and bathrooms as well as outside bores, taps and tanks.

Let's see: feral camels have a negative impact on native vegetation and animals, water supplies, and Aboriginal and outback communities but they are no friends of the farmers, either. They compete with livestock for pasture and they can wreck the farmer's precious property in the process, knocking down fences, 38 windmills and water troughs. Camels also carry some of the same diseases as livestock and are likely to spread infection among cattle and other farm animals. On top of all that, they cause a number of collisions with trains, cars and trucks. Oh, and one more thing, camels are ruminants, which means they emit methane, and they are having a significant impact on climate change.

Feral camels do have some value as a resource. There is a small export market in camel meat, and the 39 pet meat trade uses them as well. Although camels have a reputation for being stubborn, and even vicious, they are easy to domesticate once they are captured. We don't use them in industry any more, but sometimes they are used by tourist operators as a novelty form of 40 transport for their customers. Even so, it would seem their usefulness is limited and far outweighed by

何が問題なのかとお尋ねになるかもしれません。結局砂漠にすむただのラクダじゃないか。問題は、ラクダが導入された動物であることです。しかもとても大型の動物です。そして、ラクダは砂漠の生態系に甚大な被害を与えるのです。ラクダは1日に最大70キロメートル移動し、そこにある植物は何でも食べます。草のこともあれば、低木や高さ3.5メートルまでの木のこともあります。干ばつで水が乏しいときは、1頭1頭が3分間で最大200リットルを飲むことができます。緑の湿った植物成分をたくさん摂取していればそれほどの量は必要ないですけれども。ラクダはこの水を飲むために貴重な水飲み場の周りに集まるのですが、この水飲み場の劣化が大きく懸念されるのです。水飲み場は多種多様な固有の動植物の生存にとって極めて重要です。これらの動植物の多くは、今や絶滅直前の危機にひんしています。

さらに指摘したいのですが、これらの水飲み場には長年の文化的意義があり、多くは先住民の人々にとって神聖な場所です。野生化したラクダは至る所を文字通り踏み付けにしており、先住民の伝統と歴史を侵犯しています。近年オーストラリアが経験しているような極端な干ばつの期間には、ラクダの水の追求には際限がありません。ラクダは大きな動物で、気が向いた所はほとんどどこにでも行きます。ラクダは人を傷つけることに特に関心はありませんが、ラクダの邪魔はしないのが賢明です。ラクダは人里離れた地域社会に入り込んで、屋外の試掘孔や蛇口やタンクにとどまらず、クリーニング店や浴室の洗浄設備のような家庭のインフラに損害を与えたこともあります。

考えてみましょう。野生化したラクダは、固有の動植物、給水、先住民と奥地の地域社会に悪影響がありますが、農家の味方というわけでもありません。ラクダは牧草を得ようと家畜と競い、その過程で柵や風車や水おけを倒して農家の貴重な財産に損害を与えることもあります。またラクダは、家畜と同じ病気の一部の保菌者で、牛などの家畜に伝染病を移す可能性があります。その全てに加えて、ラクダは列車や車やトラックとの衝突を数多く引き起こします。ああ、それからもう1つ、ラクダは反すう動物です。つまり、メタンを排出し、気候変動に重大な影響を与えているのです。

野生化したラクダには確かに資源としての価値もあります。ラクダの肉には小規模な輸出市場があり、ペット用の肉の取引でも使われます。ラクダは頑固だという評判で、気性が荒いという評判すらありますが、捕獲されれば簡単に家畜化します。ラクダを産業で使うことはもうありませんが、旅行会社がお客さんを輸送する物珍しい方式として使うことがあります。そうは言っても、ラクダの有用性は限定的で、全般的に有害な経済的、環境的、社会的、文化的影響の方がはるかに上回るように思われます。

their overall — harmful — economic, environmental, social and cultural impact.

That is the end of Section 4. You now have half a minute to check your answers.

[30 seconds]

That is the end of the listening test.

これでセクション4は終わりです。答えを確認する時間が今から30秒あります。

[30秒]

リスニングテストはこれで終わりです。

語注

- □ feral：野生化した
- □ domestic：（動物が）飼われている
- □ arid：異常に乾燥した
- □ inland：内陸の、奥地の
- □ transport：輸送、運送
- □ outback：奥地
- □ equipment：設備
- □ far afield：遠く離れて
- □ Bactrian camel：フタコブラクダ
- □ dromedary：ヒトコブラクダ
- □ lowland：低地の
- □ freight：積み荷
- □ up and running：正常に作動して
- □ domesticate：〜を家畜化する
- □ at that：おまけに、その上
- □ graze on ...：（牧草など）を食べる
- □ vegetation：（ある地域の全ての）植物
- □ drought：干ばつ
- □ scarce：十分でない、乏しい
- □ water hole：（動物の）水飲み場
- □ degradation：（質などの）低下、劣化
- □ long-standing：長年の
- □ sacred：神聖な
- □ tramp：踏み付ける
- □ violate：〜を侵犯する、侵害する
- □ advisable：勧められる、賢明な
- □ bore：試掘孔
- □ windmill：風車
- □ water trough：水おけ
- □ on top of ...：〜に加えて
- □ ruminant：反すう動物
- □ novelty：目新しいもの、風変わりなもの
- □ outweigh：〜より価値がある、重要である

Questions 31–34 ［解答］

31 domestic　　**32** equipment
33 (heavy) freight　　**34** central Australia

● 問題文の訳

次の要約を完成させなさい。
それぞれ2語以内で答えを書きなさい。

野生化した動物は、**31** 飼われている 環境から来た後、野生の状態で生きている。ラクダは主として運搬用にオーストラリアに連れて来られた。ラクダは人や物資や建設用 **32** 設備 を乾燥した内陸地域に運んだ。ラクダは中国、モンゴル、アラビア、インドから輸入された。体の大きさと力の強さのため、インドのラクダはとりわけ **33** （重い）積み荷 の運搬に用いられた。

結局ラクダは列車と自動車に取って代わられたため、自然に放たれた。ラクダは今では **34** オーストラリア中部 でとてもよく見られる。

解説

31 要約では音声と同じ表現も使われており、それを解答の手掛かりにすることができます。ここでは、要約と同じ a feral animal ... in the wild が聞こえてくるので、次に空所に関する内容が来ると予想できます。直後の in a domestic situation の situation が要約では environment と言い換えられていると気付けば、空所には domestic が入ると分かります。

32「construction＋空所」の名詞句になると分かるので、例えば construction materials や construction machinery、あるいは construction の代わりに building を使った表現が出てくるはず、と予想できます。実際には equipment for the construction of ... と、要約とは語順が逆になっていますが、正しく予想できていれば equipment が正解だと分かります。

33 インドから来たラクダの用途に集中して聞きます。インド産のラクダは carry or move heavy freight に用いられた、と講師は述べています。要約の transporting はこの carry or move の言い換えなので、heavy freight が正解です。heavy は必ずしも必要な情報ではないので、freight だけでも正解となります。

34 common、または common と同義の表現に注意します。thrived and bred and spread が全体で common と同じ意味になると気付けば、central Australia が正解だと分かります。ここでは、オーストラリアの「どこ」に普通にいるのか、という情報が必須なので、Australia だけでは誤りです。

Questions 35–40 ［解答］

35 200 / two hundred　　**36** sacred (sites)
37 remote communities　　**38** windmills
39 pet-meat / pet meat　　**40** transport

● 問題文の訳

次のメモを完成させなさい。
それぞれ2語以内か数字1つで答えを書きなさい。

野生化したラクダがもたらす問題
― あらゆる種類の植物資源を食べながら広い地域を歩き回る
― 膨大な量の水を飲むことができる：3分間で 35 __200__ リットル
― 問題になりそうな地域に損害を与え、固有種の生存を脅かす
― 先住民にとり 36 __神聖（な場所）__ である水飲み場に損害を与える
― 37 __人里離れた地域社会__ に入り込み、試掘孔やタンクなどの家庭の設備を破壊する
― 柵、38 __風車__ 、水おけといった農家の財産に損害を与える
― 病気を感染させ、事故を引き起こす
― メタンを発する
資源としての野生化したラクダ
ラクダの肉は輸出され、39 __ペット用の肉__ の取引にも用いられる。
ラクダは捕獲され家畜化されて、40 __輸送__ のために観光で用いられる。

解説

35 空所の次の litres から、空所には数字が入るのではないかと予測できます。when water is scarce から水の話になるので、待ち構えて聞いていれば、200 という数字を聞き逃すことはないでしょう。答えは 200 と書いても two hundred と書いても構いません。

36 Aboriginals のような語は、音声でもそのままの表現が使われていると考えられるので、音声を聞く際のキーワードになります。sacred sites for the Aboriginal people から sacred sites が正解となりますが、空所は名詞だけでなく形容詞でも文法的に正しいので、sacred だけでも正解です。

37 enter のような一般的な語は、言い換えられている可能性が高いと考えられます。ここでは、gone into を enter と言い換えているとすぐには気付かなくても、続く damaged domestic infrastructure such as ... で気付けば、remote communities と答えられます。

38 A, B and C と並列の関係なので、fences と water troughs がキーワードです。音声でも fences, windmills and water troughs とメモと同じ順番で言っています。

39 camel meat に注意して聞くと、the pet meat trade uses them as well と言っているので、空所には pet meat が入ると分かります。trade を修飾しているので、pet-meat とハイフンを加えて形容詞と考えても正解です。

40 tourism がキーワードです。音声の tourist operators に注目すると、続けて as a novelty form of transport と言っています。「2語以内」ですから、transport だけを選べばいいことになります。

READING

READING PASSAGE 1　Questions 1-13　本冊：p.156-159

パッセージの訳

約20分で次のリーディング・パッセージ1に基づく質問1-13に答えなさい。

もっともな話

最近の研究は、私たちが世界をどう見ているのか、そして私たちが世界の中でどのように機能しているのかということに、性別が影響することを示唆している。

A　ニューヨーク市立大学 (CUNY) で行われた視覚に関する新しい研究の結果によると、男性の脳と女性の脳が視覚情報を処理する方法には顕著な差異がある。この実験は、脳の一次視覚野にある視床ニューロンの特定のまとまりに関するもので、これらのニューロンは性別に関係すると思われる、と CUNY のイズリアル・エイブラモフは述べた。これらのニューロンの発達は、妊娠初期の胎児の成長中の男性ホルモンに影響される。エイブラモフは、この差異を生じさせる過程はうまく説明できるのだが、どんな進化の誘因がこの相違を生むかもしれないのかは皆目見当がついていない。

B　聴覚と嗅覚系にも差異があるのだから、この結果は驚くことではないはずである。これまでの研究から、男性より女性の方が、これらの感覚は環境中のさまざまな刺激に対してより敏感なことが分かっている。女性はより高い音を聞くことができ、耳を傾けているときには脳の全域にわたって側頭葉に活動が見られる。それに対して男性の場合、脳の活動が見られるのは一般的に左半球に限られる。同様に、研究の指摘によると、匂いが活性化する脳の領域は女性の方が広い。また、鼻の構造は同じで受容体の数が同一であるにもかかわらず、女性の方が男性より香りの微妙な違いに敏感で、違いを区別したり分類したりすることに優れている。

C　CUNY では、正常な視力と通常の色覚を持つ被験者に対して、さまざまな色の特徴を述べるよう研究者が質問したが、女性と同じ色調を検知するためには男性はやや長い色の波長が必要なこと、そして、男性は色調の識別が女性ほど上手ではないことが判明した。また、明暗への感受性を測定するため、研究ボランティアたちに、明滅するように見えるよう色が交互に代わるさまざまな幅の明るい棒と暗い棒の画像を見せた。男性の方が、より速く変化し、より細い棒で構成される画像を認識するのに優れていた。

D　これ以前に南カリフォルニア大学で行われた研究で、視線の焦点の合わせ方も男女で異なることが明らかになった。話をする人に焦点を合わせるとき、男性はその人の唇に視線を注ぐが、例えば通り過ぎる歩行者や車のように、その人の背後で起こる動きに焦点をそらしがちであることを研究者は発見した。しかし、女性は相手の目と体を交互に見ているように思われ、他の人に注意をそらされがちである。この違いはなぜなのか。以前の研究で、女性の方が非言語コミュニケーションの理解に優れていることが明らかになった。つまり、体のより多くの部分を目で把握することで、女性が話し手の情報をより多く集めることができるのは理の当然なのである。女性が状況の社会的本質により多く注意を払うのに対し、男性は動きと速度の変化により強く引き寄せられると言えるかもしれない。男性が非言語的合図を理解しないこと、あるいは解読に苦労することは、男性と女性が常に他方の合図を曲解する結果を招く。例えば、男性は友好的なほほえみを媚態と解釈するかもしれず、一方女性は、しわの寄った眉間（びたい）は集中の表現ではなく怒りのしるしだと誤って判断するかもしれない。

E　男性の脳と女性の脳の配線が異なることはしばらく前から知られている。しかし1980年代にさかのぼると、男子と女子は同じ脳を持って生まれるが、どんな差異も生育する環境が決定すると考えられていた。男子と女子が今でも異なるやり方で社会生活に適応させられているのは確かだが、心理学者ダイアン・ハルパーンは、認知機能の差異の多くは生物学的に固有のものだと考えている。例えば、さまざまな年齢グループや文化を見ても、頭の中で物体を回転させたり、角度の方位を判断したり、羅針盤の目盛で進路を定めたりといった視覚・空間能力は男性の方が優れていると証明されている。

F　他方、女性の方が言葉が流暢なこと、また、物の記憶に優れているので、女性は目印となる物を頼りに進路を定めることも認められている。ハルパーンは、異なる能力を持つことは異なるレベルの知性を持つことと同じではない、と指摘することに労力を費やしている。一方の性が他方の性よりも利口か、あるいは優れているかという議論に彼女が巻き込まれることはないだろう。実際は、世間には男女差に関する相当な数の神話が存在する。男子の方が数学が得意だという話を聞いたことがある人がいるかもしれないが、いかなる差異も文脈に依存するとハルパーンは説明する。男女平等が進んだ社会では、「数学における男性の優位は消滅する」と彼女は言う。社会的文脈、経済、その他環境的影響の全てが関係しているのである。

G 立場が同等でいずれの性も他方より才能に恵まれているのでないのなら、最高経営責任者の90%以上が男性で秘書の90%以上が女性である事実をどう説明すればいいのか。子どもの世話や高齢者の介護といった養育のほとんどは女性がしており、それ故女性はつぎ込む時間が少なくてすむ職業の方を選ぶ傾向がある、とハルパーンは説明する。彼女の考えでは、この結果、職場では才能のある女性が失われることになり、かつ家庭内では有能な男性が失われることになる。父親の育児はとても重要であり、多くの男性が優れた介護者になるだろうからである。ハルパーンはこのことを分かりやすい言葉で述べている。「家庭に平等がないのなら、職場での平等はあり得ない」。

語注

- vision：視覚
- marked：目立つ、顕著な
- thalamic neuron：視床ニューロン
- primary visual cortex：一次視覚野
- foetal（英）= fetal：胎児の
- variance：相違、食い違い
- olfactory：嗅覚の
- stimuli：刺激（stimulus の複数形）
- temporal lobe：側頭葉
- odour（英）= odor：匂い
- differentiate：〜を区別する、見分ける
- receptor：受容体
- 20/20 sight：正常な視力
- colour vision：色覚
- wavelength：波長
- discriminate between ...：〜を識別する、区別する
- alternate：交互に起こる
- fixate on ...：〜に視線を注ぐ
- liable to do：〜しがちな、〜しやすい
- divert：〜をそらす
- distract：〜の注意をそらす、気を散らす
- nonverbal：非言語の
- it stands to reason that ...：〜ということは理にかなう
- garner：〜を集める
- discern：〜を見分ける、理解する
- decode：〜を解読する
- misconstrue：〜を誤って解釈する
- coquetry：媚態、こび
- furrow：〜に深いしわを寄せる
- wire：〜を配線する
- cognitive：認知的な
- innate：生まれながらの、生得の
- spatial：空間の
- landmark：目印となるもの
- be at pains：骨折る、苦心する
- bearing：関係、関連
- the playing field is level：誰もが公平な立場である
- nurturing：養育
- fathering：父親の子育て
- caregiver：世話をする人

Questions 1-4 ［解答］

1 thalamic neurons
2 male sex hormones   3 (various) stimuli
4 the left hemisphere / the left brain

● 問題文の訳

次の要約を完成させなさい。
それぞれパッセージから3語以内を選んで答えを書きなさい。
解答用紙の解答欄1-4に答えを書きなさい。

現在の研究

視覚の男女差についての研究から得られた実験的証拠は、脳の色覚を統御する 1 <u>視床ニューロン</u> が男性と女性で異なることを示している。この差異は人生のごく初期に生じ、2 <u>男性ホルモン</u> に影響される。加えて、女性の聴覚と嗅覚は概して周囲の状況の 3 <u>（さまざまな）刺激</u> により多く反応する。騒音を処理するために女性が脳全体を用いるのに対し、ほとんどの男性は同じことをするために 4 <u>左半球／左脳</u> を用いる。

解説

男女の知覚機能や知的機能にはどのような違いがあるのか、そしてその違いに脳がどのように関与しているのかについての研究を取り上げたパッセージです。

1 空所の後の that は関係代名詞なので、空所には名詞の複数形が入ります。該当する語句をパッセージに探すと、thalamic neurons が in the brain's primary visual cortex と書かれており、thalamic neurons が視覚に関係する脳の一部だと分かります。続いて gender related とあるので、男女の違いに関係しているということも分かります。

2 空所は前置詞 by に続くので名詞です。パッセージを読み進めると、influenced by the male sex hormones と書かれています。この influenced が要約で affected と言い換えられていること、また、続く during foetal growth early in pregnancy が very early in life と言い換えられていることに気付けば、空所に入るべき語句が分かります。

3 空所には名詞が入ります。女性の聴覚と嗅覚に関する語句を探すと、パラグラフ B に in women, ... という記述が見つかります。these senses は直前の the senses of hearing and the olfactory system を指します。are more sensitive to が要約で respond more to となり、environment が surroundings と言い換えられていると気付けば、various stimuli が空所に入ると判断できます。stimuli だけでも正解となります。

4 男性についての記述を探すと、whereas men generally ... が見つかります。men generally が要約では most men と言い換えられ、show activity ... in が use と言い換えられています。the left hemisphere of the brain が空所に入ることになりますが、「3語以内」なので、the left hemisphere が正解です。あるいは、the left brain としても正解です。

Questions 5-11 ［解答］

5 B	6 B	7 A	8 B	9 C
10 A	11 C			

模擬試験 ■ READING

● 問題文の訳

以下の特徴を次のどれかに分類しなさい。

A 男性の方により普通である
B 女性の方により普通である
C 男性と女性に等しく普通である

解答用紙の解答欄 5-11 に A, B, C のうち正しい文字を書きなさい。

5 似た匂いの違いを区別することができる。
6 色のわずかな違いを特定することができる。
7 人の話を聞いているときに注意が簡単にそらされやすい。
8 身体言語とその意味することに集中する。
9 単純な身振りの意図を誤解する。
10 触れることなく物を全ての側面から見ることができる。
11 数学で卓越する可能性を持っている。

解説

5 smells に関する語句をスキャニングします。パラグラフ B の aromas が smells の同義語だと気付けば、匂いの違いに敏感なのは女性の方だと分かります。従って、主語 They は女性を指します。

6 パラグラフ C の shade が質問文の variations in colour と同じ意味だと気付くかどうかがポイントです。男性の方が上手ではなかった、ということは、女性の方が優れていることになります。

7 パラグラフ D で男性に関して、divert his focus to **any** action taking place behind the person（相手の背後で起こっている**すべて**に注意がそれる）とあり、その例として人（pedestrian）と物（vehicle）を挙げています。それに対して女性に関しては、distracted by other people という記述があり、男性のように any action によって気が散るわけではなく、人に限定されることが分かります。

8 パッセージに body language という表現はありませんが、パラグラフ D にある nonverbal communication が同じ意味です。直後に taking in more of the body とあることからも、nonverbal が body と関連すると分かります。

9 misunderstand がキーワードです。misconstruing という同義語が見つかるので前後を丁寧に読むと、非言語コミュニケーションは女性の方が得意だが、他方の性の合図を誤解するのはどちらも同じだ、と言っていることが分かります。従って正解は C となります。

10 ここでは、「頭の中で物体を回転させる」→「触れることなく物を全ての側面から見ることができる」と、意味内容が全体的に言い換えられています。単語単位の言い換えにこだわり過ぎると、正解を見逃してしまうかもしれません。

11 boys are better at mathematics とありますが、but ... と続いていることに気を付けましょう。the male advantage in math disappears なので、結局、男女は同等だと言っていることになります。

Questions 12 and 13 ［解答］

12 B　　13 D　（順不同）

● 問題文の訳

A-E から 2 つの文字を選んで書きなさい。

解答用紙の解答欄 12 と 13 に正しい文字を書きなさい。

リーディング・パッセージ 1 でダイアン・ハルパーンが主張していることは以下のうちどの 2 つか。

A 知性は数字をうまく処理する能力に関係している。
B 脳の男女差は異なるスキルセットにつながる。
C 男性は女性ほど子供の世話が上手ではない。
D 男性は通例女性より仕事で長時間働く。
E 仕事と家事には同じスキルが要求される。

解説

12&13 Diane Halpern はパラグラフ E, F, G に出てきます。まずパラグラフ E に many of the cognitive differences are biologically innate とあり、続いて男性が優れた視覚・空間能力を持つことが述べられています。さらに、パラグラフ F の初めでは、女性の方が言葉や記憶の面で優れていると書かれています。つまり、男女の脳には生まれつき違いがあり、それが認知能力の違いとなって表れることになり、選択肢 B の内容と一致します。パラグラフ G には they tend to opt for paid jobs that require less investment of time という記述があります。これは要するに、女性の方が一般に外で働く時間が短いということで、逆に言えば、男性の方が労働時間が長いということになります。従って D が正解となります。

READING PASSAGE 2 | Questions 14-26

本冊：p.160-163

パッセージの訳

約20分で次のリーディング・パッセージ2に基づく質問14-26に答えなさい。

ロマン主義運動

A ロマン主義は19世紀にヨーロッパを席巻した芸術・文化運動で、隆盛するに伴い、芸術から政治、個人の生活様式に至るあらゆるものを作り変えていった。広く抱かれている誤解とは逆に、ロマン主義は一般に流通している現代的な意味の「ロマンス」という語とはほとんど無関係で、19世紀のロマン主義者は恋や傷心という問題には概して関心がなかった。もっと彼らの興味を引いたのは、別の種類のロマン主義的ビジョン、つまり、警戒心と理性に反抗し、自然のままの風景と奔放な人間的感情の激しさと荒々しさをたたえるビジョンだった。

B 多くの大衆運動と同じく、ロマン主義は先行する理念への反動として出現した。1700年代のヨーロッパは啓蒙主義の理想に支配されていたが、この理想の堅固な基盤となっていたのは、理性と論理、科学的手法、自然の支配であり、そして、コーヒーハウスや弁論部といった制度的な場での上品な知的談議に、人類の進歩する能力が最も洗練された形で表れているという信念だった。啓蒙主義の思想家は情動の表出、とりわけ激烈で制御不能な感情の表出を嫌悪し、秩序と民主主義に対する脅威だと考えていた。また彼らは、専制的な国王をはじめとする人心を操る指導者が、俗信や迷信を利用して自国で不満をかき立て権力を握るのを目撃してきたので、あらゆる種類の非合理性や教条主義と闘った。

C ロマン主義の芸術家は冷静さと秩序と理性への啓蒙主義の異常な執着に反抗したのだが、彼らの反逆の性質はそれぞれの芸術形式によってさまざまだった。例えばロマン主義の詩人は、彫刻のように形の整った簡素な先人の散文を退け、普通の人々とその言語の役割を中心に据えた文体を好んだ。統治と市民活動への関心が衰えると、作家たちは、かつて尊重されていた風刺という文学形式を拒絶し始めた。それに代わり彼らが注意を向けたのは、それまで軽視されていたかタブーとされていた人間の生の領域だった。例えば『嵐が丘』でエミリー・ブロンテは、嫉妬や復讐心といった激烈で破壊的な情動の作用を描いている。エドガー・アラン・ポーの短編には、超自然的なものの要素が導入されている。

D 作曲家と独奏者はロマン主義運動の間に新たな水準の栄光を手にした。その理由の一端は、啓蒙主義時代の制約から解放され、音楽が自由な魂というロマン主義的観念を探求する手段として理想的な形式だと考えられたことである。経済的変化も、音楽が新たに見いだした優位を容易にした。それまで音楽家は裕福なパトロン（通例宮廷の人）から金銭的支援を調達する必要があったのに、急増する中産階級の聴衆の前で演奏することで生計を立てられるようになったのである。この転換とともに人気アイドルのような音楽家が誕生するようになったが、その最良の例は、これらの観客に素晴らしい才能とセンスで演奏しながら諸都市を巡業したハンガリーのピアニスト、フランツ・リストかもしれない。

E ロマン主義は絵画にも大きな影響を残したが、注目すべき点は2つある。第1の変化は風景の描写に見て取ることができる。啓蒙主義時代の絵画では人間を題材とすることが優先され、自然は通例ないがしろにされていた。自然が描かれている場合、当時の地所や宮殿の様式にあったような、きれいに手入れされた生垣や芝生の形で描かれるのが典型だった。しかしロマン主義の芸術家は、庭園や散歩道を美化するものとしてではなく、荒々しい力として自然を描写した。吹きさらしの山頂、深い茂みと霧、嵐の吹く暗く赤い空、これら全てが、そうした芸術家に人気があった。

F ロマン主義者は、題材である人物の描き方にも革命をもたらした。肖像画はそれまで、落ち着いた堅苦しい絵画形式と見なされ、第1の目的は単に題材を本人そっくりに描写することだったのだが、人間の経験のより暗い面を検証する表現手段となったのである。例えばテオドール・ジェリコーは、晩年に近づくと、精神病患者の一連の肖像画を描くことを選択し、モデルの目をさいなまれた不安定なものとして描写した。これは伝統的な肖像画——宝飾品で飾られ晴れ着をまとった王族や宮廷の一員——とは大きくかけ離れていた。

G 19世紀半ばには、ロマン主義は彫刻を除くあらゆる芸術形式に多大な影響を与えていた。彫刻はその分野ならではの実践的制約のため、ロマン主義の影響を頑なに拒んでいた。ロマン主義の影響は芸術をはるかに超えて広がっていた。科学者は自然についての考え方を再構成し、教育者はカリキュラムの優先順位を再検討した。最も重要なのは、多くのロマン主義の芸術作品が民間伝承と土着の慣習を賛美したことに刺激されて、民族主義的政治運動がヨーロッパ全域に拡大していったことである。

H しかし19世紀も終わりに近づくと、ロマン主義の優位はかなり衰えていった。かつては革命的で挑発的だったものが、まがい物で大げさに見え始めたのである。多くの著作家と芸術家は、誇張やわざとらしさを排した芸術性を提唱するもっと新しい運動である写実主義に転じた。社会問題と政治問題に再び真剣に向き合い始める必要を見て取る者もおり、対話や理性的な討論の必要といっ

た啓蒙主義の価値観の一部を取り戻そうとした。しかし、ロマン主義は決して完全に消え去ったわけではない。偉大な勝利を手にするため男性が逆境と闘うドラマチックな映画のサウンドトラックや筋立ては、ロマン主義の精神が今日まで私たちと共にあり続けていることの証しである。

語注

- Romantic：ロマン主義の
- Romanticism：ロマン主義
- sweep through ...：〜にさっと広がる
- reshape：〜を作り直す、新しい形にする
- misconception：誤った考え、誤解
- infatuation：恋、恋慕
- heartbreak：悲痛、悲嘆
- ferocity：凶暴、残忍
- precede：〜に先立つ、先んじる
- the Enlightenment：啓蒙主義
- discourse：対話、会話
- loathe：〜を嫌悪する
- fiery：激しい、猛烈な
- irrationality：不合理(性)
- dogmatism：教条主義
- witness：〜を目撃する
- despotic：独裁的な、専制的な
- manipulative：人を巧みに操る
- fixation：異常な執着
- dismiss：〜を捨てる、退ける
- sculpt：〜を彫刻のように形を整える
- austere：簡素な
- forebear：先祖
- wane：弱くなる、衰える
- satire：風刺
- downplay：〜を(実際より)軽く扱う
- vengeance：復讐
- the supernatural：超自然的なもの
- constraint：制約、束縛
- shift：変化
- facilitate：〜を容易にする、促進する
- hitherto：それまで、従来
- burgeon：急成長する、急に発展する
- transition：転換
- exemplify：〜を例示する、例証する
- flair：センスの良さ
- manicure：〜を入念に刈り込む
- windswept：吹きさらしの
- staid：落ち着いた
- sedate：堅苦しい
- lifelike：実物そっくりの
- psychiatric：精神病学の
- torment：〜を苦しめる、さいなむ
- divergent from ...：〜と異なる、〜から逸脱した
- festoon：〜を花綱状に飾る
- impervious to ...：〜に影響されない
- discipline：分野、学問
- reconfigure：〜を再構成する
- proliferate：急増する、拡散する
- indigenous：土着の、固有の
- provocative：挑発的な
- phony：偽の、いかさまの
- contrivance：不自然さ、わざとらしさ
- retrieve：〜を取り戻す、回復する
- adversity：逆境、不運

Questions 14-16 ［解答］

14 C　　15 A　　16 C

● 問題文の訳

A, B, C, D から正しい文字を選んで書きなさい。
解答用紙の解答欄 14-16 に正しい文字を書きなさい。

14 19世紀のロマン主義者が賛美したのは、
- A 男女の愛に関連する情動である。
- B 慎重な制限と論理的思考である。
- C 抑制されない感情と環境である。
- D 全ての形態の国家権力への反抗である。

15 啓蒙主義では公の討論の場での理念の交換が重要だったが、それは、
- A 社会が潜在力を最大限に発揮するための助けとなったからである。
- B 人間の会話の最高の形態だったからである。
- C 大衆の科学への関心を促進したからである。
- D 政治的議論を安心して行える場を提供したからである。

16 筆者によると、啓蒙主義の思想家は
- A 国王が最良の支配者になると考えていた。
- B 宗教的信念を強く抱いていた。
- C 感情を表に出す人を嫌った。
- D 社会における法の支配に反対した。

解説

ロマン主義とは何か、どんな点が革新的だったのか、文学・音楽・絵画などの芸術分野にどのような影響を与えたのかを解説したパッセージです。

14 選択肢Cが、パラグラフAの最後の the intensity and ferocity of wild landscapes and reckless human emotion の言い換えになっています。ロマン主義は infatuation and heartbreak には関心がなかったので選択肢Aは誤りです。選択肢BとDはパラグラフBに記述されている内容と一致しますが、このパラグラフは啓蒙主義について述べたものです。

15 選択肢Aの society to reach its full potential が、パラグラフBの humanity's capacity for development と内容的に一致します。啓蒙主義者が公の場での意見交換を重視したのは思想を表現する手段としてであり、選択肢Bのように、会話自体に価値を置いたわけではありません。選択肢Cの science は公の場での意見交換とは関係がありません。選択肢Dの political discussion に関する記述はパッセージにありません。

16 選択肢CがパラグラフBの loathed the expression of emotion, particularly of fiery, uncontrollable feeling の言い換えです。啓蒙主義者は despotic kings が用いた非合理性や教条主義と闘ったので、選択肢Aは誤りです。科学的手法の重視や教条主義の否定などから、選択肢Bとは逆に、啓蒙主義者は宗教に反対する立場だったと考えられます。啓蒙主義者が order and democracy を尊重したことがパッセージから分かるので、同様に選択肢Dの the rule of law in society も支持していたと思われます。

Questions 17-23 [解答]

17 satire **18** the supernatural
19 Music
20 (burgeoning) middle-class audiences
21 a violent force / violent
22 Portraits **23** Sculpture

● 問題文の訳

次の表を完成させなさい。
それぞれパッセージから3語以内で答えを書きなさい。
解答用紙の解答欄17-23に答えを書きなさい。

芸術におけるロマン主義	
文学	詩人は普通の話し言葉を用いる方を好む。作家は政治にあまり関心がない。その結果、17 <u>風刺</u> は以前ほど人気がない。有害な感情や 18 <u>超自然的なもの</u> などの新しいテーマが探求される。
19 <u>音楽</u>	ロマン主義の理念を表現するのに最も適した芸術形式。お金を出すのはもはや裕福な個人ではなく、お気に入りの芸術家が演じるのを見たいと思った 20 <u>(急増する)中産階級の聴衆</u> である。
絵画	極端な天候と風景の描写によって、自然が 21 <u>荒々しい力／荒々しいもの</u> であると示される。人間の生のより不快な側面を示すために 22 <u>肖像画</u> が用いられる。
23 <u>彫刻</u>	ロマン主義運動に影響されない。

解説

17 Writers がキーワードであることと、空所には名詞の単数形が入ることをまず確認します。パラグラフCに writers began to reject ... satire とあるので、空所には satire が入ります。

18 harmful feelings がキーワードです。パラグラフCの intense, destructive emotions such as jealousy and vengeance が harmful feelings を指すと見当がつくので、続く Elements of the supernatural が空所に入ると分かります。ただし「3語以内」と指定されているので、the supernatural が正解となります。

19 上が Literature、下が Painting なので、ここには芸術のジャンルが入ると分かります。パラグラフDは音楽について記述しているので答えに迷うことはないでしょうが、念のためパラグラフを読んでいくと、the ideal form through which ... という、右の The most appropriate art form for ... という要約とほぼ同じ記述が見つかります。

20 rich individuals ではなく誰がお金を出すのか、という視点でパラグラフDを読みます。それまでは a wealthy patron に金銭的支援を仰いでいたが、今では burgeoning middle-class audiences の前で演奏して生計を立てられる、という記述から答えが分かります。この場合は、burgeoning がなくても正解となります。

21 be の後なので、空所には名詞または形容詞が入ります。絵画についてはパラグラフEに書かれていますが、啓蒙主義時代についても説明されているので、ロマン主義と混同しないようにする必要があります。Romantic artists ... depicted nature as a violent force から a violent force が正解ですが、violent と形容詞だけでも意味が通じるので正解となります。

22 空所には名詞の複数形が入ります。この文のキーワードは unpleasant aspects なので、同じ意味の表現をパッセージに探します。パラグラフFに the darker side という語句があり、前後を読むと、文の内容がほぼ一致します。主語の Portraits が正解です。

23 ここも芸術ジャンルが入ります。パラグラフGに、ロマン主義が彫刻を除くあらゆる芸術に影響を与えたと書かれているので、影響を受けなかったのは彫刻ということになります。Sculpture が正解です。

Questions 24-26 [解答]

24 (nationalist) political movements
25 the Enlightenment
26 (dramatic) (movie) soundtracks

● 問題文の訳

次の文を完成させなさい。
それぞれパッセージから3語以内を選んで答えを書きなさい。
解答用紙の解答欄24-26に答えを書きなさい。

最盛期と衰退と遺産

24 ロマン主義運動は科学と教育に変化をもたらし、<u>(民族主義的)政治運動</u> の成長につながった。
25 写実主義の人気が高まっていたときも、一部の芸術家は <u>啓蒙主義</u> の理念がまだ現実的に有効だと感じていた。
26 ロマン主義の理念は現在 <u>(ドラマチックな)(映画の)サウンドトラック</u> や、人生の問題を克服する人々についての話でも用いられている。

解説

24 growth がキーワードです。まず、パラグラフGの scientists ... and educators ... の部分が science and education に相当します。続く nationalist political movements were proliferating の proliferate が意味的に growth と関連すると分かるかどうかがポイントです。

25 この文は前半と後半が対比されているので、空所には Realism と対になるような語句が入ると予想できます。パラグラフHの Realism に関する記述の後に、the Enlightenment の価値観を取り戻そうとする人もいた、と書かれていますが、取り戻そうとしたのは、有効だと考えていたからなので、内容的に一致します。

26 パラグラフHを読むと、Dramatic movie soundtracks and plotlines にロマン主義が生き続けている、という意味の記述があります。plotlines は stories に対応するので、空所には dramatic movie soundtracks が入ることになります。movie soundtracks あるいは soundtracks だけでも正解になります。

READING PASSAGE 3 | Questions 27-40

パッセージの訳

約20分で次のリーディング・パッセージ3に基づく質問27-40に答えなさい。

落ち込むことの良い面

A 過去数十年間、大衆の想像力はかつてないほど「幸福」という観念のとりこになってきた。今や『幸福研究会報』という「幸福経済学」として知られる急成長中の研究分野があり、また、自助努力指導者から社会学研究者、公の政策立案者に至る誰もが、幸福とは何か、どうすれば皆がより多くの幸福を手にすることができるのかを理解しようと努めている。この熱狂が衰える気配はない。今年の3カ月間で、このテーマに関する千冊以上の本が出版されたのである。しかし、必死に快感を追い求めるうちに、私たちはコインの裏側、すなわち悲しみを見落としてしまったかもしれないと危惧する研究者もいる。悲しみを単にネガティブな状態、解き放つべき束縛と言い表すことで、私たちは人間の経験の重要な一面をないがしろにしているのかもしれない、とこれらの研究者は考えている。

B 私たちの生活において悲しみが重要で建設的な役割を担っていることを多くの証拠が示唆している。第一に、幾つかの非常に基本的な点で、人間は落ち込んでいるときの方がさまざまな機能をうまく果たす。ニューサウスウェールズ大学の研究でジョー・フォーガス教授は、ネガティブな気分を味わっている人の方が幸福な気分を味わっている人よりもだまされにくく、判断ミスを犯しにくいことを発見した。また彼は、悲しんでいる人の方が過去の出来事や感情をよく記憶しており、自分の考えをうまく人に伝えることができ、人を単に外見で判断する傾向が少ないことを発見した。なぜそうなるのだろうか。主に、気分が私たちの進化上の必要と結び付いているからである。気分は、私たちが受け取る情報がどんなものでも、それをどう処理すればいいかを効果的に教えてくれる。ポジティブな気分は心地良さと親愛を示し、一方ネガティブな気分は用心するよう脳に警告する、とフォーガスは指摘する。その結果、悲しみは「より注意深く外部に集中した情報処理スタイル」を促進するが、一方幸福は私たちを思考停止状態へと促し、だまされやすくする。言い換えれば、至福は無知なのである。

C 別の文脈では、悲しみによって私たちはトラウマになるような出来事に対処することができ、最終的にはそうした出来事から前を向いて進むことができる。怒りや恐怖は一時的にエネルギー量を急増させ、怒りや恐怖を感じている人に断固とした行動を取るよう駆り立てるが、そうしたネガティブな激しい感情と違い、悲しみはエネルギーを枯渇させる。そうすることで、悲しみは悲しんでいる人を他者の活動から引き離し、自分の気持ちとその気持ちをもたらしたものの重要性について熟考するよう仕向けるのである。このプロセスは悲嘆として知られているが、人間が喪失に適応し喪失を生活に溶け込ませるのを助ける上で重要な役割を果たしている。評価の高い医学雑誌『ランセット』の論説で副編集長アストリッド・ジェイムズ博士は、長引く悲しみは患者を自然に社会復帰させることにおいて卓越した役割を果たすが、精神科医はその役割を認めることによってではなく、抗鬱剤を処方することによって、通常の人間の経験を異常と診断する恐れがあると警告した。

D 悲しみは対処機構として働くことに加え、人々に生活の改善を促す上でより能動的な役割も果たすかもしれない。ニューヨーク大学の臨床ソーシャルワーカー、ジェローム・ウェイクフィールドによると、「強烈なネガティブな感情の機能の1つは、私たちの通常の機能を停止させること、しばらくの間私たちの注意を別のものに向けさせることである」。このようにして、悲しみの記憶、そして悲しむことに時間を割いた記憶が、将来のための心理的抑止力として心に刻み込まれる。例えば、手痛い損失を1つ余分に被った若者は、お金から人間関係に至るあらゆることについて用心深さを増し、無頓着な行動を慎むようになることが見て取れる。悲しみがこうした状況の記憶を刺激することがなければ、私たちは行いを改める理由がないまま、これらの愚行を無限に繰り返すかもしれない。

E 最後に、悲しみは偉大な芸術表現と強く関連しているという考えはどうなのだろうか。この考えが文化的神話などではないことを示唆する証拠がある。ハーバード大学の研究者モデュープ・アキノラは鬱と創造性の関係について実験を行った。彼女は鬱の人たちに創造的な課題を行うよう頼み、彼らのネガティブな感情を高めることを意図するフィードバックを与えた。このフィードバックは自分のネガティブな面について思い悩むよう研究の参加者を促し、このことが隠れた感情を掘り起こして彼らの創造的出力を強化した、とアキノラは推測している。ボストンカレッジの研究者ローラ・ヤングは、芸術プログラムに参加する思春期の子どもや若者は同年代の人たちよりも悲しみを経験する可能性が高いことを発見したが、この研究成果は年長の大人の芸術家にも当てはまる。しかし、絵画と演劇はそれ自体が鬱の触媒になるものではないとヤングは強調する。むしろ、絵画と演劇は一部の人が怒りを表出する機会であり、情緒面に問題を抱える人たちに気分の安らぐ場を提供し得ると彼女は示唆している。

F 悲しみが人間の営みにおいて建設的で重要な役割を果たすことを示す研究がずらりとそろう中で、幸福の追求をめぐる現在の熱狂についてどう考えるべきなのか。私たちはポジティブさの偽提唱者によって錯覚へと導かれているのだろうか。ネバダ大学の心理学教授スティーヴン・ヘイズによると、その通りである。私たちは幸福という考え方、少なくとも幸福を「追求する」という考え

を完全に脇に置く必要があると彼は考えている。「人々が言う幸福とは、気持ちがいいということです」とヘイズは言う。「[しかし] 気持ちいいと感じるあり方はたくさんあります。そして、気持ちがいいと感じるあり方の多くは、実際には、私たちがこう人生を送りたいと思っているように生きる可能性を制限しているのです」幸福な感情のつかの間の高揚を経験するよりも重要なのは、核となる価値観と調和して人生を進んでいくことだ、と彼は示唆する。良い生活というこの拡大された考えは幸福に限定されるものではなく、悲しみを含み、時には恐怖や怒りや苦悩をも含むものである。

語注

- □ unprecedented：前例のない、前代未聞の
- □ guru：指導者、権威者
- □ abate：衰える、弱まる
- □ frantic：死に物狂いの、必死の
- □ flipside：裏面、裏側
- □ frame A as B：AをBと表現する
- □ fetter：束縛、拘束
- □ facet：一面、局面
- □ gullible：だまされやすい
- □ alert：〜に警告する
- □ vigilant：用心深い、油断のない
- □ switch off：興味を失う、気を休める
- □ prone to ...：〜の傾向がある
- □ deception：だまされること
- □ bliss：至福
- □ traumatic：トラウマを引き起こす
- □ occurrence：出来事、事件
- □ spike：〜を急増させる
- □ impel：〜を駆り立てる、促す
- □ drain：〜を消耗させる、枯渇させる
- □ esteem：〜を尊重する、尊敬する
- □ deputy editor：副編集長、編集長代理

- □ psychiatrist：精神科医
- □ pathologise（英）= pathologize：〜を異常と見なす
- □ prescribe：〜を処方する
- □ anti-depressant pill：抗鬱剤
- □ prolong：〜を長引かせる
- □ coping mechanism：対処機構
- □ proactive：能動的な
- □ imprint：〜を強く印象付ける、刻み込む
- □ deterrent：抑止力
- □ cavalier：無頓着な
- □ agonising（英）= agonizing：苦しめる、苦しい
- □ prodding：刺激
- □ folly：愚行
- □ reinforce：〜を強化する、強める
- □ dwell on ...：〜をくよくよ考える
- □ unearth：〜を明るみに出す、暴く
- □ bolster：〜を高める、強化する
- □ output：出力
- □ adolescent：思春期の人
- □ catalyst：触媒、触発するもの

豆知識

Ignorance is bliss. は日本語の「知らぬが仏」と同じで、知れば気に掛かることも知らなければ気に病む必要もないので幸せでいられる、という意味のことわざ。このパッセージではignoranceとblissを入れ替えて、bliss = happinessを感じている人は用心することを知らないのでだまされやすい、という意味で使われている。

- □ vocalise（英）= vocalize：〜を声に出す
- □ therapeutic：気分を落ち着かせる
- □ an array of ...：ずらりと並んだ〜
- □ fervour（英）= fervor：熱心、熱烈
- □ prophet：予言者
- □ transient：一時的な、つかの間の
- □ flush：（感情の）高まり、高揚
- □ in accordance with ...：〜と一致して
- □ embrace：〜を含む

Questions 27-34 ［解答］

27	F	28	B	29	A	30	E	31	A
32	F	33	C	34	D				

● 問題文の訳

以下の記述（質問27-34）と次の人物一覧を見なさい。
それぞれの記述を正しい人物A, B, C, D, E, Fと組み合わせなさい。

人物一覧

- A　ジョー・フォーガス
- B　アストリッド・ジェイムズ
- C　ジェローム・ウェイクフィールド
- D　モデュープ・アキノラ
- E　ローラ・ヤング
- F　スティーヴン・ヘイズ

解答用紙の解答欄27-34にA, B, C, D, E, Fのうち正しい文字を書きなさい。

27　幸福についての現代の理念は役に立たない。
28　薬物治療が不必要に用いられている。
29　悲しむ人の方が物事をよく記憶できる。
30　芸術はティーンエージャーが感情を表現する助けとなり得る。
31　悲しむ人は幸福な人より注意深く、用心深い。
32　人は自分に重要なことに集中するべきだ。
33　悲しみは、私たちが繰り返し間違った決断をするのを止めることができる。
34　悲しみについて考えることは、人が独創的な素材を作り出す助けとなり得る。

解説

人は誰しも幸福を望み、悲しみは少ない方が良いと考えがちですが、悲しみにはさまざまな効用があることが研究から明らかになっているというパッセージです。

27-34 選択肢の人名が6人なのに対して、質問文が8つあることを確認します。つまり、複数の質問文に該当する人がいることになります。また、パッセージを読み進めると、人名はパッセージでの登場順に並んでいることが分かります。ですから、それぞれの質問文に対応する記述をパッセージに探すより、まず選択肢 A の Joe Forgas の考えを理解してそれに該当する質問文を 27-34 から探し、続いて選択肢 B の Astrid James に移る方が効率的です。

A パラグラフBのジョー・フォーガスは、幸福と悲しみが脳の情報処理にどのような影響を与えるかを分析しています。そ

の中の sad people had better recall of past events and feelings を 29 が短く言い換えています。また、sadness encourages a 'more attentive and externally focused, information-processing style' の attentive and externally focused が 31 で careful and alert と言い換えられており、内容的に一致します。

B パラグラフ C の後半に登場するアストリッド・ジェイムズは、臨床医学の観点から悲しみの役割について述べ、精神科医が prescribing anti-depressant pills することを批判しています。つまり、28 のように、不要な薬が患者に投与されていると考えていることになります。

C ジェローム・ウェイクフィールドはパラグラフ D で、心理的抑止力となる悲しみの記憶がなければ、人は endlessly repeat these follies かもしれないと言っています。33 がそれを言い換えています。

D パラグラフ E のモデュープ・アキノラの研究では、ネガティブな感情を刺激すると創造力が高まることが分かりました。dwell on their negativity (1 行上の negative feelings の言い換え) が、「否定的な感情 (≒ sadness) についてよくよく考える」という意味で、Thinking about sadness と言い換えられています。これが creative output につながるということを述べており、創造力を produce original material と言い換えています。

E パラグラフ E 後半のローラ・ヤングは、芸術と悲しみの関係を研究しました。30 が、adolescents or young adults を teenagers と言い換え、vocalise their anger を express their feelings と言い換えています。

F パラグラフ F は、幸福を追い求める傾向に対するスティーヴン・ヘイズの批判を扱っています。このパラグラフでは、false prophets of positivity がポイントです。これは、パラグラフ A の everyone from self-help gurus to sociological researchers to public policy makers と同じで、幸福の追求こそが是であるとする人たちを指します。彼らによって私たちは幻想へと導かれているのか、という問いにヘイズは「そうだ」と答えているのですから、27 はヘイズの考えと一致します。ヘイズの主張は、つかの間の幸福だけを求めるのではなく、moving through life in accordance with our core values ことが重要だ、というものです。32 が core values を what is important という一般的な表現に言い換えています。

Questions 35-40 ［解答］

35 NO	36 NO	37 YES	38 NO
39 NOT GIVEN	40 YES		

● 問題文の訳
以下の記述はリーディング・パッセージ 3 の筆者の見解と合致するか。解答用紙の解答欄 35-40 に
　記述が筆者の見解と合致するなら YES
　記述が筆者の見解と矛盾するなら NO
　筆者がこれについてどう考えているか言えないなら NOT GIVEN
と書きなさい。
35 人々は幸福に関心を持たなくなりつつある。

36 悲しみは望ましくない状態である。
37 悲しみは精神的苦痛の原因となる出来事への対応を容易にする。
38 人は悲しいときの方が精力的に感じる。
39 ほとんどの人の人生では、悲嘆はそれほど多くは経験されない。
40 悲しみは人間の経験の必要で重要な部分である。

解説

「筆者の見解」が問われているので、研究者の研究内容やコメント以外の箇所を中心に、パッセージの内容が質問文と合致するかを検討すればいいことになります。

35 パラグラフ A の in an unprecedented way, burgeoning, The mania shows no sign of abating などから、幸福への関心はかつてない高まりを見せていると分かります。従って NO が正解です。

36 パラグラフ A の最後に、悲しみをないがしろにするべきではないという意味の文があり、以降のパラグラフで悲しみが果たすさまざまな役割を論じているのですから、悲しみは必要だと筆者は考えていることになります。NO が正解です。

37 文全体が、パラグラフ C 冒頭の sadness allows us to cope with traumatic occurrences の言い換えになっています。従って YES が正解です。

38 キーワード energetic に関連する表現として、まずパラグラフ C の spike energy levels が見つかりますが、これが該当するのは anger or fear です。こうした感情とは違い sadness drains energy だと書かれているので、悲しいときはエネルギーが減るというのが筆者の考えとなります。正解は NO です。

39 パラグラフ C にキーワード grief が出てきます。前後を詳しく読むと、grief が重要な役割を果たすことは分かりますが、経験する頻度については書かれていません。従って NOT GIVEN が正解となります。

40 悲しみは人生に有用だ、という論調でパッセージ全体が一貫していることが理解できれば、筆者の考えはおのずと明らかです。パラグラフ A の an important facet of the human experience やパラグラフ B の sadness plays an important and constructive role in our lives からも、YES が正解だと判断できます。

WRITING

※ TASK 1、2 の解答例はバンドスコア 7.0 相当のものです。

TASK 1

本冊：p.168

解答例

The bar chart illustrates the percentages of eight factors which affect governments and businesses in making decisions about environmental policy. Overall, governments and businesses more or less feel the same concerns across four of these categories. However, there is more variation in the importance of other concerns.

For both governments and companies, health and safety regulations account for 5% which are the smallest percentage, but legislation concerns governments most, while saving energy is the biggest priority for businesses and accounts for over 25%.

Governments and businesses consider saving energy, public concern for environment, costs of recycling, and legislation to be relatively important. The percentages of each of these account for more than 10%. Public concern and costs of recycling constitute nearly 15% for both legistlators and businessmen. For governments, legislation is a top priority and is almost double that for businesses.

Regarding the other components, for businesses, land property dealings account for 10%, which is twice as high as its rating for governments, but the exact opposite is true for costs relating to disposal. There is only a tiny gap concerning the importance they give to media comment; both are around 10%. (192 words)

語 注
- more or less：ほとんど、ほぼ
- account for ...：〜を占める
- legislator：立法者
- priority：優先事項
- constitute：〜を構成する
- component：構成要素

● 問題文の訳

このタスクは約 20 分で終えなさい。

下のグラフは、環境政策についての意思決定を行う際に、政府と企業に影響を与える関心事を表しています。
主な特徴を選んで説明することで情報を要約し、関連がある箇所を比較しなさい。

少なくとも 150 語で書きなさい。

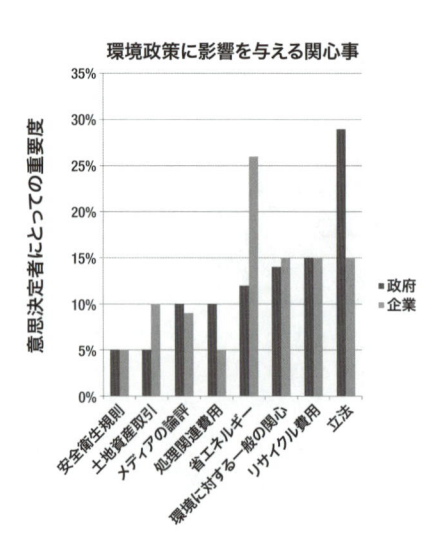

環境政策に影響を与える関心事

(縦軸: 意思決定者にとっての重要度、0%〜35%)
(横軸: 安全衛生規則、土地資産取引、メディアの論評、処理関連費用、省エネルギー、環境に対する一般の関心、リサイクル費用、立法)
■ 政府
■ 企業

模擬試験 ■ WRITING

> **問題**
> グラフのタイトルから、グラフが、政府と企業が環境政策に関する意思決定をするときに考慮する要因を示していることが分かります。縦軸がパーセントを示し、横軸が8つの項目を示しています。
> **構成**
> グラフでは10%を超える項目と10%以下の項目が半々なので、それぞれのパラグラフを1つずつ作ります。政府と企業にとって最大と最小の割合を占める項目をまとめて、データの特徴を表すパラグラフを1つ作ります。ボディーはこの3つのパラグラフで構成されています。

解答例の訳

棒グラフは、環境政策に関する意思決定を行う際に、政府と企業に影響を与える8つの要因の割合を示しています。総じて政府と企業は、これらのカテゴリーのうち4つの項目にわたってはほとんど同じ関心を感じています。しかし、他の関心事の重要度にはもっとばらつきがあります。

政府と企業の双方にとって安全衛生規則は5%を占め、最小の割合ですが、立法は政府の関心を最も集めており、一方省エネルギーは企業にとって最優先項目で、25%以上を占めています。

政府と企業は、省エネルギー、環境に対する一般の関心、リサイクル費用、立法を比較的重要と考えています。これらはいずれも10%以上の割合を占めています。一般の関心とリサイクル費用は立法者と実業家の双方にとって15%近くを占めています。立法は政府にとって最優先項目で、企業の2倍近い値となっています。

その他の項目に関しては、企業の土地資産取引に対する割合は10%を占め、政府の比率の2倍ですが、処理関連費用については全く逆のことが当てはまります。メディアの論評に対する重要度に関しては、ごくわずかな差しかなく、どちらも10%前後です。

解説

> **① イントロダクション：トピック紹介と全体の要約**
> 説明文を的確に言い換えています。governments, businesses, make decisions や environmental policy などトピックの中心となる言葉はそのまま利用しながら、文の構造を変え、数字を加えてさらに明確にするなどして、1文目をうまく構成しています。そして Overall 以下では数字を使わずに、全体の傾向について説明しています。主な傾向を However で対比していることにも注目しましょう。
> **② ボディー1：最大の割合と最小の割合を占めるもの**
> 政府と企業にとって最大の割合を占めるものと最小の割合を占めるものを、数字を使いながら具体的に説明しています。最小値と最大値を対比の構造で説明している点にも注目しましょう。
> **③ ボディー2：10%を超えるもの**
> このパラグラフは、政府と企業の双方にとって高い関心を集めている4つの項目についてデータをまとめています。まず1文目では、4つの項目が高い関心を集めていることを数字を使わずに抽象的に説明し、その後で具体的なデータについて説明しています。more than や nearly を使いながらデータをグルーピングしている点に注目しましょう。
> **④ ボディー3：10%以下のもの**
> パラグラフ3で扱っていない10%以下の残り4つの項目について、政府と企業を比較・対比しながらまとめています。twice as high as を使って数値を比べ、文法面での幅の広さを伝えています。

模擬試験 WRITING 評価

〈タスクの達成〉
　この解答はタスクを正確に把握し、主な傾向の全体像を明確に示し、重要なデータを説明しています。
〈論理的一貫性とまとまり〉
　情報が論理的にまとめられています。however や while などを使い、対比も活用しています。しかし、関係代名詞 which や both が繰り返し使われている点に注意が必要です。
〈語彙の豊富さと適切さ〉
　以下のように、良い語彙が活用法やコロケーションを理解した上で用いられています。
illustrates / more or less / across four of these categories / the biggest priority for / account(s) for / constitute / a top priority / components
　しかし、例えば以下のような語彙の選択の誤りやスペルミスが幾つか見受けられます。
1段落3行目　... **feel the same** concerns ... ⇒ ... **share** concerns ...
3段落3行目　**legistlators** ⇒ **legislators**
〈文法の幅広さと正確さ〉
　幅広い構文が柔軟に活用されていますが、全てが正確に使われているわけではありません。関係代名詞が繰り返されている点には注意が必要です。文法と句読点はよく駆使していますが、例えば以下のような誤りが生じています。
2段落1行目　which **are** the smallest percentage ⇒ which **is** the smallest percentage

TASK 2

本冊：p.169

> 解答例

Physical education is one of the compulsory subjects in some countries and there are some individuals who reckon that this allows pupils to establish healthy bodies while others disagree and support different measures. This paper will look at both sides of this argument before giving my own views.

Physical education is thought to have an important role to play in enhancing children's overall health. For instance, by doing exercises, children can build up strong muscles and respiratory organs. In addition to this, school sports can help to children to learn about teamwork and leadership and so increase their self-confidence and overall happiness.

However, some people believe that there are some other measures in which children can improve their well-being. First, the government should make efforts to raise the public's awareness of the importance of take balanced food. Some nutritionists claim that the number of schoolchildren who take too much fast food has been increasing in the last two decades and they tend to be at a higher risk for many kinds of chronic diseases. Secondly, parents need to encourage more activity at home, rather than allowing children to spend a lot of their free time play video games.

In my opinion, physical education has many benefits and should be compulsory, but it also need to be supported by healthy eating and regular medical inspections. Children will not be able to benefit from sports lessons if they do not have enough energy or good health. Parents must take responsibility as well.

To sum up, it is true that physical education plays an important role in building good health. But there is no single effective strategy to enhance children's overall health. (276 words)

> 語注
> □ compulsory：必修の
> □ reckon that ...：～と思う
> □ enhance：～を増す、高める
> □ respiratory organ：呼吸器
> □ well-being：健康
> □ nutritionist：栄養士
> □ chronic：慢性の
> □ inspection：検査
> □ responsibility：責任

● 問題文の訳

このタスクは約40分で終えなさい。次のトピックについて書きなさい。

> ある人々は、学童全般の健康を向上させる最良の方法は、全ての学校で体育を必修化することだと考えています。しかし他の人々は、これは全体的な健康にほとんど効果がなく、他の手段が必要だと考えています。
> 両方の見解について論じ、あなた自身の意見を述べなさい。

解答では理由を述べ、自分の知識や経験から関連する例があればどんなものでも含めなさい。
少なくとも250語で書きなさい。

> 問題
> 説明文を読むと、「体育の義務化」「子どもの健康」がトピックであると分かります。そしてそれらについて2つの見解が示され、タスクとして、両方の見解について論じること、そして個人的な見解を示すことが求められていると分かります。
>
> 構成
> まず、エッセイのトピックと指示文を読み、タスクが3つ（2つの見解について論じる＋個人の意見を示す）あることを把握します。それぞれのタスクを1つのボディーに当てるので、ボディーは3つになります。ボディー1のトピックは「体育は子どもの健康を促進する」、ボディー2のトピックは「子どもの健康を促進する別の手段がある」、そしてボディー3では個人の見解を述べます。エッセイは、イントロダクションとコンクルージョンを合わせて全部で5つのパラグラフ構成になります。

模擬試験 ■ WRITING

> 解答例の訳

体育が必修科目の1つとなっている国もあり、これが生徒の健康な身体の形成を可能にしていると考える人がいる一方で、意見が食い違い、異なる手段を支持する人もいます。このエッセイでは、私の見解を述べる前に、この議論の両面を検討します。

体育は、子どもの全般的な健康を促進する上で重要な役割を担うと考えられています。例えば、運動をすることによって、子どもは強い筋肉や呼吸器官を鍛え上げることができます。これに加えて、学校のスポーツは、子どもがチームワークとリーダーシップについて学ぶことを促し、従って子どもの自信や全般的な幸福感を高めることができます。

しかし、子どもが健康を向上させることのできる別の手段があると考える人もいます。まず、政府は、バランスの良い食事を取ることの重要性についての一般の意識を高める努力をするべきです。ファストフードを食べ過ぎる学童の数が過去20年間増え続けており、そうした学童の方が多種の慢性的な病気を抱えるリスクが高い傾向にある、と主張する栄養士もいます。第2に、親は、子どもがテレビゲームをして多くの自由時間を過ごすのを許すのではなく、家庭でより多くの活動をするよう促す必要があります。

私の意見では、体育には多くの利点があり必修化されるべきですが、健康的な食事と定期的な医療検査によって補強される必要もあります。十分なエネルギーや健康がなければ、子どもはスポーツの授業から恩恵を受けられません。親も同様に責任を持たなければなりません。

要するに、健康を育む上で体育が重要な役割を果たすことは間違いありません。しかし、子どもの全般的な健康を高めるための唯一の効果的な戦略は存在しません。

> 解説

① イントロダクション：トピック＋主題文

1文目で、問題指示文の意味を変えずに言い換えることで、トピックを正しく理解していると示すことに成功しています。physical education などトピックの中心となる語句を無理に言い換えてしまうと、トピックがずれてしまう可能性があるため、そのまま利用し、その周辺の表現を言い換えています。また2文目で、タスクが3つ与えられていることを簡潔にまとめて、主題文としています。これによって読み手（試験官）には、これからどのようにエッセイが構成されるかが明確に伝わります。

② ボディー1：体育は子どもの健康を促進する

体育が子どもの健康を促進することを説明するパラグラフであることを1文目で述べ、次に身体的な健康に及ぼす影響について、そして最後の文では精神面での健康に及ぼす影響について、具体例を活用して説明しています。For instance や In addition to this など、具体例や追加の用法で使われているトランジション・シグナルにも注意を向けましょう。

③ ボディー2：子どもの健康を促進する別の手段がある

体育以外の手段について述べるパラグラフであることを1文目で示しています。そして First から政府がすべきことを挙げ、栄養士の見解を引用してそのサポートとしています。また、Secondly を使って2つ目の手段を挙げ、親がすべきことを簡潔に述べています。

④ ボディー3：個人の意見

In my opinion とパラグラフを始めることで、書き手の見解が示されるパラグラフであることを明確に示しています。そして、パラグラフ2と3で述べた考えを簡潔にまとめながら、体育の重要性と、体育だけでは不十分であることも併せて述べています。

⑤ コンクルージョン：唯一の方法はない

コンクルージョンとして、この問題のキーワードである「体育」と「健康」を含めながら結論を述べています。

> 模擬試験 WRITING 評価

〈タスクへの応答〉

この問題を理解し、タスクで要求されたこと全てについてきちんと述べています。

〈論理的一貫性とまとまり〉

イントロダクションとボディーで述べられている考えは論理的に構成されており、それぞれのパラグラフにおいて、明確な中心的テーマが示されています。

〈語彙の豊富さと適切さ〉

正確性や柔軟性を証明するとても幅広い語彙が使われています。例えば、
2段落1行目 is thought to have an important role to play in ___ing
3段落2行目 raise the public's awareness of the importance of
build up strong muscles や respiratory organs のようなあまり一般的ではない語彙を用い、chronic diseases や take responsibility のようにコロケーションも適切に使われています。

〈文法の幅広さと正確さ〉

幅広い複雑な構文や文法的な誤りのない文章が多く見られます。文法や句読点がうまく活用されていますが、少し文法的な誤りが見られます。例えば、
2段落3行目 school sports can help **to** children to learn ⇒ school sports can help children to learn
3段落1行目 there are some other measures **in** which ⇒ there are some other measures **by** which
3段落2行目 the importance of **take** balanced food ⇒ the importance of **taking** balanced food
3段落最終行 spend a lot of their free time **play** video games ⇒ spend a lot of their free time **playing** video games
4段落1行目 it also **need** to be ⇒ it also **needs** to be

SPEAKING

※ PART 1〜3の回答例はバンドスコア7.0相当のものです。

PART 1

本冊：p.170　🎧 31

回答例

E=Examiner（試験官）　　C=Candidate（受験者）

E: Good afternoon. Can you tell me your full name?
C: My name is Akane Sasaki.
E: May I have a look at your passport?
C: Here you are.
E: I'd like to ask you some questions about yourself. Let's talk about what you do. Do you work or do you study?
C: I'm studying economics.
E: Why did you choose to study economics?
C: Well, I was very good at it in school, so when I finished school, my parents recommended me to study economics at university. And secondly, I want to … I'd like to, work for a multinational company one day.
E: Do you like studying economics?
C: Yes, of course.
E: Why?
C: Because, I think … it's an interesting subject. You can learn a lot about how countries work, and how the world economy works. I like finding out about new things as well.
E: Let's move on now and talk about clothes. What do you like to wear when you are at home?
C: When I'm at home I like to wear very casual clothes, things like T-shirts and jeans. I want to feel comfortable and relaxed. I never bother to wear smart clothes when I'm at home.
E: What do people in your country like to wear to parties?
C: I think most people like to wear casual clothes, but it depends on the kind of party. For example, if you are invited to a special event like a wedding party you should dress up more and put on a smart suit or formal dress. I sometimes wear traditional Japanese clothes at weddings.
E: Do you like to try different kinds of fashion?
C: Not really.
E: Why not?
C: Well, … I'm not a very fashionable person. I tend to wear the same kind of things most of the time. Partly as new fashions are very expensive, and I prefer wearing familiar clothes because I'm used to wearing them.
E: Do people in your country usually like to wear formal or casual clothes?

回答例の訳

E: こんにちは。フルネームを教えてもらえますか。
C: ササキ　アカネです。
E: パスポートを見せてもらえますか。
C: はい、どうぞ。
E: あなたのことについて幾つか質問させていただきます。あなたが何をされているかの話をしましょう。社会人ですか、学生ですか。
C: 経済学を学んでいます。
E: なぜ経済学を学ぶことにしたのですか。
C: えー、学校で経済学がとても得意だったので、学校を卒業するときに、大学で経済学を学んだらどうかと両親が勧めてくれたんです。それから2つ目に、いつか多国籍企業で働いてみたいんです。
E: 経済学の勉強は好きですか。
C: はい、もちろん。
E: どうしてですか？
C: 面白い科目だと思うからです。国の仕組みや世界経済の仕組みについてたくさんのことを学べます。新しいことについて知るのも好きです。

E: では、話題を服に移しましょう。家ではどのような服装をするのが好きですか。
C: 家にいるときは、Tシャツやジーンズのようなとてもカジュアルな服を着るのが好きです。くつろいでリラックスした気分でいたいんです。家にいるときは、わざわざおしゃれな服を着ることはありません。
E: あなたの国の人は、パーティーにはどのような服を着て行くのを好みますか。
C: ほとんどの人はカジュアルな服を着るのを好むと思いますが、パーティーの種類によります。例えば、結婚式のような特別なイベントに招待されたなら、もっとドレスアップして、おしゃれなスーツやフォーマルなドレスを着た方がいいです。私は、結婚式では日本の伝統的な服を着ることもあります。
E: さまざまなファッションに挑戦するのは好きですか。
C: あまり好きではありません。
E: なぜですか。
C: うーん、私はあまりおしゃれではありません。ほとんどいつも同じようなものを着がちです。新しいファッションはとても高価だということもありますし、いつも着ている服は着慣れていますから、そちらを着る方が好きです。
E: あなたの国の人は普通フォーマルな服を着るのを好みますか、それともカジュアルな服を着るのを好みますか。

C: As I said, in Japan, ... you should dress up if you go to a wedding because it's, ... it's important for a guest to look smart. We often take a photo at a wedding and people want to look ... smart, or handsome and beautiful. But these days at work, more people enjoy wearing informal clothes, especially in the summer.

E: I'd like to talk about good manners now. Is it important to be polite in your country?

C: Yes, definitely. I would say that it's very important to be polite in Japanese society.

E: Why?

C: Nowadays people often say Japanese people are less polite than before, but my parents always told me be polite and show respect. I think that politeness is a good way of showing that you respect other people. So, good manners are indispensable in Japan.

E: How do children learn good manners?

C: I think our parents' roles are very important. They raise their children to be kind and polite to other people. Teachers are very important as well. When I was an elementary school student, we always had to stand up when our teacher entered the classroom.

E: Who do you think is usually more polite, older or younger people?

C: Nowadays, we often feel that younger people are not as polite as they used to be. A good example of this is riding in the train. Younger people do not sometimes stand up and give their seats to an older person. I think it's a really bad thing. Young people should show more respect to elderly people.

E: Do you think people are more polite at home with their families, or with people they don't know?

C: Well, ... that's a difficult question to answer, because I don't know what all people do, but I think that, generally speaking, people are more polite to strangers than their close family members. I suppose that you feel more relaxed with your family, so you aren't polite all the time.

E: Thank you.

C: 先ほど言ったように、日本では、結婚式に行くのなら、招待客はおしゃれに見えることが大切ですから、ドレスアップした方がいいです。結婚式ではよく写真を撮りますし、みんなおしゃれに、あるいはかっこよく、美しく見えたいと思っています。ですが最近の職場では、特に夏には、くだけた服装を楽しむ人が増えています。

E: ここからは礼儀について話したいと思います。あなたの国では、礼儀正しくすることは重要ですか。

C: はい、もちろんです。日本社会では、礼儀正しいことは非常に重要だと言えます。

E: なぜですか。

C: 最近は、日本人は以前よりも礼儀正しくなくなったとしばしば言われますが、私は両親から、礼儀正しくして敬意を表すよういつも言い聞かされました。礼儀正しさは、相手に敬意を持っていることを示す良い方法だと思います。ですから、礼儀は日本では欠かせないものです。

E: 子どもはどのようにして礼儀を学ぶのですか。

C: 親の役割がとても重要だと思います。親は、他人に親切で礼儀正しくするよう子どもを育てます。教師もとても重要です。私が小学生のころ、先生が教室に入ってくるときはいつも起立しなければなりませんでした。

E: 年配の人と若い人のどちらの方が普通礼儀正しいと思いますか。

C: このごろは、若い人は以前ほど礼儀正しくないと感じることが多いです。この良い例は、電車に乗っているときです。立ち上がって年配の人に座席を譲ろうとしない若い人もいます。これはとても悪いことだと思います。若者は高齢者にもっと敬意を払うべきです。

E: 人は家族と家にいるときの方が礼儀正しいと思いますか、それとも知らない人といるときの方が礼儀正しいと思いますか。

C: うーん、全ての人がどうするかは分かりませんから、答えるのがとても難しい質問ですが、一般的に言って、人は身近な家族よりも他人に対しての方が礼儀正しいと思います。家族といるときの方がリラックスできますから、常に礼儀正しいことはないだろうと思います。

E: ありがとうございました。

解説

・パート 1 のイントロダクションでは、学業や仕事について尋ねられることが多いと言えます。学生なら何を学んでいるか、働いているなら仕事について説明できるよう準備しておきましょう。どのような質問に対しても理由を尋ねられることが多いので、理由の説明に慣れるため、why と自問する習慣を身に付けておきましょう。

・回答を展開するために、対比の構造が多く使われていることに注目しましょう。過去と現在、賛成する人と反対する人などを対比することによって、答えを引き立たせることができています。また、個人的な体験のエピソードを使っていることも効果的です。

・文法面では、特に時制、可算・不可算名詞の使い分け、基本的な冠詞の抜け落ちなどが日本人受験者に多いエラーなので、注意しておきたいところです。

PART 2

本冊：p.170　🎧 32

回答例	回答例の訳

E=Examiner（試験官）　C=Candidate（受験者）

E: Now, I'm going to give you a topic. I would like you to talk about it for one to two minutes. You'll have one minute to think about what you're going to say before you begin talking. Before you talk you can make some notes if you wish. Here is a pencil and some paper. Do you understand?

C: Yes.

[1 minute]

E: I'd like you to talk about a decision you made that was difficult. Remember, you have one to two minutes for this. Don't worry if I stop you. I'll tell you when the time is up. Can you start speaking now, please?

C: I'd like to talk about the time when I decided to throw away a lot of my old children's things because my parents were moving house and they wanted to throw away the old things they didn't use anymore. It was a couple of years ago, so I can remember it clearly. It doesn't sound like a very important decision, but it was difficult for me for various reasons. I remember that it made me feel very sad to throw away such old things. They weren't very valuable, mostly old toys and children's books I used to play with or read, but what made it difficult was thinking about all the happy memories these things gave to me. I guess these things had a lot of sentimental value for me, and so I wanted to keep them. It was a difficult decision because I felt bad about throwing away my old books and toys which my parents and grandparents had bought for me. They were birthday presents or old Christmas presents. My family members had bought all these wonderful things for me when I was growing up, but I suppose I felt I was ungrateful because I was getting rid of them. It wasn't a huge life-changing decision, but it did have an effect on me. I hadn't thought about my childhood before. At that moment I understood I had really grown up and things had changed. We don't usually think very seriously about these things, but my grandparents have passed away now, so I realised life is short and memories are important.

E: Thank you. Were your parents also sad that you threw away your old things?

C: Yes, a little, I think. But they didn't expect me to keep all those things, so they were happy I decided to throw most of them away.

E: これからトピックを渡します。それについて、1分から2分話をしてほしいと思います。話を始める前に、何について話すかを考える時間が1分あります。話す前に、ご希望ならメモを取っても構いません。ここに鉛筆と紙があります。分かりましたか。

C: はい。

[1分間]

E: あなたが下した難しい決断について話してほしいと思います。繰り返しますが、話す時間は1分から2分です。私が途中で止めても、心配しないでください。制限時間が来たらお知らせします。それでは、スピーチを始めてもらえますか。

C: 話そうと思うのは、両親が引っ越しをして、もう使わない古い物を捨てたいということだったので、私が子どものころの古い物をたくさん捨てる決心をしたときのことです。2、3年前のことなので、はっきり記憶しています。それほど重大な決断には思えませんが、さまざまな理由で、私には難しい決断でした。そうした古い物を捨てるのがとても悲しかったことを覚えています。大して価値のある物ではなく、ほとんどは、昔遊んだり読んだりした古いおもちゃや児童書でしたが、決断を難しくしたのは、これらの物が与えてくれた幸せな記憶のあれこれを考えたからです。これらの物は私にとって心情的価値がたくさんあったのでしょう、ですからそれらを取っておきたかったのです。両親と祖父母が買ってくれた古い本とおもちゃを捨てるのは申し訳ない気がしたので、難しい決断でした。誕生日プレゼントや古いクリスマスプレゼントだったのです。私が成長しているときに家族がこうした素晴らしい物を全部買ってくれたのですが、それらを処分している自分が恩知らずのように感じたと思います。人生を変えるような大きな決断ではありませんでしたが、私に何らかの影響を与えたことは確かです。それまで自分の子ども時代のことを考えたことはありませんでした。その瞬間、自分が本当に成長して物事が変わっていたと理解したのです。普通こうしたことはあまり真剣に考えないものですが、今では祖父母が亡くなったので、人生は短く、思い出は大切だと認識しました。

E: ありがとうございます。あなたが古い物を捨てたことで、ご両親も悲しまれましたか。

C: ええ、少し悲しんだと思います。ですが両親はそれらの物を全部取っておいてほしいとは思っていなかったので、私がほとんどを捨てる決心をしたのを喜んでいました。

E: **Do you think it's a good idea to regularly throw away the things that you don't use anymore?**
C: Well, in my country homes are pretty small, so people always need more space, especially when they buy new things. However, having said that, sometimes they really regret not keeping their old things, particularly when they get older. So, I think it's a difficult balance to get right.
E: **Thank you. Can I have the pencil and paper back, please?**

E: もう使わない物を定期的に捨てることは良い考えだと思いますか。
C: うーん、私の国では家が結構小さいので、いつももっとスペースを必要としています。特に、新しい物を買うときはそうです。しかし、そうは言っても、特に年を取ってから、古い物を残しておかなかったことをとても後悔することがあります。ですから、物を残すか捨てるかバランスを保つのは難しいことだと思います。
E: ありがとうございました。鉛筆と紙を戻していただけますか。

解説

まず何について話すのかを説明した後、トピックカードに記載されていた項目である what と when について簡単に述べています。そして、捨てた物に幸せな記憶があったこと、家族が買ってくれた物だったことという2つの理由を中心に展開することによってスピーチを膨らませています。試験官からは頻繁に why（理由）について尋ねられることがあります。理由を複数挙げるとスピーチの展開がスムーズになるので、ブレインストーミングをするときにも、理由を複数考えるようにしてみましょう。これはパート2だけでなく、スピーキング試験全体に応用が可能です。

また、文法のポイントとして、このトピックカードは過去についての内容だったので、過去形を中心にスピーチが組み立てられています。特に難易度の高い文法が使われているわけではありませんが、関係代名詞や比較級、多様な時制が比較的正確に、スムーズに使えていることが評価につながっています。

PART 3

回答例

E=Examiner（試験官）　　C=Candidate（受験者）

E: **Now I'm going to move on to part three of the speaking test. We've been talking about a decision you made that was difficult. We are now going to discuss some more general questions related to this topic. First, let's consider making decisions in general. What are some decisions that most people need to make these days?**

C: They have to make all kinds of decisions in life. They have to decide what kind of university they want to go to and what kind of company they want to work for. Also, we have to think about how old we are when we get married and how many children we want in our family. When we get older, we also must think of what we'll do with our lives after retirement.

E: **Who do people think usually gives the best advice in your culture?**

C: In the old days people always asked older members of their family for advice, and I suppose that's still true today, although nowadays there are also many professional helpers like lawyers and accountants. But I think there are many advantages if you ask your family for advice too, because they know you more and they understand you. Your family will care about you more, but lawyers might not. So, that's why I would say family members give the best advice.

E: **What disadvantages are there when other people give you advice, when you have to make a decision?**

C: You have to consider many things very slowly and very carefully. If you get too many advice from other people, it would be impossible to make quick decisions and you will take hours and hours but you may not be really able to make up your mind. There is another disadvantage. Sometimes people give you wrong advice, or stupid advice, but you don't know, and so you make bad decisions. That's why I think it doesn't help to have too many advice.

E: **Let's move on now to talk about age and decisions. What are the important things that a teenager has to make decisions about?**

C: When I was a teenager I had to make important decisions about university applications and which subjects I wanted to study. But there are also other things, like choosing a part-time job or deciding who to date. These things also have a big effect on teenagers' lives because these decisions will change your future dramatically. These days it's getting harder

回答例の訳

E: それでは、スピーキングテストのパート3に移ります。あなたが下した難しい決断について話してきました。これから、このトピックに関連する幾つかのもっと一般的な疑問について議論をします。まず、決断をすること一般について検討しましょう。今日ほとんどの人がする必要のある決断には、どんなものがありますか。

C: ほとんどの人は、人生の中であらゆる種類の決断をしなければなりません。どんな大学に行きたいのか、どんな会社で働きたいのかを決断しなければなりません。また、結婚するのは何歳か、子どもは何人ほしいかについて考えなければなりません。年を取れば、退職後の人生をどうするかも考えなければなりません。

E: あなたの文化では、普通誰が最適なアドバイスをしてくれると考えられていますか。

C: 昔は、家族の中で年齢の高い人にアドバイスを求めていましたし、今でも同じだと思いますが、近ごろは弁護士や会計士のように、専門的な助言をしてくれる人も数多くいます。しかし、家族は自分のことをよりよく知り理解してくれているので、家族にもアドバイスを求めれば多くのメリットがあると思います。家族の方が気にかけてくれますが、弁護士はそうではないかもしれません。ですから、そうした理由で、家族が最適なアドバイスをしてくれると言えます。

E: 決断しなければならないときに他人にアドバイスされると、どのようなデメリットがありますか。

C: 多くのことは、とてもゆっくりと、とても慎重に検討しなければなりません。他人からあまりに多くのアドバイスをもらうと、素早い決断を下すことが不可能になるでしょうし、何時間かけても、本当に心を決められないかもしれません。もう1つデメリットがあります。時に誤ったアドバイスや愚かなアドバイスをされることがありますが、それに気付かずに誤った決断をすることです。そうした理由で、あまりに多くのアドバイスをもらうことは役に立たないと考えます。

E: では、年齢と決断に話を移しましょう。10代の若者が決断しなければならない大切なことは何ですか。

C: 私は10代のとき、どの大学に出願するか、どんな学科を学びたいかについて重要な決断をしなければなりませんでした。ですが、アルバイトを選んだりデートの相手を決めたりといった、他のこともあります。これらの決断は将来を劇的に変えますから、こうしたことも10代の若者の人生に大きな影響を与えます。近ごろは卒業してもいい仕事を見つけるのがどんどん難しくなっているので、正しい決

to find a good job when you graduate, so it's important to make a right decision. When I was a high school student, my parents wanted me to study hard and carefully choose my career so I can be successful.

E: How can your age make a difference to the way you approach decision making?
C: I think it depends, ... the way you make decisions is very different when you are younger. You have less experience and also you have less confidence, but I think that you also worry less about the decisions you make. When you get older, you think about things more carefully, but you also get more stressed, but I think that I make better decisions now.

E: Why is that?
C: I suppose I've learned from my mistakes. When you are younger, you have no experience of the world and so you make mistakes easily. I have more knowledge now, and so I also feel more confident, and that's really important. If you don't feel confident, life would be more difficult and you can't really make the best choice.

E: How are the kinds of decisions people make today different from 50 years ago?
C: I'd say that there are a lot of really big differences.

E: Why?
C: Society has changed so much. Fifty years ago people didn't have all the luxuries we have today. I think people also had fewer choices to make. People didn't change jobs as often as now, and fewer people travelled or worked abroad. People were poorer and couldn't take opportunities which we have today. They used to stay in their hometown, or do the same job all their lives. It's completely different today. On the other hand, we have to make more difficult decisions about where to live and what to do.

E: Thank you, our time is up now. That's the end of the speaking test.

E: あなたの年齢は、決断に取り組む方法にどのように影響し得るでしょう。
C: それは時と場合によると思います。若いときは、決断の方法はとても異なります。経験が少ないし自信も少ないですが、自分のする決断について心配することも少ないと思います。年齢を重ねるとより注意深く物事を考え、ストレスも多く受けますが、自分では今の方がより良い決断を下していると思います。

E: それはなぜですか？
C: 間違いから学んだからだと思います。若いときは世の中についての経験がないので、簡単に間違いを犯します。今はより多くの知識を持っているので、より自信がありますし、それはとても大切なことです。自信がなければ、人生はより難しくなるでしょうし、最善の選択はなかなかできません。

E: 今日の人がする決断の種類は、50年前とどのように違うでしょう。
C: 本当に大きな違いがたくさんあると言えるでしょう。

E: なぜですか。
C: 社会は大きく変わりました。50年前の人は、今私たちが持っているぜいたく品を全部持っていたわけではありません。選択をすることも少なかったと思います。今ほどひんぱんに仕事を変えず、海外旅行をしたり海外で働いたりした人は少なかったです。今より貧しく、現在私たちが持っているような機会を利用することもできませんでした。生まれた町に住み続けるか、一生同じ仕事をしていたのです。現在は全く違います。その一方で私たちは、どこに住むか、どんな仕事をするかについてもっと難しい決断をしなければなりません。

E: ありがとうございます、制限時間が来ました。これでスピーキングテストを終わります。

解説

パート3では、質問の意図をしっかり捉える必要があります。例えばこの問題にも見られるように、答えなどを列挙することが求められる問題が少なくありません。簡潔に質問に答えてから、幾つか具体的な内容を列挙する構成を学んでおきましょう。また、パート1同様、過去と現在の対比などを活用することで、答えを展開することに成功しています。比較することが求められている質問には、比較級や他の比較表現を活用して答えている点にも注目しておきましょう。

模擬試験 SPEAKING 評価

〈話の流暢さと論理的一貫性〉 ※回答例内で (四角) で表示。

この受験者はほとんど言葉に詰まることなく、一貫性をもって十分な長さでトピックについて話を展開しています。また、幅広いサインポストなどが使われています。例えば、PART 1～3 の全体を通して、I suppose, on the other hand や for example などが使われています。

〈語彙の豊富さと適切さ〉 ※回答例内で (波線) で表示。

この受験者は、慣れないトピックでも落ち着いており、ある程度難易度の高い単語や熟語、コロケーションを効果的に使用できていました。これは以下を含みます。

(Part 1)
- dress up
- put on
- indispensable

(PART 2)
- a huge life-changing decision

(PART 3)
- make up your mind

しかし、幾つかのコロケーションや慣用的な表現の用法に誤りがありました。例えば、以下のものです。

(PART 2)
- my old **children's** things ⇒ my old **childhood** things

〈文法の幅広さと正確さ〉 ※回答例内で (下線) で表示。

この受験者は、さまざまな文法的構造の使用を試み、以下のようにその多くが適切です。

(PART 1)
- if you are invited to a special event ... you should dress up ...
- A good example of this is ...

(PART 2)
- but what made it difficult was thinking about ...

(PART 3)
- But I think there are many advantages if you ask your family for advice too, because ...

しかし、文法的な誤りが幾つかあります。例えば、以下のものです。

(PART 1)
- my parents always told me be ⇒ my parents always told me **to** be

(PART 3)
- too **many** advice ⇒ too **much** advice
- it **would** be impossible ⇒ it **will** be impossible

〈発音〉 ※回答例内で (点線) で表示。

言葉が明瞭に発音されているので、この受験者ははっきりと理解されています。この受験者は、強調などを含む幅広い発音の特徴を活用しています。

(PART 1)
- Yes, definitely. I would say that it's very important ...
- a really bad thing

(PART 3)
- I'd say that there are a lot of really big differences.

しかし、バンドスコア 8 に到達するほどの特徴は含まれていませんでした。

※模擬試験のライティングとスピーキングの解答例は、バンドスコア 7.0 の解答例を想定してブリティッシュ・カウンシルにより作成・提供されたものです。実際のテストでの解答を考慮し、解答には間違いなども含まれています。

予想バンドスコア換算表

模擬試験の答え合わせを終えたら、およその予想バンドスコアを計算してみましょう。各技能のバンドスコアを出し、合計を4で割ると、オーバーオール・バンドスコアが出せます。

リスニング　リーディング

それぞれ40問出題され、1問1点として採点されます。

※下の表は、旺文社が独自に予想・作成したものであり、実際のスコア算出方法とは異なりますので、あくまで現在の実力を把握するための大まかな目安として捉えてください。

リスニングの正解数	バンドスコア（目安）	リーディングの正解数
39	9.0	39
37	8.5	37
35	8.0	35
32	7.5	33
30	7.0	30
26	6.5	27
23	6.0	23
18	5.5	19
16	5.0	15
13	4.5	13

ライティング　※細かい計算方法は本冊p.78-79をご参照ください。

TASK1、TASK2はそれぞれ以下の評価基準で採点されます。

1. Task Achievement（タスクの達成）《TASK1》／ Task Response（タスクへの応答）《TASK2》
2. Coherence and Cohesion（論理的一貫性とまとまり）
3. Lexical Resource（語彙の豊富さと適切さ）
4. Grammatical Range and Accuracy（文法の幅広さと正確さ）

❶ 各項目が4分の1ずつの比重になります。TASK1はp.108-109、TASK2はp.110-111に掲載されている各項目の評価基準を参考にして、どのバンドスコアに該当するかを確認しましょう。
❷ 各項目のバンドスコアを全て足し、4で割ると各TASKのスコアが出ます。
❸ TASK2がTASK1の2倍の配点なので、（TASK1のスコア＋TASK2のスコア×2）÷3でライティングのバンドスコアが出ます。

スピーキング　※細かい計算方法は本冊p.117をご参照ください。

PART1～PART3はまとめて以下の評価基準で採点されます。

1. Fluency and Coherence（話の流暢さと論理的一貫性）
2. Lexical Resource（語彙の豊富さと適切さ）
3. Grammatical Range and Accuracy（文法の幅広さと正確さ）
4. Pronunciation（発音）

❶ 各項目が4分の1ずつの比重になります。p.112に掲載されている各項目の評価基準を参考にして、どのバンドスコアに該当するかを確認しましょう。
❷ 各項目のバンドスコアを全て足し、4で割るとスピーキングのバンドスコアが出ます。

IELTS Writing Band Descriptors (Public Version)

TASK1

Band	Task Achievement	Coherence and Cohesion	Lexical Resource	Grammatical Range and Accuracy
9	<ul><li>fully satisfies all the requirements of the task</li><li>clearly presents a fully developed response</li></ul>	<ul><li>uses cohesion in such a way that it attracts no attention</li><li>skilfully manages paragraphing</li></ul>	<ul><li>uses a wide range of vocabulary with very natural and sophisticated control of lexical features; rare minor errors occur only as 'slips'</li></ul>	<ul><li>uses a wide range of structures with full flexibility and accuracy; rare minor errors occur only as 'slips'</li></ul>
8	<ul><li>covers all requirements of the task sufficiently</li><li>presents, highlights and illustrates key features / bullet points clearly and appropriately</li></ul>	<ul><li>sequences information and ideas logically</li><li>manages all aspects of cohesion well</li><li>uses paragraphing sufficiently and appropriately</li></ul>	<ul><li>uses a wide range of vocabulary fluently and flexibly to convey precise meanings</li><li>skilfully uses uncommon lexical items but there may be occasional inaccuracies in word choice and collocation</li><li>produces rare errors in spelling and/or word formation</li></ul>	<ul><li>uses a wide range of structures</li><li>the majority of sentences are error-free</li><li>makes only very occasional errors or inappropriacies</li></ul>
7	<ul><li>covers the requirements of the task</li><li>(Academic) presents a clear overview of main trends, differences or stages</li><li>(General Training) presents a clear purpose, with the tone consistent and appropriate</li><li>clearly presents and highlights key features / bullet points but could be more fully extended</li></ul>	<ul><li>logically organises information and ideas; there is clear progression throughout</li><li>uses a range of cohesive devices appropriately although there may be some under-/over-use</li></ul>	<ul><li>uses a sufficient range of vocabulary to allow some flexibility and precision</li><li>uses less common lexical items with some awareness of style and collocation</li><li>may produce occasional errors in word choice, spelling and/or word formation</li></ul>	<ul><li>uses a variety of complex structures</li><li>produces frequent error-free sentences</li><li>has good control of grammar and punctuation but may make a few errors</li></ul>
6	<ul><li>addresses the requirements of the task</li><li>(Academic) presents an overview with information appropriately selected</li><li>(General Training) presents a purpose that is generally clear; there may be inconsistencies in tone</li><li>presents and adequately highlights key features / bullet points but details may be irrelevant, inappropriate or inaccurate</li></ul>	<ul><li>arranges information and ideas coherently and there is a clear overall progression</li><li>uses cohesive devices effectively, but cohesion within and/or between sentences may be faulty or mechanical</li><li>may not always use referencing clearly or appropriately</li></ul>	<ul><li>uses an adequate range of vocabulary for the task</li><li>attempts to use less common vocabulary but with some inaccuracy</li><li>makes some errors in spelling and/or word formation, but they do not impede communication</li></ul>	<ul><li>uses a mix of simple and complex sentence forms</li><li>makes some errors in grammar and punctuation but they rarely reduce communication</li></ul>
5	<ul><li>generally addresses the task; the format may be inappropriate in places</li><li>(Academic) recounts detail mechanically with no clear overview; there may be no data to support the description</li><li>(General Training) may present a purpose for the letter that is unclear at times; the tone may be variable and sometimes inappropriate</li><li>presents, but inadequately covers, key features / bullet points; there may be a tendency to focus on details</li></ul>	<ul><li>presents information with some organisation but there may be a lack of overall progression</li><li>makes inadequate, inaccurate or over-use of cohesive devices</li><li>may be repetitive because of lack of referencing and substitution</li></ul>	<ul><li>uses a limited range of vocabulary, but this is minimally adequate for the task</li><li>may make noticeable errors in spelling and/ or word formation that may cause some difficulty for the reader</li></ul>	<ul><li>uses only a limited range of structures</li><li>attempts complex sentences but these tend to be less accurate than simple sentences</li><li>may make frequent grammatical errors and punctuation may be faulty; errors can cause some difficulty for the reader</li></ul>

Band	Task Achievement	Coherence and Cohesion	Lexical Resource	Grammatical Range and Accuracy
4	<ul><li>attempts to address the task but does not cover all key features / bullet points; the format may be inappropriate</li><li>(General Training) fails to clearly explain the purpose of the letter; the tone may be inappropriate</li><li>may confuse key features / bullet points with detail; parts may be unclear, irrelevant, repetitive or inaccurate</li></ul>	<ul><li>presents information and ideas but these are not arranged coherently and there is no clear progression in the response</li><li>uses some basic cohesive devices but these may be inaccurate or repetitive</li></ul>	<ul><li>uses only basic vocabulary which may be used repetitively or which may be inappropriate for the task</li><li>has limited control of word formation and/or spelling</li><li>errors may cause strain for the reader</li></ul>	<ul><li>uses only a very limited range of structures with only rare use of subordinate clauses</li><li>some structures are accurate but errors predominate, and punctuation is often faulty</li></ul>
3	<ul><li>fails to address the task, which may have been completely misunderstood</li><li>presents limited ideas which may be largely irrelevant/repetitive</li></ul>	<ul><li>does not organise ideas logically</li><li>may use a very limited range of cohesive devices, and those used may not indicate a logical relationship between ideas</li></ul>	<ul><li>uses only a very limited range of words and expressions with very limited control of word formation and/or spelling</li><li>errors may severely distort the message</li></ul>	<ul><li>attempts sentence forms but errors in grammar and punctuation predominate and distort the meaning</li></ul>
2	<ul><li>answer is barely related to the task</li></ul>	<ul><li>has very little control of organisational features</li></ul>	<ul><li>uses an extremely limited range of vocabulary; essentially no control of word formation and/or spelling</li></ul>	<ul><li>cannot use sentence forms except in memorised phrases</li></ul>
1	<ul><li>answer is completely unrelated to the task</li></ul>	<ul><li>fails to communicate any message</li></ul>	<ul><li>can only use a few isolated words</li></ul>	<ul><li>cannot use sentence forms at all</li></ul>
0	<ul><li>does not attend</li><li>does not attempt the task in any way</li><li>writes a totally memorised response</li></ul>			

IELTS Writing Band Descriptors (Public Version)

TASK2

Band	Task Response	Coherence and Cohesion	Lexical Resource	Grammatical Range and Accuracy
9	- fully addresses all parts of the task - presents a fully developed position in answer to the question with relevant, fully extended and well supported ideas	- uses cohesion in such a way that it attracts no attention - skilfully manages paragraphing	- uses a wide range of vocabulary with very natural and sophisticated control of lexical features; rare minor errors occur only as 'slips'	- uses a wide range of structures with full flexibility and accuracy; rare minor errors occur only as 'slips'
8	- sufficiently addresses all parts of the task - presents a well-developed response to the question with relevant, extended and supported ideas	- sequences information and ideas logically - manages all aspects of cohesion well - uses paragraphing sufficiently and appropriately	- uses a wide range of vocabulary fluently and flexibly to convey precise meanings - skilfully uses uncommon lexical items but there may be occasional inaccuracies in word choice and collocation - produces rare errors in spelling and/or word formation	- uses a wide range of structures - the majority of sentences are error-free - makes only very occasional errors or inappropriacies
7	- addresses all parts of the task - presents a clear position throughout the response - presents, extends and supports main ideas, but there may be a tendency to overgeneralise and/or supporting ideas may lack focus	- logically organises information and ideas; there is clear progression throughout - uses a range of cohesive devices appropriately although there may be some under-/over-use - presents a clear central topic within each paragraph	- uses a sufficient range of vocabulary to allow some flexibility and precision - uses less common lexical items with some awareness of style and collocation - may produce occasional errors in word choice, spelling and/or word formation	- uses a variety of complex structures - produces frequent error-free sentences - has good control of grammar and punctuation but may make a few errors
6	- addresses all parts of the task although some parts may be more fully covered than others - presents a relevant position although the conclusions may become unclear or repetitive - presents relevant main ideas but some may be inadequately developed/unclear	- arranges information and ideas coherently and there is a clear overall progression - uses cohesive devices effectively, but cohesion within and/or between sentences may be faulty or mechanical - may not always use referencing clearly or appropriately - uses paragraphing, but not always logically	- uses an adequate range of vocabulary for the task - attempts to use less common vocabulary but with some inaccuracy - makes some errors in spelling and/or word formation, but they do not impede communication	- uses a mix of simple and complex sentence forms - makes some errors in grammar and punctuation but they rarely reduce communication
5	- addresses the task only partially; the format may be inappropriate in places - expresses a position but the development is not always clear and there may be no conclusions drawn - presents some main ideas but these are limited and not sufficiently developed; there may be irrelevant detail	- presents information with some organisation but there may be a lack of overall progression - makes inadequate, inaccurate or over-use of cohesive devices - may be repetitive because of lack of referencing and substitution - may not write in paragraphs, or paragraphing may be inadequate	- uses a limited range of vocabulary, but this is minimally adequate for the task - may make noticeable errors in spelling and/or word formation that may cause some difficulty for the reader	- uses only a limited range of structures - attempts complex sentences but these tend to be less accurate than simple sentences - may make frequent grammatical errors and punctuation may be faulty; errors can cause some difficulty for the reader

Band	Task Response	Coherence and Cohesion	Lexical Resource	Grammatical Range and Accuracy
4	<ul><li>responds to the task only in a minimal way or the answer is tangential; the format may be inappropriate</li><li>presents a position but this is unclear</li><li>presents some main ideas but these are difficult to identify and may be repetitive, irrelevant or not well supported</li></ul>	<ul><li>presents information and ideas but these are not arranged coherently and there is no clear progression in the response</li><li>uses some basic cohesive devices but these may be inaccurate or repetitive</li><li>may not write in paragraphs or their use may be confusing</li></ul>	<ul><li>uses only basic vocabulary which may be used repetitively or which may be inappropriate for the task</li><li>has limited control of word formation and/or spelling; errors may cause strain for the reader</li></ul>	<ul><li>uses only a very limited range of structures with only rare use of subordinate clauses</li><li>some structures are accurate but errors predominate, and punctuation is often faulty</li></ul>
3	<ul><li>does not adequately address any part of the task</li><li>does not express a clear position</li><li>presents few ideas, which are largely undeveloped or irrelevant</li></ul>	<ul><li>does not organise ideas logically</li><li>may use a very limited range of cohesive devices, and those used may not indicate a logical relationship between ideas</li></ul>	<ul><li>uses only a very limited range of words and expressions with very limited control of word formation and/or spelling</li><li>errors may severely distort the message</li></ul>	<ul><li>attempts sentence forms but errors in grammar and punctuation predominate and distort the meaning</li></ul>
2	<ul><li>barely responds to the task</li><li>does not express a position</li><li>may attempt to present one or two ideas but there is no development</li></ul>	<ul><li>has very little control of organisational features</li></ul>	<ul><li>uses an extremely limited range of vocabulary; essentially no control of word formation and/or spelling</li></ul>	<ul><li>cannot use sentence forms except in memorised phrases</li></ul>
1	<ul><li>answer is completely unrelated to the task</li></ul>	<ul><li>fails to communicate any message</li></ul>	<ul><li>can only use a few isolated words</li></ul>	<ul><li>cannot use sentence forms at all</li></ul>
0	<ul><li>does not attend</li><li>does not attempt the task in any way</li><li>writes a totally memorised response</li></ul>			

IELTS Speaking Band Descriptors (Public Version)

Band	Fluency and Coherence	Lexical Resource	Grammatical Range and Accuracy	Pronunciation
9	- speaks fluently with only rare repetition or self-correction; any hesitation is content-related rather than to find words or grammar - speaks coherently with fully appropriate cohesive features - develops topics fully and appropriately	- uses vocabulary with full flexibility and precision in all topics - uses idiomatic language naturally and accurately	- uses a full range of structures naturally and appropriately - produces consistently accurate structures apart from 'slips' characteristic of native speaker speech	- uses a full range of pronunciation features with precision and subtlety - sustains flexible use of features throughout - is effortless to understand
8	- speaks fluently with only occasional repetition or self-correction; hesitation is usually content-related and only rarely to search for language - develops topics coherently and appropriately	- uses a wide vocabulary resource readily and flexibly to convey precise meaning - uses less common and idiomatic vocabulary skilfully, with occasional inaccuracies - uses paraphrase effectively as required	- uses a wide range of structures flexibly - produces a majority of error-free sentences with only very occasional inappropriacies or basic/non-systematic errors	- uses a wide range of pronunciation features - sustains flexible use of features, with only occasional lapses - is easy to understand throughout; L1 accent has minimal effect on intelligibility
7	- speaks at length without noticeable effort or loss of coherence - may demonstrate language-related hesitation at times, or some repetition and/or self-correction - uses a range of connectives and discourse markers with some flexibility	- uses vocabulary resource flexibly to discuss a variety of topics - uses some less common and idiomatic vocabulary and shows some awareness of style and collocation, with some inappropriate choices - uses paraphrase effectively	- uses a range of complex structures with some flexibility - frequently produces error-free sentences, though some grammatical mistakes persist	- shows all the positive features of Band 6 and some, but not all, of the positive features of Band 8
6	- is willing to speak at length, though may lose coherence at times due to occasional repetition, self-correction or hesitation - uses a range of connectives and discourse markers but not always appropriately	- has a wide enough vocabulary to discuss topics at length and make meaning clear in spite of inappropriacies - generally paraphrases successfully	- uses a mix of simple and complex structures, but with limited flexibility - may make frequent mistakes with complex structures, though these rarely cause comprehension problems	- uses a range of pronunciation features with mixed control - shows some effective use of features but this is not sustained - can generally be understood throughout, though mispronunciation of individual words or sounds reduces clarity at times
5	- usually maintains flow of speech but uses repetition, self-correction and/or slow speech to keep going - may over-use certain connectives and discourse markers - produces simple speech fluently, but more complex communication causes fluency problems	- manages to talk about familiar and unfamiliar topics but uses vocabulary with limited flexibility - attempts to use paraphrase but with mixed success	- produces basic sentence forms with reasonable accuracy - uses a limited range of more complex structures, but these usually contain errors and may cause some comprehension problems	- shows all the positive features of Band 4 and some, but not all, of the positive features of Band 6
4	- cannot respond without noticeable pauses and may speak slowly, with frequent repetition and self-correction - links basic sentences but with repetitious use of simple connectives and some breakdowns in coherence	- is able to talk about familiar topics but can only convey basic meaning on unfamiliar topics and makes frequent errors in word choice - rarely attempts paraphrase	- produces basic sentence forms and some correct simple sentences but subordinate structures are rare - errors are frequent and may lead to misunderstanding	- uses a limited range of pronunciation features - attempts to control features but lapses are frequent - mispronunciations are frequent and cause some difficulty for the listener
3	- speaks with long pauses - has limited ability to link simple sentences - gives only simple responses and is frequently unable to convey basic message	- uses simple vocabulary to convey personal information - has insufficient vocabulary for less familiar topics	- attempts basic sentence forms but with limited success, or relies on apparently memorised utterances - makes numerous errors except in memorised expressions	- shows some of the features of Band 2 and some, but not all, of the positive features of Band 4
2	- pauses lengthily before most words - little communication possible	- only produces isolated words or memorised utterances	- cannot produce basic sentence forms	- speech is often unintelligible
1	- no communication possible - no rateable language			
0	- does not attend			